KB266641

20세기 세계사

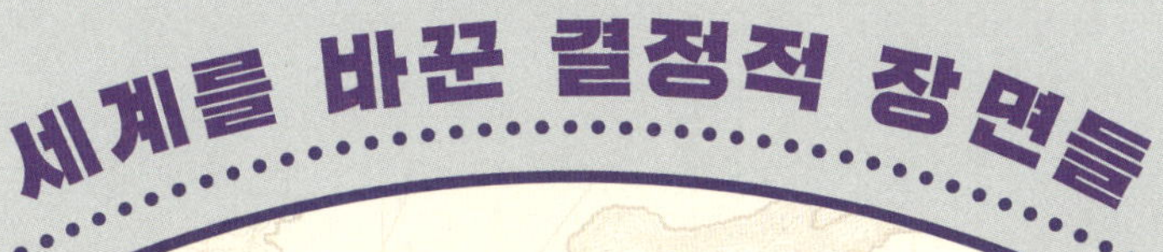

한 번은 꼭 읽어야 할

20세기 세계사

이영숙 지음

블랙피쉬

21세기를 살아가는 요즘, 하루하루가 너무 바쁘게 변해 갑니다. 불과 수년 전의 일상과는 또 다른 나날들을 겪고 있죠. 그래서 100년 전이 굉장히 오랜 옛날처럼 느껴지기도 합니다. 이 책은 20세기의 역사적 사건과 인물들을 다룹니다. 20세기는 비교적 가까운 과거이며, 20세기라고 하는 100년은 인류 역사를 감안하면 사실 상대적으로 짧고 미미한 기간일지 모릅니다. 오스트랄로피테쿠스부터 동구권 해체까지를 다루는 일반적인 세계사의 범위를 고려하면 말이지요. 하지만 20세기는 어느 시대보다 변화가 빠르고 역동적인 시기였지요. 레닌의 시대였고, 히틀러와 스탈린의 시대였으며, 고르바초프와 레이건의 시대이기도 했습니다. 그뿐인가요? 넬슨 만델라와 레흐 바웬사, 흐루쇼프와 케네디, 마오쩌둥과 장제스, 호찌민, 사담 후세인, 아라파트의 시대이기도 했으며, 에바 페론, 카스트로와 체 게바라의 시대이기도 했습니다. 숱한 인물들이 역사를 수놓았지요. 물론 역사책에 이름 없이, 전사자 몇 명, 부상자 몇 명, 아사(餓死)자 몇 명이란 숫자로 남은 수많은 보통 사람이 비통하게 스러져 간 시대이기도 했고요.

책을 쓰는 동안 여러 번 '일을 너무 크게 벌였다'는 자각을 했습니다. 처음에는 제가 살면서 겪어 온 시기도 좀 있고 하니 재미있게 쓸 수 있을 것 같았는데, 역사적으로 중차대한 사건·사고들이 많아서 선택하고 솎아 내는 데만도 한참 걸렸습니다. 절실하게 느끼게 된 건, 20세기의 무게가 그 이전 19세기까지의 모든 세계사의 사건·사고를 합한 것과 견주어도 결코 가볍지 않을 거라는 점이었습니다. 굵직굵직한 세계사적 사건들도 많고 인물들도 많았으며, 무엇보다 현재 세계를 이루는 중요한 협약이나 협정 등이 이루어진 시기도 대개 20세기였으니까요. 청소년들이 오늘날의 세계를 이해하고 바로 보기 위해서 20세기 세계사는 한 번쯤 훑는 것이 필수라는 생각으로 꾸역꾸역 작업을 이어 갔습니다.

세계정세가 급변하는 오늘날 지구촌 시대를 살아가는 현대인들에게 세계사, 그중에서도 현재와 가장 근접하고 밀접한 20세기 현대 세계사에 대한 지식과 정보와 통찰은, 현실을 직관하기 위해서라도 반드시 필요한 소양이라고 여겨집니다. 청소년 세계사 작가로서 책을 내기 시작한 지 어느새 15년쯤 되다 보니, 그 중요한 일에 나름 조금이나마 도움이 되어야 하지 않을까 하는 사명감과 그랬으면 좋겠다는 소망 비슷한 것이 그동안 점차 생기고 쌓였던 것 같습니다.

20세기는 참혹한 시대였습니다. 어느 시대라고 전쟁과 증오, 사건과 사고가 없었겠습니까마는, 유독 20세기의 전쟁은 더 참혹했지요. 과학의 발달로 인해 기관총이며 핵폭탄 같은 대량 살상용 신무기들이 개발되었고, 비행기와 잠수함 등의 교통수단으로 인해 피해 규모가 이전과는 비교가 되지 않을 만큼 커졌기 때문이지요. 두 번의 세계대전과 한국 전쟁, 베트남 전쟁, 이란-이라크 전쟁, 걸프 전쟁 등 대규모 전쟁이 벌어졌습니다. 미국과 소련이라는 초강대국이 대치하며 냉전을 지속했던 시기이기도 했습니다. 강대국의 식민지 치하에서 신음하던 약소국들이 줄줄이 독립하던 독립의 시대였고요. 나치의 홀로코스트와 르완다의 인종 말살, 유고슬라비아의 인종 청소와 같은 인종 차별과 증오의 시대이기도 했습니다. 한편, 마틴 루서 킹이나 만델라처럼 인종 차별에 맞서 싸우며 평등으로 나아가던 시대이기도 했습니다.

제 젊은 날 텔레비전 뉴스를 통해 보았던 잘생긴 두 중년, 레이건과 고르바초프에 대해 글을 쓸 때는 감회가 새로웠습니다. 환한 미소를 지으며 그들이 무기 감축을 얘기하고 세계의 평화를 말하던 그때의 기억이 나서 글을 쓰는 동안, 잠깐씩 울컥울컥했습니다. 레이건과 고르바초프는 물론 온화한 미소와 격려로 그들 곁을 지키던 영부인 낸시 여사와 라이사 여사도 이미 저세상 사람이 되었지요. 역사책 속에서만 보던 나폴레옹이나 링컨 같은 인물이 아니고, 저와 같은 시대에 같은 하늘 아래 숨 쉬던 사람들과 관련된 세계사를 쓴다는 것은 사뭇 느낌이 다르더군요. 잠깐 사이에 지나 버린 제 청춘도 아련하지만, 지금 한창 전쟁 중인 러시아와 우크라이나, 여전히 앙숙인 이스라엘과 아랍 국가들, 저 혼자 잘살겠다고 전 세계의 경제를 널뛰기시키는 트럼프의 미국, 그 사이에서 안보와 경제 양쪽으로 위협받고 있는 많은 나라들…. 또 같은 민족이지만 이제는 남보다 못한 사이가 된 인도와 파키스탄, 북한과 우리나라 등을 생각하노라면 안타까운 일이 정말 많습니다. '어쩌다 이 지경이 됐을까. 세상은 왜 더 나아지지 못하고, 미래는 왜 더 불안하게 여겨지는 걸까?' 하는 안타까움에 젖기도 했습니다. 어쨌거나, 우리가 살아왔던 시간이 과거가 되어 묶이고 역사라는 이름으로 책 속에 담기는 것을 보는 기분이 묘하더군요.

　제 연배거나 그 이상인 분들은 이 책 속 사건들을 친근하게 느낄 수도 있겠습니다. 왕년에 TV에서 꽤 자주 보고 들었던 뉴스들이 한가득 등장하니까요. 그러니 혹여 중고등학생 독자분들이라면 생소한 이름이나 역사적 사건들이 나올 때 부모님이나 조부모님께 여쭤봐도 좋을 것입니다. 이 책을 계기로 많은 대화가 오가는 정경을 떠올리며 잠깐 흐뭇해지기도 했답니다.

생각해 보면 시간은 연속되는 것이니까, 지금 이 순간도 머지않아 역사가 되어 역사책의 한 장을 차지하게 되겠지요. 최근 우리나라에도 계엄령 사태를 포함해서 참 많은 일이 있었잖아요? 앞으로도 우리는 세상을 살아갈 것이고, 우리가 만들어 가는 세상이 좋든 싫든 역사로 기록될 것입니다. 먼 훗날, 우리 시대의 역사가 후손들이 부디 부끄럽지 않게 돌아보는 시대가 되었으면 좋겠습니다. 자랑스러운 표정으로 뿌듯하게 돌아볼 수 있는 그런 시대가 되면 더할 나위 없이 좋겠고요.

이 책은 《한 번은 꼭 읽어야 할 20세기 세계사》란 제목답게 20세기의 굵직한 세계사를 담고 있습니다. 백문이불여일견(百聞而不如一見)이란 말이 있듯이, 사진 속에는 많은 것이 담겨 있으니 임팩트 있는 사진 한 장을 토대로 전후의 역사와 배경을 들려드리지요! 역사적으로 유명한 사진들도 있어서 어디선가 눈에 익은 사진이다 싶은 것들도 있을 것입니다. 사실 사진이 너무 많아서 그중 한두 장만 선택하기가 쉽지는 않았습니다. 때로는 너무 잔인하고 끔찍한 장면의 사진도 있어서 청소년 책에 게재해도 되는지 의문도 들었고요. 사건과 사고들이 너무 많아서 더러는 다른 책들에서 이미 충분히 다루었겠다 싶어서 일부러 뺀 내용들도 있습니다. 그렇다 보니 굵직한 사건들은 간략히 언급되고, 그보다 규모가 작고 덜 알려진 사건들이 자세하게 다뤄진 경우도 있을 것입니다. 그러니까 이 책은 20세기 세계사를 반드시 비중 있는 순서대로 언급한 것은 아니고, 독자와 더불어 생각해 볼 만한 거리가 있는 역사를 녹이려 애쓴 책이라 할 수 있겠습니다. 모쪼록 흥미롭게 사진을 보고 재미있게 글을 읽으면서 한두 가지 생각거리를 건져 갈 수 있으면 좋겠습니다.

책의 예상 독자를 청소년 위주로 잡았기에, 청소년 자녀나 제자에게 들려주는 친근한 어투로 글을 써 보았습니다. 하지만 청소년뿐 아니라 남녀노소 누구나 쉽고 재미있게 읽을 수 있을 것입니다. 특히 어른들의 경우, 살면서 직접 겪은 일이나 언론을 통해 접했던 내용들이 책에 많이 다뤄지고 있으니 좀 더 친숙하게 이 책을 만나 볼 수 있지 않을까 짐작해 봅니다.

찬찬하게 원고 작업 도와주신 백도씨 출판사의 정윤정 편집자님, 환한 눈웃음으로 조곤조곤 응해 주셨던 임현숙 이사님께 감사의 인사를 전합니다. 다들 고생 많으셨습니다. 덕분에 드디어, 책이 나오게 되었네요!

2026년 1월 퇴고를 마치며, 저자 이영숙 드림

차 례

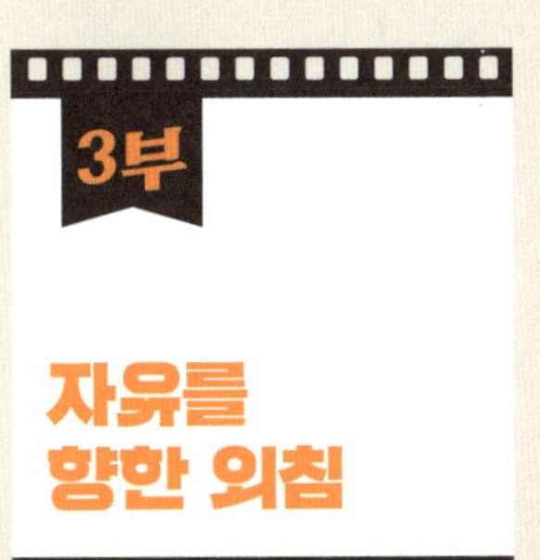

1부
거대한 전쟁의 서막

그리고리 라스푸틴. 1910년경.

Grigori Yefimovich Rasputin

1

러시아 혁명과
로마노프 왕조의 최후

큼직큼직한 이목구비에 매섭고 광채 나는 눈빛이 인상적인 이 사람. 사진에서 보듯이 그는 상당히 거칠고 사나운 이미지의 외양을 가지고 있었는데, 오히려 그 때문에 사람들의 이목을 끌고 인기를 더 얻기도 했다고 해. 이 사람 이름은 라스푸틴. 러시아의 마지막 왕조였던 로마노프 왕조 때의 사람이었어. 라스푸틴이란 이 남자는 세계사와 어떤 연관이 있을까?

　　20세기 세계사를 쓰면서 첫 이야기로 무엇을 고를까 잠시 고민해 보았어. 아무래도 일단은 시기적으로 제일 빠른 러시아 혁명에 관해 쓰는 게 낫겠다 싶었지. 그러기 위해 우선 라스푸틴이라는 이 기이한 인물부터 이야기를 시작해 볼까 해. 그는 로마노프 왕조의 측근으로 라스푸틴, 혹은 미친 수도승이라 불리는 인물이었어. 고려 공민왕에겐 신돈이 있었고, 청나라 건륭제에 화신(和珅)이 있었듯 권력 있는 자 근처에 기생하며 권력을 좌지우지한 세력은 종종 있어 왔지. 최측근, 실세, 외척 등…. 우리나라에도 대통령 측근이 국사를 돌봐서 말썽이 되는 경우가 종종 있잖아.

　　러시아의 마지막 황제였던 니콜라이 2세와 황후에게는 수도승 라스푸틴이 가까이에 머물렀어. 그는 어떻게 황제 일가의 신임을 얻어 국사를 쥐락펴락할 수 있었을까? 사연은 이랬어. 황제에게는 1남 4녀가 있었는데, 그중 막내인 알렉세이 왕자에게 문제가 있었던 거야. 그 왕자는 귀한 자식이었어. 어느 자식인들 안 귀하겠냐마는, 알렉세이는 왕위를 이을 왕자를 고대하던 황제 부부가 네 명의 공주를 내리 낳은 후에 마침내 얻은 아들이었거든. 그런데 이 귀한 왕자에게 불치병이 있었어. 한번 출혈이 시작되면 지혈이 잘 안 되는 병, 혈우병이 있었던 거야. 왕자의 병을 고칠 수만 있다면 무슨 일인들 못 하겠나…. 그런 심정으로 애가 닳던 황제 부부에게 한 남자가 추천받아 왔어. 그가 바로 수도승 그리고리 라스푸틴이었단다.

　그는 출신과 이력이 분명치 않은 사람이었어. 전하는 말에 의하면 시베리아의 가난한 농노의 아들로 태어나 글도 읽을 줄 몰랐다고 해. 하지만 그는 어렸을 때부터 신통력이 있었다는데, 병을 치유하는 능력과 앞일을 예언하는 신비한 능력이 있다고 소문이 났대. 1904년 상트페테르부르크에 처음 온 그는 1905년, 니콜라이 2세 황제와 황후 부부를 알현하게 됐어. 한번 피가 나면 잘 멈추지 않는 왕자 때문에 늘 노심초사해야 했던 부부는 기도로 병을 치유하는 신통한 영력이 있다고 소문이 난 라스푸틴을 믿어 보기로 했어. 지푸라기라도 잡고 싶은 심정이었으니 말이야. 그런데 라스푸틴이 알렉세이 왕자를 본 뒤부터 그의 혈우병 병세가 완화되고 고통도 줄어들었어. 이에 라스푸틴은 황후 알렉산드라의 마음을 사로잡았고, 그녀를 통해 궁극적으로는 황제 니콜라이 2세의 마음마저 잡게 되었지. 황제 부부는 라스푸틴을 믿고 총애하게 되었어. 왕자의 건강과 목숨줄을 쥐고 있는 사람이니만큼 황후는 그를 궁궐 안 왕실 가족 거처와 가까운 곳에 기거하게 하고는 아들의 병을 돌보도록 했지.

위험한 수도승, 라스푸틴

라스푸틴은 황태자의 병만 본 게 아니었어. 차츰 왕실과 국무에 간여하게 됐지. 그 정도가 점차 심해지다가 1911년부터는 실권이 급부상하여 니콜라이 2세와 황후를 허수아비처럼 만들며 궁정을 좌우했다는구나. 황제 부부를 포함한 러시아 제국 상류계급 사람들은 마치 집단 최면에라도 걸린 듯 수상한 수도자 라스푸틴의 정신적 포로가 되었대. 특히 1914년 제1차 세계대전에 러시아가 참전한 뒤 1917년 러시아 혁명이 일어날 때까지, 몇 년 동안은 라스푸틴이 러시아 궁정을 자신의 주술로 지배하는 상황이었어. 라스푸틴은 황제 부부의 마음을 교묘히 파고들며 조종했대.[1] 러시아가 제1차 세계대전에 참전한 뒤 지리멸렬하자 니콜라이 2세 황제가 병사들을 직접 지휘하겠다며 전쟁터로 나가게 되면서 궁을 비울 때가 많아졌는데, 이때를 틈타 라스푸틴이 왕실을 제 마음대로 휘젓는다는 말이 돌았지. 종교인임에도 불구하고 라스푸틴은 늘 술에 취해 있고, 지저분하고, 흥청거리기로 유명했어. 그러니 먹고살기도 힘든 러시아인들에게 이런 라스푸틴이 좋아 보일 리 없었지. 미친 수

---

1   호리에 히로키 지음, 서수지 옮김, 이강훈 그림, 《알고 보면 무시무시한 엽기인물 세계사》, 사람과나무사이, 2021, pp.134-135

도승에게 놀아나는 왕가 또한 곱게 보이지 않았어. 안 그래도 황후가 적국인 독일 공주 출신이라 미운털이 박힌 상태였는데 말이지. 제멋대로 굴고, 폭주하고, 음란함으로 말썽을 빚는 라스푸틴은 반대파의 눈총을 받고 요주의 인물로 찍히게 되었어.

니콜라이 2세에겐 조카사위인 유수포프 백작이 있었는데, 그도 점차 라스푸틴을 위험인물로 보게 되었어. 보수적 민족주의자인 유수포프 백작이 군인 신분으로 전쟁을 지지한 반면, 라스푸틴은 제1차 세계대전에서 러시아 제국을 조기에 퇴각시키기 위해 황후를 움직이려 했지. 그렇게 유수포프 백작과 라스푸틴의 생각이 달랐는데, 라스푸틴의 정치적 입김이 점점 세지던 터라 유수포프 백작이 라스푸틴을 암살하기로 마음먹은 거야. 그는 평소 라스푸틴과 친분이 있었기에 라스푸틴을 꾀어 자신의 집으로 초대한 뒤 수차례 살해를 시도했어. 그 결과 1916년 12월 30일, 마침내 '미친 수도승' 라스푸틴은 죽음을 맞이하게 되었지.

피의 일요일 사건

러시아 로마노프 왕조의 차르(제정 러시아 때 황제의 칭호) 니콜라이 2세는 자신의 가족을 끔찍이 챙기는 다정다감한 남편이자 아버지였대. 하지만 국민에게는 무신경하고 냉담했어. 왕실에서 태어나고 자라서 그랬는지 왕은 태어나면서부터 권한을 갖고, 백성은 왕실을 받들고 그 뜻에 복종해야 하는 것을 당연하게 여겼어. 백성들이 먹고살 길이 막막한 상태여도 크게 신경 쓰지 않았어. 그러다가 러시아 민중을 실망시키고 격분시킨 사건이 일어났어. 군중의 유혈 사태가 일어난 '피의 일요일' 사건이 그것이었지. 피의 일요일 사건이란 1905년 1월 22일 일요일, 겨울 궁전 앞에서 벌어진 노동자 학살 사건을 일컫는데, 이 사건으로 인해 러시아 국민은 황제에게 완전히 등을 돌리게 되지. 그리고 러시아 혁명이 촉발되었어. 그 추이(推移)를 살펴보자면 다음과 같아.

1904년에서 1905년에 걸친 러일 전쟁 동안 상트페테르부르크는 비참한 상황에 부닥쳐 있었어. 공장을 운영하는 고용주들은 노동자들에게 초과 근무를 강요하면서도 늘 보수는 형편없었지. 이에 분노한 노동자들로 인해 푸틸로프 공장에서 파업이 시작되었고, 그것은 곧 시 전체로 번져 나갔어. 1월 중순경에는 일손을 놓은 노동자가 8만 명에 달해 전기가 끊긴 집도 많았다고 해. 정교회의 사제로 노동자 단체를 세웠던 게오르기 가폰이라는 신부가 있었는데 그는 1905년 1월 시민들에게 차르의 겨울 궁전을 향해 행진할 것을 제안했어. 니콜라이 2세에게 찾아가서 '전쟁을 끝내고 하루 8시간 노동제로 돌아가게 해 달라'는 청원을 직접 올리자는 거였지. 니

보이치에흐 코사크, 〈1905년 피의 일요일〉, 1913.

콜라이 2세가 그들의 말에 귀 기울여 줄 것으로 생각했던 시위자들은 추위에 떨면서도 눈 덮인 길을 걸어 평화롭게 행진했어. 노동자와 그 아내와 자녀들은 종교적인 성상을 들고 나와 차르를 향한 충성의 노래를 불렀지.

그런데 갑자기 총성이 울렸어. 많은 사람이 무리 지어 행진하면서 점차 궁전에 가까워지자, 차르의 황실 경비대가 당황하여 군중을 향해 발포한 거야. 총격에 놀란 군중이 급하게 달아나려 했지만 이미 많은 사망자가 발생했지. 흰 눈 위로 붉은 핏자국이 얼룩졌어. 사망자 수는 90명이라는 공식 수치에서부터 4천 명이라는 가폰 신부 측의 추산치까지 다양하지만, 역사가 대부분은 대략 1천 명이 죽은 것으로 보고 있어. 이 학살을 보고 노동자들은 격분했지. 믿고 따르던 황제에게 청원을 드리러 간 것뿐이었는데, 평화적으로 행진하던 백성을 상대로 총을 쏘다니…. 많은 사람이 죽고 다치는 것을 보면서 러시아인들은 황제에게서 마음을 거두었어. 파업 운동은 1905년의 혁명으로 탈바꿈했고, 차르 통치의 명예 역시 실추됐으며 체제에 대한 증오 역시 커졌어.

그런데 여기, 일찌감치 차르에 대한 원한으로 복수의 칼을 가는 사람이 하나 있었어. 그는 멀리 스위스 제네바에서 겉으론 조용히 책을 읽고 있었지만, 속으론 언젠가 때가 오기만을 절치부심(切齒腐心)하며 기다리고 있었지.

울리야노프가 레닌이 되기까지

블라디미르 일리치 울리야노프가 본명인 그 사람은 1870년 4월에 러시아에서 태어났어. 울리야노프는 자신의 형을 좋아하고 잘 따랐는데, 울리야노프가 17세 되던 1887년에 그의 형이 러시아의 차르였던 알렉산더 3세를 암살하려고 모의한 혐의로 잡혀서 처형을 당한 거야. 울리야노프는 형의 처형에 크게 충격받고 왕실에 분노했어. 차르라면 이를 갈았지. 형이 처형당한 그 사건으로 인해 울리야노프는 신과 종교에 대한 믿음까지 완전히 잃었다고 해. 그는 어떻게든 복수해서 형의 원한을 풀어 줄 생각밖에 없었단다. 그래서 형이 죽은 이후 대학교에 입학해서도 차르에 불만이 많은 젊은 이들을 찾아다니고 혁명을 꾀하는 일에 일생을 걸게 되었지. 그렇게 차르와 대척점에 서다 보니 그는 어느새 적극적인 마르크스 혁명가가 되어 있었단다. 이름도 바꿨지. '레닌'으로 말이야.

1895년 그는 혁명 활동 중에 체포되어서 시베리아로 3년간 추방되기도 했어. 하지만 역경을 딛고 탈출하여 스위스로 도망갔단다. 거기서 신분을 드러내지 않고 조용히 지내고 있었어. 주로 제네바 도서관에서 숱하게 책을 읽고 글을 쓰고 때를 기다리면서 말이야. 사람들은 이 조용한 남자가 훗날 볼셰비키[2]의 창시자이자 소련의 첫 지도자가 될 대담한 이론가이자 조직가일 거라고는 짐작조차 못 했지. 그러는 사이에도 그는 항상 러시아 쪽으로 신경을 곤두세우고 있었어. 간간이 러시아 소식을 듣고 있었기에 앞에서 소개한 '피의 일요일'(1905년) 소식도 알고 있었지.

마침내 러시아에 커다란 변화의 움직임이 있었어. 1917년 3월 12일, 수도인 페트로그라드(오늘날의 상트페테르부르크)에서 대규모 시위가 발생한 거야. 식량 부족으로 고통받던 병사들과 노동자들이

---

2   다수파(多數派)라는 뜻으로, 러시아 혁명기에 레닌을 지지하던 급진파를 일컫는다.

"빵을 달라"라고 외치며 반란을 일으켰단다. 며칠 사이에 그 시위는 시내 전체로 퍼졌고 시위를 진압하기 위해 동원된 군대도 군중 편에 서게 되었지. 차르 니콜라이 2세는 군대까지 군중 편으로 돌아선 마당이라 시위를 진압할 수 없다는 것을 깨달았지. 그래서 스스로 자리에서 물러날 뜻을 밝혔어. 이에 300년 넘게 러시아를 통치하며 화려한 삶을 누리던 로마노프 왕조가 무너졌어. 그러자 수도 페트로그라드의 노동자들과 병사들이 뜻을 모아 소비에트를 건설하고, 이에 부르주아 계급이 임시정부를 수립했으니, 이것이 바로 러시아의 '2월 혁명'이었어.[3]

빵을 달라! 러시아 혁명의 시작

러시아 혁명은 1917년 러시아에서 일어난 공산주의 혁명을 일컫지. 레닌이 주도한 러시아 혁명의 성공으로 인해 인류 역사 최초의 사회주의 국가가 탄생했어. 하지만 러시아 혁명의 맨 처음은 러

---

3   심현정 지음, 《터닝포인트 10》, 느낌이있는책, 2009, p.344
1917년 3월에 일어난 혁명을 '2월 혁명'이라 하고, 11월에 일어난 혁명을 '10월 혁명'이라 부르는 이유는 뭘까? 그레고리력을 쓰는 우리와 달리, 러시아에서는 율리우스력을 따르고 있어서 우리의 3월이 러시아에서는 2월, 11월은 10월에 해당했기 때문이다. 러시아에서 일어난 사건인 만큼 러시아력에 맞춰서 '2월 혁명', '10월 혁명'이라 부르곤 한다.

시아 민중들에 의해 시작됐어. 당시의 상황을 알아볼까?

러시아 혁명이 일어나기 전, 러시아에는 차르가 존재했어. 당시 러시아의 황제를 일컫는 말이었지. 앞에서 언급했던 니콜라이 2세가 차르로서 러시아를 통치하고 있었어. 러시아 정교회가 강력한 전제주의를 옹호했고, 사회는 엄격한 위계질서로 운영됐으며, 농민들의 삶은 비참하기 짝이 없었단다. 삶이 너무 궁핍하고 힘들어서 차르에게 뭐라도 간청해 보자는 마음으로 차르가 사는 궁궐로 행진했다가 왕실 군대의 총탄에 군중이 쓰러지는 사건이 발생했지. 맞아, 앞에서 언급했던 바로 그 사건, 1905년에 일어난 '피의 일요일' 사건이었어. 빈곤에 시달리던 민중이 평화적으로 행진했음에도 차르의 군대가 무차별 학살로 대응하면서 러시아 백성들의 마음은 차갑게 돌아섰어. 차르에 대한 믿음이 사라지고 그 자리에 원한이 들어섰지. 분노한 노동자들의 파업과 농민들의 봉기가 이어지면서, 차르의 지배 체제가 크게 흔들리게 되었어. 그렇다고 바로 혁명이 일어난 것은 아니야. 얼기설기 어떻게든 상황이 수습되고, 러시아에서도 산업화가 빠른 속도로 이뤄지고 있었어. 그런데 상황이 크게 뒤흔들린 사건이 터졌어. 그건 바로 제1차 세계대전이었지.

러시아가 연합국의 일원으로 제1차 세계대전에 뛰어들면서 국민의 불만은 다시 끓어오르기 시작했어. 한창 일할 청장년층 젊은

이들이 전쟁에 동원되면서 농업 생산이 크게 줄었고, 공장들은 일단 군수 물자부터 생산해야 했기에 생활필수품 생산도 크게 줄었어. 식량과 연료, 생활필수품이 부족해졌고, 공급이 부족해지자 물가가 치솟았어. 굶어 죽고 얼어 죽는 사람이 크게 늘었어. 러시아는 1,550만 명이 동원된 전쟁에서 165만 명이 죽었고 385만 명이 다치고 241만 명이 포로가 되는 등 혼돈에 빠지게 되었어. 그렇게나 많은 군인을 동원하고도 패배를 거듭했던 데는 이유가 있었지. 무기와 식량, 군복 등이 원활하게 보급되지 못했기 때문이었어. 잘못된 지휘와 부족한 보급으로 엄청난 사상자가 발생하자 군인들의 불만이 치솟았지. 차르가 전선(戰線)을 시찰하기 위해 궁을 떠나 있는 동안 결국, 1917년, 2월 혁명이 일어났어.[4]

1917년 3월 8일(러시아 달력으로 2월 23일), 페트로그라드의 시민들은 영하 20도의 추위를 무릅쓰고 줄을 지어 서 있었단다. 식량을 배급받기 위해서였지. 주린 배를 안고 가족에게 먹일 흑빵이라도 하나 얻기 위해 오래도록 추위와 피로를 견디며 기다렸는데, 배급할 식량이 다 떨어졌다는 거야. 그 말이 떨어지자, 시민들은 격분했고, 빵을 달라며 거칠게 시위를 벌이기 시작했어. 차르가 군대에 진압을 명령했지만, 군인들은 차르의 명령을 거부하고 시위대에 가담

---

4   심용환 지음, 《1페이지 세계사 365》, 빅피시, 2021, p.269

했어. 군인들도 누군가의 아들이고 남편이고 아버지였을 테니 시민들의 마음에 공감했던 거야. 차르로서는 믿었던 군대마저 등을 돌리자 자리에서 물러날 수밖에 없었지.[5]

레닌의 귀환(1917년 4월 16일)

1917년 3월에 일어난 자유주의 러시아 혁명(2월 혁명)은 여러 면에서 많은 이들을 놀라게 했어. 블라디미르 일리치 울리야노프도 예외는 아니었어. 맞아. 레닌 말이야. 러시아 마르크스주의 혁명가들 가운데 볼셰비키 지도자였던 레닌은 수년 전부터 이러한 사태가 벌어질 것이라고 예견하기는 했었지만, 살아생전에 실제로 눈앞에서 혁명이 일어나리라고는 확신하지 못했어. 공산주의 이론가 마르크스도 영국과 같은 자본주의 국가에서 혁명이 일어날 것이라고 예견했으나, 실제로는 오히려 가난한 러시아에서 혁명이 진행되었어.

'최초의' 러시아 혁명이 일어났을 당시 레닌은 스위스 취리히에 있었어. 차르 정권이 무너지고 온건파 사회주의 정부가 들어서자 레닌은 마침내 자신이 움직여야 할 시기가 돌아왔다고 생각했어.

---

5   서경석 지음, 《끄덕끄덕 세계사 3》, 아카넷주니어, 2015, p.183

그는 적국인 독일과 협상을 벌여 자신과 볼셰비키 동료들을 러시아로 들여보내 줄 것을 요구했어. 당시는 제1차 세계대전 중이라 독일과 러시아는 적으로서 싸우는 중이었어. 그런데 독일은 러시아인인 레닌의 요구를 왜 들어주었을까? 어려운 일이었지만, 러시아가 세계 전쟁에서 발 빼도록 해 주겠다고 레닌이 약속했기 때문이야. 레닌은 러시아에서 두 번째 혁명을 일으켜서, 자국 내 문제로 경황이 없는 러시아가 세계 전쟁엔 신경 쓸 겨를도 없도록 만들 계획이었어. 독일은 공산주의 이론의 창시자인 마르크스의 고국이기도 해서 공산주의 이론과 사상을 옹호하는 세력이 꽤 있었거든.

독일 정부로서는 레닌의 혁명 계획을 혐오했지만, 미국이 전쟁에 개입하기 전에 하루라도 빨리 러시아가 전쟁에서 손을 떼도록 하는 것이 급선무였기 때문에 이를 승인했어.[6] 그리하여 레닌은 32명의 러시아 망명가들과 함께 독일이 제공한 봉인 열차를 타고 러시아로 스며든단다. 봉인 열차란 중간 기착지 같은 곳에서 다른 사람들이 타지 못하도록 문을 막은 열차야. 비밀 유지를 위해서 말이지. 그렇게 레닌과 러시아 망명가들은 여권이나 화물 검사 없이 국경을 통과할 수 있었지. 스위스에서 시작된 기차는 독일, 스웨덴, 핀란드

---

6   독일의 생각은 맞아떨어졌다. 레닌으로 인해 변화가 생긴 러시아는 독일과의 전쟁을 멈췄고, 이로써 독일은 동부 전선을 잊고 서부 전선에 주력할 수 있게 되었다.

대중 연설 중인 레닌. 연단 오른쪽에 트로츠키가 서 있다.
그리고리 페트로비치 골드스타인, 1920.

를 거쳤어. 그렇게 길고 고생스러운 여행이 끝나고, 4월 16일 레닌은 마침내 페트로그라드에 도착했어.

레닌이 귀국하여 러시아 혁명을 주도하게 되면서 상황은 급변해. 레닌은 "모든 권력은 소비에트로!"라는 구호를 내세우며 무산 계급 혁명을 이루려 했어. 그러기 위해선 강력한 지도력과 투쟁 방식이 필요하다고 봤어.

그는 우선 '4월 테제'[7]로, 즉각적인 종전, 토지 국유화와 재분배, 노동자 평의회의 산업 시설 지배 등을 내세웠어. 흔히 '땅, 평화, 그리고 빵'이라고 줄여서 말하기도 하는데, 현실적으로 불가능하다 하여 처음에는 조롱의 대상이 되기도 했어. 하지만, 현실의 삶과 직결된 개혁안들이라 민중의 마음을 사로잡았지. 이 4월 테제(명제)가 6개월 후, 볼셰비키가 정권을 장악하며 그린 혁명의 청사진이 되었단다.[8] '땅'은 당시 인구의 대부분을 차지하던 농부가, '평화'는 당시 전쟁으로 위태롭던 유럽의 병사들이, 그리고 '빵'은 먹고살기 어려웠던 당시의 국민 모두가 원하는 것이었으니, 그야말로 족집게로 쏙쏙 뽑아낸 듯한 희망 사항 목록이었지. 그것들을 혁명의 기치로 삼았으니, 당시 러시아인들에게 혁명의 청사진이 얼마나 달콤하고 아름답게 보였겠니!

---

7   테제란 '명제, 논제, 주장' 등으로 해석하기도 하는데, '정치적 사회적 운동에 있어서 기본 방침이 되는 강령'을 뜻한다.

8   피터 퍼타도·마이클 우드 엮음, 김희진·박누리 옮김, 《죽기 전에 꼭 알아야 할 세계 역사 1001 Days》, 마로니에북스, 2009, p.654

10월 혁명, 볼셰비키 권력 장악(1917년 11월 7일)

니콜라이 2세가 퇴위한 이후 제국의회에서 러시아 국토를 통치하기 위해서 임시정부를 세웠어. 그런데 임시정부는 러시아를 위해 할 수 있는 게 없었어. 전쟁을 끝내지도 못했고, 절박한 상황인 러시아 경제를 회복시키지도 못했지. 날이 갈수록 지지도가 추락하고 있었어. 의회는 케렌스키를 비롯한 온건파 사회주의자들인 '멘셰비키'에 권력을 넘겼지만, 상황은 나아지지 않았지. 이때 좌파 사회 혁명가들의 지원을 받은 볼셰비키 중앙위원회는 또 한 번의 정권 탈취를 시도하기로 했어. 실질적인 준비 작업이며 핵심적인 업무는 레온 트로츠키가 맡았어. 카리스마 넘치는 그는 군사혁명위원회를 이끌고, 볼셰비키 본부에서 상황을 지휘했지. 결국 레닌과 볼셰비키당은 11월 6일(러시아가 쓰던 율리우스력으로는 10월에 해당함) 봉기를 일으켰어. 10월 혁명의 시작이었지.[9] 10월 혁명은 무장한 소수가 권력을 쟁취한 것이었는데, 10월 혁명 최대의 쿠데타는 11월 7일, 당시 임시정부 청사로 쓰이고 있던 겨울 궁전을 공격하여 탈취한 것이었어. 겨울 궁전을 경비하고 있던 젊은 사관생도들과 여군 병사 1개 대대는 적수가 되지 못했어. 해가 저물었을 때, 페트로

---

9   앞의 책, 《1페이지 세계사 365》, p.269

그라드는 볼셰비키의 수중에 떨어졌으며, 마침내 러시아를 장악하기 위한 10월 혁명 최대의 쿠데타는 성공적으로 끝났어.[10] 이로써 레닌의 볼셰비키당은 러시아에 세계 최초의 사회주의 국가인 '소비에트 연방 공화국'을 세우게 되었지. 흔히 앞의 '2월 혁명'과 '10월 혁명'을 한꺼번에 묶어서 '러시아 혁명'이라고 부른단다.

1918년부터 1920년에 걸친 내전 당시, 반(反)혁명파와 반(反)볼셰비키파 세력이 너무 강하자 레닌은 병력을 동원하여 의회를 강제로 해산하고 1918년 7월 소비에트 공화국 헌법을 결정했어. 이로써 프롤레타리아 독재 체제가 확립되고 공산당 일당 독재가 시작되었지. 수도도 페트로그라드에서 모스크바로 옮겼고 말이야. 이후 우크라이나, 백러시아 등 기타 소비에트 공화국이 합류하여 1922년 12월, 공식적으로 '소비에트 연방 공화국'이 성립되었어. 이를 줄여서 '소련'이라고 불렀지.[11] 결국 러시아의 군주정을 옹호하던 세력을 무릎 꿇렸으니 레닌의 오랜 염원이 이뤄진 거야. 그런데 혁명을 이끄느라 지나치게 신경을 쓰고 무리했기 때문인지 레닌은 건강을 해쳤어. 두 번이나 뇌졸중으로 쓰러졌는데, 그중 한 번은 말도 할 수 없는 상태가 되었지. 자신이 평생 꿈꾸었던 차르의 죽음과 공산주

---

10   앞의 책, 《죽기 전에 꼭 알아야 할 세계 역사 1001 Days》, p.657

11   김희보 지음, 《세계사 다이제스트 100》, 가람기획, 2020, p.437

의 혁명이 이뤄지자 긴장이 풀린 건지, 1924년 1월 21일 향년 53세의 나이로 그는 세상을 떠났어.[12]

차르 일가, 몰살되다 (1918년 7월 17일)

러시아 혁명이 한창일 때, 러시아 로마노프 왕가의 차르는 어떻게 됐을까?

1917년 2월 혁명이 일어나자, 반(反)황제주의가 기승을 부리면서 의회는 당시 황제였던 니콜라이 2세를 퇴위시키고 차르 가족을 유배 보냈어. 차르의 가족은 시골에서 은신처를 옮겨 다니며 갇혀 지내게 되었지. 10월 혁명으로 볼셰비키가 정권을 잡은 뒤 차르 가족의 생활은 한층 더 힘들어졌고, 예카테린부르크 근교의 이파티에프 저택으로 거처가 옮겨졌어.

볼셰비키의 반대 세력이 다가오고 있다는 소식을 들은 볼셰비키 최고 지도자 레닌은 예카테린부르크의 동지들에게 전보를 쳐서 황제 일가를 죽이라는 지령을 내렸어. 그리하여 1918년 7월 17일 한밤중인 오전 12시 30분, 잠들어 있던 차르 일가는 억지로 깨워

---

12   DK LONDON 기획 편집, 《The History Book》, DK LONDON, 2016, p.277

니콜라이 2세와 그의 가족.
보아손&에글러, 1913년경.

졌어. 영문도 모르던 그들은 가족사진을 찍기 위해서라며 지하실로 인도됐지. 한밤중에 무슨 가족사진이겠니? 불안에 떨며 차르 일가가 지하실에 모이자 12명의 총살형 집행 부대가 그들을 총으로 쏘기 시작했어. 총알이 황녀들의 옷에 박혀 있던 보석에 맞고 튕겨 나간 경우에는 총검으로 숨을 끊기도 했대. 그렇게 러시아의 로마노프 왕실의 마지막 황제와 그 가족은 몰살당했단다. 차르 일가에 복수하여 형의 원한을 풀고자 했던 꿈을 이룬 레닌은 만족했을까? 로마노프 일가는 총살로 처형된 것이 끝도 아니었어. 황실 가족의 주검은 신원 확인을 막기 위해 절단되어 광산 갱에 던져졌다가 훗날 근처에 얕게 판 무덤에 한꺼번에 묻혔다고 해. 그 상태로 오래도록 방치되었다가 1991년 공산주의가 몰락한 뒤 차르와 황후, 그리고 자녀 세 명의 유해 일부가 회수되었고, DNA 조사로 신원을 확인한 뒤 1998년 상트페테르부르크의 상트표트르-파울 대성당에 다시 매장했다는구나. 그러고도 한 10년쯤 더 흐른 뒤인 2007년 8월, 혈우병을 앓았던 알렉세이 황태자와 누이 마리아의 유골이 예카테린부르크에서 마저 발견되었어. 차르 일가가 한꺼번에 처형당했던 이파티에프 저택은 현재는 철거되었고, 그 자리에는 대성당이 세워졌다고 해. 황제 일가가 살해된 장소였던 저택의 지하실은 현재 러시아 정교회의 성소가 되어 있다고 하는구나.[13]

마지막 왕조의 운명이란 대개 슬프고 비참한 것이 일반적이긴 하지만 러시아 로마노프 왕조의 최후가 그중에서도 가장 비참하지 않았나 싶어.

산업혁명을 비롯해 과학과 정치에서 많은 진전을 이루었던 서

---

13 앞의 책, 《죽기 전에 꼭 알아야 할 세계 역사 1001 Days》, p.661

구에 비해, 러시아는 오래도록 낙후된 농노 생활에 머물러 있었어. 알렉산더 2세 때 급진적인 사회 개혁을 시도했으나 불행히도 황제는 무정부주의자들에게 암살당했고, 그 아들인 알렉산더 3세가 아버지의 죽음에 격분하여 개혁의 방향을 되돌려 버렸지. 그것이 니콜라이 시대까지 이어졌는데, 왕실을 비롯한 권력층이 세상의 변화에 둔감하여 백성들이 방치되다 보니 러시아인들은 점차 먹고 살기가 어려워졌어. 그러다가 '피의 일요일' 사건으로 민심이 확연히 돌아섰고 말이야.

앞에서 소개한 라스푸틴의 경우를 보자면, 제1차 세계대전이 발발했을 때 황제를 부추겨 전장으로 내보낸 잘못이 있었어. 황제가 직접 전장에 가면 병사들이 기운이 나서 잘 싸울 것이라고 황제를 설득했고, 우유부단했던 황제는 라스푸틴의 말을 믿고 전장으로 갔지만, 태어나면서부터 황실에서 곱게 자란 그가 전장에서 할 수 있는 일이 뭐가 있었겠니? 결국 전쟁에서 지게 되자 황실과 황제의 명예와 인기만 추락하게 되었지. 게다가 라스푸틴은 황제가 왕실을 비운 틈을 타서 황후와 가까이 지내며 온갖 전횡을 저질러서 대중의 지탄을 받게 되었고 말이야. 그렇지만 러시아인들이 궁핍에 빠진 것이나 왕실 일가가 비참한 최후를 맞게 된 것이 오직 라스푸틴 한 사람만의 잘못은 아니었어. 하지만 돌아선 민심이 더 멀리 떠나가게 하는 데 큰 역할을 한 것은 분명하지. 안 그래도 먹고살기 힘든데, 러시아 황실의 총애를 받으며 갖은 악행을 일삼는 라스푸틴을 보면서 러시아인들은 미친 수도승에게 놀아나는 왕실을 이해하기 힘들었지. 왕실로서는 훗날 왕위를 이을 황태자에게 불치병이 있다는 사실을 알리기 꺼렸기 때문에 라스푸틴의 존재 이유를 밝히지 못했고, 이 때문에 사람들은 라스푸틴 같은 인물이 도대체 왜 왕실 가까이에 머무는지 더 못마땅하게 여겼단다. 왕실과 백성 사이에 비밀과 오해가 생겼던 거야. 그리고 라스푸틴 같은 인물이 비밀스럽게 권력을 독점하고 정치를 좌지우지했다는 것은 그 자체로서 이미 건강하고 합리적인 정치에서 멀어지고 있었다는 강력한 증거가 될 수 있지.

한동안 우리나라에서도 비선실세니 국정농단이니 하는 말이 자주 언론에 오르내렸어. 그때마다 기시감(데자뷔)이 들곤 했어. 역사는 반복된다는 말이 있는 만큼, 과거의 일들을 곱씹으면서 삼가고 경계하는 것이 역사를 배우고 공부하는 중요한 이유 중 하나일 테지.

솜 전투 당시 영국군이 점령했던 독일군 참호.
존 워릭 브룩, 1916.

World War I

제1차 세계대전(1914~1918년)

길게 파 놓은 땅속에 총을 든 군인이 밖을 주시하며 보초를 서고 있는 이 한 장의 사진. 이 사진은 제1차 세계대전의 가장 큰 특징 중 하나로 꼽히는 '참호전'의 모습을 보여 주고 있어. 땅을 기다랗게 파 놓은 이런 형태의 것을 참호라고 해. 참호를 영어로 트렌치(trench)라고 하고, 참호에서 입던 방수·방한용 외투를 트렌치코트(trench coat)라고 했지.• 사진이 찍힌 때는 그래도 잠시 전투가 중단된 때였나 봐. 오른쪽 아래로는 지저분한 모포로나마 몸을 덮고 휴식을 취하고 있는 병사도 보이니까 말이야. 하지만 멀지 않은 곳에 적군이 그들의 참호에서 대치하고 있었어. 무인 지대를 사이에 두고 팽팽한 긴장이 돌았지. 언제 갑자기 공격이 시작될지도 몰랐고, 비가 퍼붓거나 눈이 내리면 참호 안이 물로 흥건해지거나 눅눅해져서 발이 썩는 일도 생겼다고 해.

• 이영숙 지음, 《옷장 속의 세계사》, 창비, 2013 ('트렌치코트' 편 참조)

20세기에는 규모가 큰 세계대전을 두 번이나 겪었어. 제1, 2차 세계대전이 바로 그것이었지. 제1차 세계대전 때만 해도 이후에 또 세계대전이 일어날지 몰랐기 때문에 당시에는 그저 '큰 전쟁Great War'이라고 불렸지. 이때의 전쟁이 이전과는 비교가 안 될 만큼 대규모의 전쟁이었던 이유를 되짚어 보자면 이렇단다.

18세기 산업혁명으로 대량생산이 가능해지자 영국을 비롯한 서구 선진국에서는 원료를 공급받고 완성된 제품을 판매할 시장이 필요해졌어. 그러한 조건에 부합하는 나라들을 찾아 식민지 개척에 박차를 가하면서 제국주의[1]가 기승을 부리게 되었지. 그런데 영국이나 프랑스가 식민지 대부분을 독점하는 상태가 되었어. 이에 차지한 식민지가 얼마 없던 독일의 경우에는 군사력을 확보하거나 동맹을 맺으려 애썼지. 독일과 오스트리아-헝가리 제국, 그리고 이탈리아가 삼국동맹을 결성하게 돼. 이에 영국과 프랑스는 러시아까지 끌어들여서 삼국협상을 만들었지.

이렇게 나라들이 편먹듯 나뉘어서 동맹을 체결해 놓으니, 어쩌다 불씨 하나가 떨어지면 스파크가 일며 줄줄이 엮여서 전쟁이 일어날 수밖에 없는 구조가 되었어. 그러한 상태에서 마침 사라예보에서 가

---

1   한 국가가 우월한 군사력과 경제력으로 다른 나라나 민족을 제압하고 지배하여 영토를 확대하려는 정책이나 경향을 일컫는다.

브릴로 프린치프가 쏜 총탄에 오스트리아-헝가리 제국의 황태자 페르디난드와 그의 아내 소피가 죽는 사건이 일어났어. 가브릴로 프린치프는 보스니아의 세르비아계 민족주의자로서, 비밀 결사 단체 조직원으로서 행동했다고 해. 1908년 오스트리아-헝가리 제국이 보스니아와 헤르체고비나를 전격 병합한 것에 불만을 품었기 때문이었지. 범슬라브주의에 따라 발칸반도에서 슬라브인의 보호자를 자처하는 러시아는 보스니아 편이었고, 범게르만주의의 독일은 오스트리아-헝가리 제국 편이라 범슬라브계와 범게르만계의 편싸움이 날판이었지. 이렇게 하여 삼국동맹과 삼국협상은 발칸반도에서 서로 으르렁대는 꼴이 되었어. 사라예보의 총성을 신호탄 삼아 불씨가 튀었고, 두 편으로 나눠진 나라들이 치열하게 싸웠어.

전쟁의 피해가 컸던 데는 과학과 기술의 발달을 꼽을 수 있어. 이전보다 발전한 과학과 기술로 인해 제1차 세계대전에 살상용 무기들이 동원되었지. 기관총, 독가스, 탱크, 잠수함과 비행기 등…. 이런 상황에 양측 모두 포격전과 돌격전으로 상대쪽 참호를 돌파하려 했으니, 사상자가 어마어마하게 나올 수밖에 없었지. 1916년 프랑스 동부 국경 부근의 베르됭 요새 공방전의 경우, 참호전의 실상이 여실히 드러났지. 그해 봄 독일이 프랑스의 베르됭 요새를 포위 공격했을 때 독일과 프랑스 양측의 사상자는 60만 명을 넘었단다. 그해 여름 영국이 포위 상태를 풀기 위해 독일을 공격할 때는 전투 개시

첫날에만 영국군 사상자가 5만 7천 명을 넘었지. 4개월간 영국과 프랑스가 11km를 전진하는 데 영국은 40만, 프랑스는 20만의 사상자가 발생했고 독일에서도 50만이 넘는 사상자가 나왔다고 해. 참호전이 얼마나 끔찍했는지 짐작할 수 있겠지?[2]

기술의 발달이 판을 키웠다

제1차 세계대전 당시 4년간의 전쟁 동안 수천 명의 병사가 몇 야드나 몇 마일의 땅을 얻기 위해 전투를 벌이다가 참호 속에서 죽었어. 사령관의 명령에 따라 그들은 무인 지대를 가로질러 달렸지. 그런데 이전의 전투들과는 달리 당시 성능 좋은 신무기들이 등장한 바람에 수많은 병사가 희생되었어. 맥심기관총의 경우, 이전에 한 발씩 장전하고 쏘던 총기와는 사뭇 달랐지. 연이어 총알이 발사되니까 "전진! 앞으로-옷!"을 외치며 나갔다가는 총알받이가 될 뿐이었지. 그래서 병사들은 참호를 파고 몸을 숨길 수밖에 없었어. 참호 밖으로 나갈 엄두를 낼 수 없어서 적군끼리 서로 노려보면서 대치하는 양상이 됐지. 그 바람에 전쟁은 진행되지 않고 꼼짝 않는 일

---

2   앞의 책, 《끄덕끄덕 세계사 3》, pp.153-157

이 벌어지곤 했어. 전투가 고착화되고 장기화되자, 참호를 돌파하기 위해 화염방사기와 독가스탄까지 사용되면서 양측의 피해는 더 커졌어. 계속되는 전쟁에서 승기를 잡기 위해 고심하다가 발명한 것이 독가스였거든. 공기보다 밀도를 높게 하여 지표면에 깔리게 만든 독가스를 바람이 불 때 적군 쪽으로 흘려보내면, 독가스가 지표면을 따라가다가 참호에 고이게 돼. 그러면 참호에 있던 적군은 심하면 사망하고, 덜해도 실명하거나 호흡기에 이상이 생기는 등의 치명적인 상처를 입게 되지. 1915년 4월, 독일군이 최초로 독가스를 사용하자 연합군 측에서는 즉시 방독면을 만들어 독가스전에 대비했어. 그리고 연합군 측에서도 독가스를 만들어 반대로 공격했지. 결국 양측 모두 큰 피해를 보게 됐어.

연합군 측에서도 개발해 낸 무기가 있었는데, 그건 탱크였어. 전차는 참호에 바퀴가 빠지면 움직일 수 없었기 때문에 고안하게 된 거였지. 농업용으로 이용하던 트랙터의 바퀴에서 아이디어를 가져와서 만든 거였어. 그래서 제법 넓은 참호도 건너갈 수 있었지. 바다에는 U-보트가 있었고, 하늘엔 비행기가 있었지.[3] 물론 제1차 세계대전 때까지는 비행기가 공격용이라기보다는 정보 수집용 스파이기 같은 역할이었다고는 하지만 말이야.

---

3   앞의 책, 《옷장 속의 세계사》('트렌치코트' 편 참조)

끝나지 않은 전쟁의 씨앗

　제1차 세계대전으로 어마어마한 피해가 발생했어. 자그마치 900만 군사들과 1,300만 명의 민간인들이 죽었어. 평화를 되찾기 위해서 32개국이 1919년 1월 파리 평화 회의에 모였어. 그중에는 빅포Big Four라 불리던 영국과 미국, 프랑스, 이탈리아 같은 주요국들도 있었지. 국제연맹League of Nations이 설립되었고, 위임 통치제를 할 것과 베르사유 조약에 사인하는 것 등이 주요 문제로 거론되었어.

　국제연맹은 미국의 윌슨 대통령이 제안한 거였어. 그는 제1차 세계대전을 겪으면서, 이런 큰 전쟁이 또다시 일어나는 것을 미연에 방지할 국제기구가 있어야겠다고 생각하게 되지. 그래서 국제연맹을 설립하자고 제안했어. 의도는 좋았어. 그러나 막상 미국의 의회에서 반대하는 바람에 국제연맹은 미국이 빠진 채 설립되어 그다지 큰 효력은 없는 기구가 돼 버렸어.

　한편 아프리카와 서아시아에 있는, 독일과 오스만튀르크 제국의 식민지들은 그 나라들이 자치할 수 있는 준비가 될 때까지 연합국이 위임받아 통치하기로 했어. 이후 논의된 사항들에 대해 1919년 6월 28일에 베르사유 궁전의 거울의 방에서 연합국들과 독일이 서명했지. 그게 바로 베르사유 조약이었어. 베르사유 조약은 특히 주요 전범국인 독일을 벌하는 데 초점이 맞춰져 있었지. 조약에 따르면 독일은 해외 식민지 전부를 내놓아야 했고, 연합국들에 금화 1,320억 마르크를 전쟁 배상금으로 지급해야 했어. 안 그래도 전쟁으로 인해 잿더미가 된 나라에 그만한 천문학적 돈이 어디 있겠니? 그 외에도 독일이 또다시 전쟁을 일으킬 여력을 남기지 않게 하려고 독일 군대의 군사 수를 제한하고 무기를 만드는 것을 금하는 내용도 담겨 있었어. 물론 독일이 전범국이자 패전국이긴 하지만, 제1차 세계대전의 모든 잘못을 독일에 짐 지우는 것은 독일로서는 너무 가혹하고 부당하다는 생각이 들게 했어. 베르사유 조약의 가혹함이 제2차 세계대전 발발의 원인이 되었다는 평가가 있는 것도 그 때문이지.

한편, 전승국이라고 베르사유 조약이 다 만족스러웠던 것은 아니었어. 특히 이탈리아가 불만이 많았는데, 전쟁 중에 600만 명의 군사를 동원하여 65만 명의 전사자가 생겼거든. 그러니 전쟁에 이긴들 그건 '상처뿐인 영광'이었지. 베르사유 체제에 대한 불만은 전후 경제의 혼란과 겹쳐 이탈리아의 정국을 극도로 불안하게 만들었고, 이러한 상황을 틈타 무솔리니가 이끄는 파시스트당이 정권을 장악하게 되었어.[4]

---

4   앞의 책, 《세계사 다이제스트 100》, p.443

말끔하게 차려입은 노인이 플래퍼와 춤을 추는 모습.
《라이프》지 1926년 2월 18일 자 표지 그림.

Roaring Twenties &
Great Depression

3

미국의 호황기와
대공황

이 사진을 좀 봐. 이것은 1926년 판 《라이프(Life)》지 표지를 찍은 것이란다. 짧은 머리칼에 무릎길이의 치마를 입은 여성과 말끔하게 차려입은 신사가 함께 춤을 추고 있구나. 경쾌한 몸놀림과 코믹한 분위기가 느껴지니? 1920년대, 미국의 댄스홀에서의 한 장면을 캐리커처로 그린 듯한 이 한 장의 사진에는 당시의 분위기가 많이 녹아 있어. 보이지는 않지만 한쪽에선 악단이 재즈를 연주하고 있었을지도 몰라. 미국의 1920년대는 재즈의 시대였으니까. 그리고 이 시기는 그림 속 여인처럼 단발에 무릎길이의 짧은 치마를 펄럭이는 경쾌한 신여성들인 플래퍼(Flapper)들의 시대이기도 했어.

플래퍼 차림의 여성들. 1927.

이 사진을 좀 보렴. 이 여성들은 1920년대 미국 신여성들이라 할 수 있는 플래퍼들의 전형적인 모습을 보여 주고 있어. 어때? 1920년대 차림이라고 여겨지지 않을 만큼 세련되고 멋지지 않니? 당시로서는 팔과 종아리가 다 드러나는 옷차림도, 짧게 커트한 머리도 몹시 파격적이었지. 이전 여성들과는 다른 자신만만하고 당찬 모습이 느껴지지.

1918년에 제1차 세계대전이 끝난 후, 한동안은 전 세계가 전쟁 복구와 스페인 독감으로 정신이 없었어. 하지만 20년대가 되자 미국인들은 그간 즐기지 못했던 것에 대한 한이라도 풀려는 듯 놀아젖혔단다. 어휘가 좀 속되게 느껴지겠지만 정말 딱 그런 분위기였다고. 시답잖은 노래들을 부르고 밤새 잠도 안 자고 계속 춤을 춰서 끝까지 남은 사람이 승리자가 되는 댄스 마라톤 대회 같은 것을 열면서 말이지. '미스 아메리카'라는 미인 대회가 처음 열리고 영화인들의 축제인 오스카상 시상식이 처음 열린 것도 그즈음이었어.

　1920년대의 미국은 그야말로 호황기였어. 춤추고 노래하며 즐기던 미국의 황금 시기였지. 1914~1918년 제1차 세계대전이 터졌을 때, 전쟁은 주로 유럽에서 이루어졌던 터라 전쟁 이후 유럽 각국은 비참하기 짝이 없었어. 건물이 무너지고 황폐해진 잿더미에서 다시 일어나려고 안간힘을 다하던 때였어. 하지만, 미국은 상대적으로 운이 좋았지. 미군 병사들의 희생도 있긴 했지만, 유럽 병사들보다는 희생자 수가 훨씬 적었어. 그건 미국이 전쟁에 늦게 참가했기 때문이었지.

　1914년에 전쟁이 시작되었을 때, 미국은 중립을 지키고 있었어. 유럽에서 일어난 전쟁이니 '강 건너 불인데 우리가 굳이 뭐 하러…' 했던 거지. 그런데 어라? 불똥이 튀네? 1915년 5월 7일, 루시타니아호가 격침된 거야. 영국 해운 회사가 운영하던 호화 크루즈선이었는데, 독일 U-보트 잠수함의 어뢰 공격으로 승객과 승무원이 1,198명이나 사망했단다. 루시타니아호가 뉴욕과 리버풀을 오가는 배다 보니, 그 속에는 미국인도 128명이나 포함돼 있었어.[1] 이 사건으로 미국인들의 분노가 커졌지만 꾹 참고 참전까지는 않고 있었어. 더 큰 희생을 막으려고 말이지. 그랬는데, 1917년 1월

1　〈독일 U-보트의 표적이 된 크루즈선, 루시타니아호〉, 인천항만공사, 2025.04.01.

16일, 독일의 외무 장관이었던 치머만이 멕시코 정부에 보낸 전보가 발각되는 사건이 터졌어. 멕시코가 미국을 상대로 싸워 주면 미국에 빼앗긴 멕시코의 땅들을 되찾게 해 주겠다는 것이었어. 미국이 협상국 편에 붙어서 참전할 것을 두려워한 독일이 미국의 발목을 붙잡아 놓으려고 계략을 쓰려 했던 거지. 이런 내용을 담은 전보가 발각되었으니 이건 불똥 정도가 아니라 불쏘시개로 찔러 댄 수준이었지. 이에 미국도 더는 도저히 못 참겠다며 중립을 버리고 1917년 4월 6일에 독일에 선전포고하고 참전하게 된 거야. 1914년에 전쟁이 시작되고 3년쯤 지나 참전하여 병사들의 희생이 상대적으로 적었지. 게다가, 전쟁터가 되었던 곳은 유럽이었고 미국은 유럽으로부터 멀찌감치 떨어져 있어서 미국 본토도 멀쩡했어.[2] 그뿐만 아니라 제1차 세계대전 때 미국은 무기와 군수 물자, 생필품 등을 만들어 수출하여 외화를 많이 벌어들였기 때문에 오히려 더 부유해졌지. 전쟁 후에는 재건에 땀을 흘리던 유럽에다 재건에 필요한 자재며 물품들을 팔아 더더욱 잘살게 되었어. 가게에는 먹거리를 비롯한 제품들이 넘쳐 났지. 높은 빌딩들이 숲을 이루었고, 사람들은 미래에 대한 낙관으로 현재를 즐기고 있었어. 게다가 미국인들의 수중엔 또 다른 돈도 좀 있었단다. 제1차 세계대전 당시 남

---

2   훗날 제2차 세계대전 때엔 하와이의 진주만이 폭격당했지만 말이다.

자들이 전쟁에 참여하느라 비운 공장이며 농장에서 여자들이 대신 일을 하느라 수고비가 쌓였고, 전장에 나갔던 남자들은 남자들대로 보수가 쌓였어. 그동안은 돈을 벌어도 쓸 겨를이 없었는데 이제 여유가 생긴 거야.

1918년에 전쟁이 끝난 후 이제 그간 '지연된 수요'를 충족하느라 이걸 사고 저걸 즐기느라 바빴단다. 미뤄 두었던 소비가 한꺼번에 이루어진 시기였으니 자동차와 건설을 비롯해 전 분야에 걸쳐 생산이 폭발적으로 증가했어. 이렇게 1920년대에 전반적인 번영기를 맞이하게 된 것이었지. 게다가 찰스 린드버그라는 젊고 잘생긴 비행사가 '세인트루이스의 정신'이란 이름의 작은 비행기를 타고 대서양을 단독으로 횡단한 것도 1920년대의 일이었단다. 물질적으로 풍족하고 원하는 것은 뭐든 이룰 수 있을 것만 같은 활력도 가득한 시대였지.

이렇게 젊고 활기차고 수요와 자금이 많다 보니, 1921년 이후 8년 동안 주가는 계속 올라갔어. 제너럴모터스의 주가는 치솟았고, 골드만삭스와 같은 투자 신탁 회사가 월스트리트에 앞다퉈 등장했어. 미래에 대한 낙관적 전망으로 주식은 고공 행진을 했어. 주식을 사기만 하면 주가가 올랐지. 주식은 당연히 오르는 것이라 생각한 사람들은 빚을 내서라도 주식에 투자했고, 그 주식이 오르고 또 올랐지. 많은 미국인이 주식을 사기 위해 은행과 증권 회사에서 돈을 빌렸단다. 1929년 3월 후버 대통령이 취임사에서 "빈곤에 대한 최후의 승리가 눈앞에 다가왔다"라고 자신 있게 말한 것도 무리는 아니었지.[3]

영원히 계속될 것만 같았던 광란의 20년대. 너나없이 주식에 투자하여 돈을 불려 나가는 재미에 빠져 있던 무렵, 가파르게 오르던 주식 가격에 갑자기 변곡점이 생겼어. 1929년 가을, 갑자기 상황이 돌변한 거야.

"팔아, 팔아!" 주식시장의 붕괴와 뱅크런 사태

1929년 10월 24일, 목요일 오전 10시에 주식시장이 개장되었어. 개장 후 첫 30분간 소폭의 내림세가 지속되었을 뿐 별다른 변화의 징후는 보이지 않았는데 11시쯤 갑자기 이상한 징후가 감지되었어. 갑자기 매도 주문이 늘어나더니 "팔아, 팔아, 얼마라도 좋으니까 팔기만 하라고!"라고 외쳐 대는 목소리가 곳곳에서 터져 나왔어. 더 늦기 전에 사람들은 주식을 팔기 위해 증권거래소로 달려갔지. 오늘날엔 인터넷이 발달해서 주로 컴퓨터나 휴대폰

---

3   강준만 지음, 《전쟁이 만든 나라, 미국》, 인물과사상사, 2016, p.266

미국의 뱅크런 사태. 1933년경.

으로 주식 거래를 하지만, 그때만 하더라도 직접 증권거래소에 가서 매수하거나 매도할 종목과 액수를 종이에 써서 주식 거래 창구에 내야 하던 시대였어. 불안해진 군중이 월가 모퉁이에 있는 증권거래소로 모여들었어. 분위기를 실황으로 바로 보고 느낄 수 있었지. 뉴욕 증권거래소를 가득 메운 사람들이 주식을 팔라고 아우성치는 것을 보자, 패닉에 빠진 사람들은 주식을 헐값에 던졌어. 너도나도 앞다투어 또 팔고 팔아서 한순간에 거품이 빠져 버린 거지.

곧 눈덩이처럼 사태가 커졌어. 이날 다우존스 지수는 20% 이상 떨어졌고, 하루 동안 거래된 주식은 이전의 하루 최대 거래량인 400만 주의 3배가 넘는 1,290만 주였다고 해. 시카고와 버펄로 주식거래소는 낮 12시 30분에 아예 문을 닫아 버렸다지.[4]

그간 쌓이고 쌓였던 거품이 펑 하고 터지면서 투자 심리가 꺾이고 나자 1929년 10월 24일 이후 거의 일주일 내에 주식시장은 완전히 망가졌어. 주식시장은 '검은 목요일'과 '비극의 화요일'을 거치며 끝없이 추락했지. 전 재산을 잃다시피 한 투자자가 실의에 빠져 빌딩에서 떨어져 자살하는 일이 벌어지곤 했어. 대공황의 시작이었지. 주가 하락은 1932년 6월까지 계속되었으며, 미국 주식시장 시가총액의 90%가 증발했어. 정말 믿기 힘든 일이지? 오늘날로 보자면 누군가가 1억 원을 투자했는데, 9천만 원을 날리고 수중에 천만 원만 남게 된 셈이야. 투자금이 평생 일해서 모은 전 재산이었거나, 대부분이 은행에서 대출하거나 지인들로부터 빌린 돈이었다면?

얼마 전까지만 해도 기업의 가치와 무관하게 주가는 폭등했고 나날이 주가는 가파르게 올랐지만, 이제는 반대로 모든 주식의 주가가 곤두박질쳤어. 게다가 사회가 혼란스럽고 경제가 불투명해

보이니까 사람들의 불안 심리가 높아질 수밖에 없었지. 불안은 일을 더 키웠단다. 은행이 파산할지도 모른다는 소문이 돌자, 예금주들이 일제히 은행으로 달려가서는 자신이 예금해 놓은 돈을 인출하려 들었어. 대규모 예금 인출 사태인 '뱅크런'이 발생한 거야. 은행으로서는 평상시에는 예금해 놓은 돈과 인출하려는 돈 사이에 시간적인 갭이 있기 때문에 그것을 이용해서 원래 예금한 돈의 몇 배를 대출해 주는 방식으로 은행 운영을 해 왔는데, 하루아침에 예금한 돈을 달라는 사람들만 잔뜩 몰려오니 줄 돈이 부족할 수밖에 없었고, 그로 인해 감당할 수 없어서 문을 닫는 경우가 생겼어. 이렇게 은행이 도산하는 일이 비일비재했단다. 1930년에 1,352개의 은행이 사라졌는데, 그중 11월과 12월에 문을 닫은 은행만 해도 608개나 되었어. 1930년부터 1933년 사이에 전체 은행의 약 40%에 해당하는 1만여 개의 은행이 문을 닫았어. 그러자 통화(돈) 공급이 30%가량 줄었고, 자금이 줄어들자 기업들이 쓰러졌지. 그 결과 실업자가 증가하고 국민의 생활수준은 거의 바닥까지 내려가게 되었단다.[5]

---

5   한정엽 지음, 《최소한의 부의 세계사》, 다산북스, 2024, p.180

대공황과 그 파장

주식 급락으로 인한 대규모 패닉이 마치 전염병처럼 퍼져 나갔어. 월스트리트의 대폭락은 공황과 대량 실업으로 이어졌지.[6] 흥청망청했던 1920년대 미국의 호황기에 은행에 빚을 내어 투기에 가까운 주식 투자를 했던 사람들은 갑자기 거지가 되었어. 주식으로 돈을 잃고 돈이 궁하니 물건을 살 수가 없었지.

소비자들이 물건을 사지 않으니 공장이나 회사에선 어떤 일이 벌어졌겠니? 공장에서 물건을 많이 만들어도 그것을 팔지 못하니 재고가 쌓일 수밖에 없었지. 재고가 쌓인 판에 새 물건을 만들 필요는 없으니 생산 라인 가동을 줄이게 되고, 그러면 일손이 필요 없어지니까 노동자를 해고할 수밖에 없지. 직장에서 내쫓긴 사람들은 수입이 없으니 허리띠를 졸라매고 지출을 줄였고, 그러다 보니 공장에서 만들어 낸 물건들은 더더욱 안 팔려서 재고가 쌓이게 됐고, 결국 공장은 가동을 줄이다 못해 멈추게 되는 악순환이 계속되었어. 1929년 시작된 대공황은 약 10년간 계속되었어. 높은 실업률과 빈곤의 시대였지.

도시만 아수라장이 된 게 아니었어. 당시 중부 대평원에서는 기

6　앞의 책, 《죽기 전에 꼭 알아야 할 세계 역사 1001 Day》, p.691

상이변으로 흉년이 계속됐어. 지독한 가뭄으로 모래바람이 불어 '먼지 그릇'이라고 불릴 지경이 됐지. 농사를 지을 수가 없게 되자 농부들은 일자리를 찾아 서부로 갔는데, 그들을 흔히 '오키'라고 불렀어. 오클라호마에서 온 농부를 부르던 말이 굳어진 것이라고 해.

사람들은 황망해 어쩔 줄 몰랐지. 어쩌다가 이렇게 됐을까? 온통 장밋빛이고 꽃길이 계속 펼쳐질 것 같은 시대였는데, 갑자기 왜 이렇게 변한 거지? 마치 나쁜 꿈을 꾸는 듯했어. 세계대전을 겪어내고 이제 인생의 황금기를 맞이하나 했는데, 그 시기가 짧고 굵게 꿈처럼 휙 지나가 버렸으니 말이야.

루스벨트, 뉴딜을 외치다

대공황으로 고생한 미국인들은 재선에 출마한 후버 대통령의 엉덩이를 뺑 걷어찼어. 프랭클린 D. 루스벨트가 큰 표차로 이기고 미국 제32대 대통령에 당선됐지. 그는 취임식에서 "우리가 두려워해야 할 것은 두려움 그 자체뿐입니다"라는 말로 두려움에 떠는 국민을 위로하고 안정시켰어. 그리고 수많은 시도를 했어. 긴급 은행법을 제정하여 통화 안정에 애썼으며, 농업 조정법을 통해 농업을 안정시키려 애썼어. 무엇보다 산업에 대한 정부의 개입을 강화하고, 노동자의 권리를 보장하여 국내 정치의 안정과 소비 수요의 회복을 꾀했지.[7] 드러난 결과가 어쨌건 루스벨트 대통령은 적어도 실의에 빠진 국민에게 용기를 주는 데는 소질이 있었지. 소통의 대가로 인정받을 만했어.

프랭클린 루스벨트 대통령은 매주 라디오 연설을 했단다. 실의에 빠진 국민에게 용기를 북돋우기 위해서였지. 연설이라고 해서 주먹을 불끈 쥐고 격앙된 목소리로 하는 그런 건 아니었고, 그저 난롯가에 둘러앉아 정답게 얘기하는 형식이라 '노변담화(爐邊談話)'라는 명칭이 붙었어. 그는 많은 연방기관을 만들어 냈는데, 그 기관들은 알파벳 첫 글자를 따서 AAA, CCC, NRA, RFC, PWA 등으로 흔히 불렸단다. 그런 기관이 하도 많아지다 보니 국민 사이에선 "루스벨트가 오늘도 열심히 알파벳 수프를 끓인다"라는 우스갯소리가 나오기도 했대.

1933년부터는 '뉴딜 정책'이라는 경제 재건 계획을 내세워 경제위기를 극복하려고 애썼지. 루스벨트 대통령은 그렇게 국민과 대화도 하고 각종 사업도 시도하는 등 국민에게 다가가려는 소통의 상징같은 인물이었지만, 사실 그가 했던 여러 일이 실질적인 효력이 있었냐 하면 그렇지는 않았대. 그 효력은 미미해서 1930년대 말이 되

---

7   앞의 책, 《세계사 다이제스트 100》, p.401

어서야 대공황에서 벗어난 듯했지. 1930년대 말은 곧 제2차 세계대전이 일어난 때였어. 1939년 독일의 나치 정권이 폴란드를 침공한 것을 제2차 세계대전의 시작으로 보니까 말이지. 그러니까 학자 중에는 제2차 세계대전 발발로 인해 대공황이 수그러든 것으로 보는 경우가 많다는 거야. 그래서 대공황을 벗어나게 한 것은 루스벨트가 아니라 히틀러라는 우스갯소리도 있을 정도란다.

문제는 대공황이 미국에서 시작된 것이긴 했지만 그것이 뉴욕의 월스트리트나 미국인들만의 문제로 국한되지 않았다는 데 있었지. 미국에서 시작된 공황은 순식간에 전 세계로 퍼졌어. 1920년대 말경, 이미 미국은 세상에서 가장 강력한 공업국이 되어 있었기에, 그 파장은 전 세계 수백만 명의 사람들에게 영향을 끼쳤단다. 각국에서는 기업이 잇달아 도산하고 실업자가 급증하여 국제 무역도 1929년의 680억 6천만 달러에서 1933년에는 240억 2천만 달러로 약 3분의 1 수준으로 격감했어.

심각한 실업 문제에 시달리는 공업국에서는 구매력이 떨어졌고, 농업국과 식민지에서는 공업국에서의 수요가 없으니 애써 재배한 작물을 팔 시장을 잃게 되었지. 농업국의 경우, 생산 작물이 쌀이나 밀처럼 주곡물이면 그나마 그것을 먹으며 버틸 수 있었지만, 차나 커피, 담배 같은 기호품일 경우엔 그걸 먹으며 버틸 수는 없는 노릇이니 기근이 확산할 수밖에 없었지. 이렇게 미국에서 시작된 공황

은 전 세계에 암울한 그림자를 드리우며 퍼져 나갔어.[8]

그 시절의 독재자들 – 나치즘, 파시즘, 군국주의

유럽의 상황은 더욱 심각했어. 제1차 세계대전의 폐허에서 이제 좀 모양을 갖춰서 살아 볼까 했으나, 대공황으로 인해 다시 어려움에 처했지. 유럽에서 대공황의 직격탄을 제일 크게 맞은 나라는 독일이었어. 독일은 제1차 세계대전 후의 극심한 경제난을 극복하기 위해 미국에 많은 돈을 빌렸어. 미국이 돈을 빌려주었기 때문에 가까스로 기지개를 켤 수 있게 되었지. 그런데 그렇게 든든했던 미국이 1929년에 대공황이라는 큰 불경기를 맞게 된 거야. 미국은 '제 코가 석 자'인 신세가 되어서 유럽 국가까지 신경 써 줄 여력이 없었어. 대공황으로 인한 발등의 불을 끄기 위해 유럽에 빌려준 자금을 거둬들여야 했지. 그러다 보니 유럽의 돈줄은 막히게 되었고, 미국이 수입을 줄이자 대미 수출 시장이 막히며 유럽은 경제적으로 더욱 취약해졌지. 이런 악순환에 따른 경제적 약세는 경제 부문에

---

8   미야자키 마사카츠 지음, 오근영 옮김, 《하룻밤에 읽는 근현대 세계사》, 알에이치코리아(RHK), 2018, p.260

만 머무르지 않았어. 나치즘, 파시즘 같은 전체주의가 기승을 부리게 되어 정치와 사회에까지 영향을 끼쳤어.

파시즘은 국민 개개인의 이익보다 정부나 나라 전체의 이익을 중요하게 여기는 이데올로기야. 나치즘도 크게 보면 파시즘의 한 종류이고 말이지. 먹고살기 어려운 시절이다 보니 개인의 자유쯤은 어느 정도 제한하고 희생하는 게 당연한 듯한 분위기가 형성되었어. 먹고사는 생존 자체가 위협받다 보니, 그 정도는 희생하고 어떻게든 살길을 모색해야 한다는 절박감이 생겨나서였겠지. 그리고 그러한 절박함 때문에 강력한 지도자를 갈구하게 돼. 이건 거의 역사의 정석처럼 여겨지지. 살기 힘들 때일수록 초인 같은 강한 인물이 나타나 도탄에 빠진 군중을 구해 주기를 바라게 되는 거야. 전쟁과 대공황이라는 도전 앞에서 무기력해진 사람들은 무능력한 민주 정부 대신 "내 뒤를 따라라!" 하면서 이끌어 줄 지도자를 찾아 그에게 기대고픈 바람을 가졌어. 먹고살기 어려운 시절에 그러한 대중의 마음을 사로잡아 지도자가 된 이들이 있었어. 1920년대에서 1930년대에 소련, 이탈리아, 스페인, 독일 등에서 독재자들이 대거 등장했단다. 제1차 세계대전이나 대공황 같은 난국을 이용하여 정권을 잡은 자들은 일단 권력을 잡으면 그것을 절대로 순순히 놓으려 하지 않는 독재자들이 되었지.

전체주의는 파시스트 국가들에 만연한 정부 형태였어. 정부가

무솔리니와 히틀러가 퍼레이드를 위해 같은 차를 탄 모습.
에바 브라운, 1940.

국민의 삶의 모든 분야에 절대적인 권력을 가지고 있는 시스템이지. 이 시기에 유명했던 독재자로는 독일의 아돌프 히틀러, 이탈리아의 베니토 무솔리니 그리고 소련의 이오시프 스탈린이 있어. 하나같이 후덜덜한 이름들이지?

우선 이탈리아의 무솔리니를 살펴볼까? 그는 이탈리아를 예전 로마 제국 시대처럼 위대하게 만들겠노라고 약속했어. 1935년 아프리카의 에티오피아를 침략했지. 예전 로마 제국처럼 여러 개의 나라를 아우르고 싶었나 봐. 제1차 세계대전 이후 미국의 월슨 대통령이 제안해 만들어졌던 국제기구인 국제연맹은 침략 행위를 멈추게 할 힘이나 능력이 없었어. 그저 무늬뿐인 국제기관이었지.

스페인의 파시스트 세력을 이끌던 인물은 프란시스코 프랑코 장군이었어. 그는 스페인의 민주 정부를 파괴하고 스페인의 독재자가 되었단다.

독일의 독재자 히틀러도 알아볼까? 그는 원래는 오스트리아 출신이지만, 스스로 독일인으로서의 정체성이 강했고, 제1차 세계대전에도 독일군으로 참전한 경력이 있었어. 히틀러는 공화국을 전복(顚覆)시키려다 실패하여 투옥되었는데, 굴하지 않고 감옥 안에서 '나의 투쟁'이란 뜻의 《Mein Kampf(마인 캄프)》라는 자서전을 썼어. 그는 독일인들이 공산주의 혁명을 두려워하는 것을 알고는, 자신이 지도자가 된다면 공산주의가 독일에 들어오지 못하게 하겠다고 말했어. 많은 독일인이 강력한 지도자를 원했던 터라 1933년 선거에서 히틀러는 승리를 거머쥐게 되었어. 그는 베르사유 조약으로 잃은 영토들도 되찾고, 영토를 넓혀서 독일의 영광을 되찾겠노라고 큰소리를 탕탕 쳤단다. 또 한 명 더 소개할 독재자는 공산권의 지도자, 스탈린이야.

공포로 소련을 통치한 스탈린

이오시프 스탈린은 1927년부터 1953년 죽을 때까지 소련의 독재자였어. 그는 1903년, 훗날 소련 최초의 지도자가 된 블라디미르 레닌의 동료가 되면서 권력이 상승하기 시작했어. 러시아 혁명(1917년) 기간과 그 이후 스탈린은 공산당의 집권에 중요한 역할을 했으며, 1922년 러시아 공산당 서기장(書記長: 주로 사회주의 정당에서 서기국을 통솔하는 우두머리)으로 승진했지. 본명은 '주가슈빌리'였으나 스스로 '스탈린'이라고 개명했어. 스탈린은 '강철'을 뜻하는 러시아어였는데, 그는 정말 개명한 이름처럼 강철같이 차갑고 날카롭고 강했지. 동정심이나 자비와는 거리가 먼, 철저한 무자비함이 그의 특징이었어. 자신에게 적이 될 만한 낌새가 있는 반대자나 정적은 가차 없이 탄압하고 숙청한 비정한 인물로 악명이 높았어. 그는 레닌의 후계자로 점쳐지던 트로츠키를 축출하기 위해서 권모술수를 썼고, 트로츠키가 해외로 망명을 떠나자 끈질기게 암살범을 보내 결국 얼음송곳으로 트로츠키의 머리를 뚫어 살해한 것으로도 유명하단다.

스탈린은 1927년 최고 지도자가 되어 소련을 주요 산업 강국으로 탈바꿈시키는 것을 목표로 삼았어. 1928년에는 산업화 프로그램을 시작하고 집단농장 체제를 도입했어. 무리한 시행으로 수백

만 명이 굶주림으로 죽거나, 노동 수용소에서 죽어 나갔지만 눈 하
나 깜짝하지 않았지. 역사가들은 스탈린 한 사람이 약 2천만 명의
목숨을 앗아 갔다고 본단다. 그는 죽기 전에 또 한 번의 대량 체포
와 처형을 계획하고 있었다는데, 다행히 그가 죽는 바람에 막을 수
있었지. 스탈린은 "한 명이 죽는 것은 비극이지만, 100만 명이 죽는
것은 통계"라고 말한 것으로 전해지고 있어.

스탈린이 이끄는 소련은 제2차 세계대전 당시 연합국 측에서 싸
웠지만, 전후 몇 년 동안 그는 공산주의자로서 소련을 이끌며 제
2차 세계대전 당시의 동맹국들과 대립하게 되었어. 스탈린 사망 후
후계자인 니키타 흐루쇼프는 '스탈린 격하 운동'을 벌였고, 고르바
초프도 스탈린이 테러와 살인을 저질렀다고 비난했어.[9]

히틀러, 무솔리니, 스탈린, 프랑코 장군…. 이런 독재자들이 한
나라의 지도자로서 권력을 주무르던 시대였으니, 20세기가 전쟁의
시대가 되는 걸 막을 길은 없었지. 어떻게든 막으려고 애를 썼으나
무용지물이 되기도 했지. 그 예가 될 만한 역사적 사건을 들려줄게.

---

9   앞의 책, 《The History Book》, p.297

뮌헨 협정 당시 체임벌린이 평화 합의문을 들고 있는 모습.
폴란드 국립 디지털 기록보관소, 1938.

Munich Agreement

4

뮌헨 협정
(1938년 9월 30일)

말끔한 양복 차림의 노신사는 운집한 사람들을 향해 종이 한 장을 높이 들어 보였어. 대중은 박수를 치고 환호하면서 크게 기뻐했지. 사진 속의 저 남자는 누구며 대중은 왜 그 종이 한 장에 환호했던 걸까?

사진 속의 노신사는 1938년 당시 영국의 총리였던 네빌 체임벌린이었어. 그해 9월, 독일 뮌헨에서 회담을 마치고 비행기를 타고 영국으로 귀국한 직후, 그는 영국의 군중 앞에 서서 연설했어.

"명예로운 평화…. 저는 이것이 우리 시대의 평화라고 믿습니다."

체임벌린 총리가 높이 들어 보인 종이는 바로 뮌헨 협정에서 서명한 서류였어. 독일을 상대로 성공적인 평화 협정을 맺었다는 증거 자료였던 거지. 이에 대중은 크게 기뻐했던 거고 말이야.

때는 바야흐로 독일의 히틀러가 활개를 치던 시절이었어. 히틀러는 독일어를 쓰는 독일 인종을 하나의 생활권으로 묶어 '독일'이라는 하나의 국토에 넣고 싶어 했어. 그게 무슨 말이냐고? 독일인과 같은 '아리안족'이 많이 사는 곳을 독일에 병합하겠다는 것이었어. 그러나 그것은 사실 겉으로 내건 대의명분에 불과했고, 결국은 독일의 국토를 넓힐 요량이었던 것이지. 히틀러는 베르사유 조약을 어기고, 1936년 비무장 지역인 라인란트에 군대를 보냈어. 1938년 3월에는 오스트리아를 병합했어. 그리고 주데텐란트 지역을 넘보았지. 그 지역은 독일 옆에 있던 체코슬로바키아(이후에 체코와 슬로바키아로 나뉘었으나, 그때까지만 해도 체코슬로바키아였음)라는 나라 안에 있었어. 주데텐란트 지역이 체코슬로바키아 땅에 있지만, 그곳에 독일 인종이 많이 사니까 독일에 병합하겠다는 거야. 체코슬로바키아로서는 느닷없이 땅을 뺏길 판이었어. 어이없는 일을 당할 처지에 놓인 체코슬로바키아를 도와주지는 못할망정, 영국과 프랑스는 독일에 그 지역을 주는 쪽이 낫겠다고 생각했어. 재건과 재정비를 거친 독일군과 대치하기에는 아직 영국이나 프랑스가 군사적으로 미비하다는 것이었지. 무엇보다 큰 전쟁을 치른 기억이 아직 생생했으니, 가능한 한 전쟁으로 인한 손해와 희생을 피하고 싶었던 거야. 그래서 체임벌린은 전쟁하느니 히틀러와 거래할 수 있다면 그편이 낫겠다고 여겼어.

그래서 네 명의 지도자(영국, 프랑스, 독일, 이탈리아)가 만났지. 뮌헨에서 만났기에 이후 뮌헨 회담이라 불린단다. 네 나라 지도자들은 뮌헨 조약을 통해 체코슬로바키아의 산업 지역 대부분을 독일에 양보했어. 히틀러는 주데텐란트를 갖게 되면 공격을 멈추겠다고 약속했고. 제1차 세계대전 때 수많은 인명 피해를 보고 경제며 사회가 아직 채 재건되기도 전이라 영국과 프랑스는 어떻게든 전쟁을 피하고 싶었지. 그래서 히틀러가 원하는 것을 주고 평화를 얻는 '유화 정책'을 쓰기로 했어. 이에 독일에 주데텐란트 땅을 전부 넘겨주기로 했던 거야. 그런데 이것은 사실 좀 어이없는 일이었어. 주데텐란트는 그 네 지도자들의 땅이 아니었으니까 말이야. 자기들의 땅이나 뭔가 소중한 것을 주고 대가를 얻는 게 아니고, 남의 것을 선심 쓰듯 주고 대가를 얻는다는 게 이상하잖아. 앞서도 말했듯이, 주데텐란트는 체코슬로바키아의 땅이었어. 그런데 체코슬로바키아의 지도자와는 논의도 하지 않고 자기들끼리 남의 땅을 가지고 독일에 선심 쓰듯 주기로 한 것이었거든. 그야말로 '체코슬로바키아 패싱[1]'이었지. 그것은 히틀러와의 전쟁을 피하기 위한 고육지책(苦肉之策)이기는 했지만, 상당히 비겁한 일임엔 틀림없었어.

사정이야 어쨌건, 영국인들은 일단 기뻐하며 안도의 한숨을 내쉬었어. '그래, 적어도 우리 시대에 또 다른 전쟁은 없을 테지. 암, 없어야 하고말고….' 이렇게들 생각했던 거지.

사진에서도 보듯, 네빌 체임벌린은 깔끔한 외모에 양복을 잘 차려입은 신사였어. 그는 자신이 신사라서 다른 사람도 신사일 거라 여겼나 봐. 그런데 상대방인 히틀러는 신사가 아니었어.

사실 '뮌헨 협정'은 히틀러의 입장에선 저절로 굴러들어 온 복덩이었달까? 절로 입꼬리가 올라갈 일이었지. 생각해 봐. 손 하나 까딱하지 않고 자기가 원했던 땅을 갖게 된 것 아닌가 말이야. 히틀러는 한동안 흡족한 기분을 만끽했어. 그러다가 시간이 얼마 지나지 않아, 좀 더 욕심을 부려 보기로 했지. 점차 더 큰 것을 바라는 나쁜 버릇이 든 모양이었어.

---

1   passing. 정치나 외교 등에서 무시하거나 투명 인간 취급하는 일.

"우리 시대 평화가 왔다"라며 뮌헨 회담의 성과를 자랑했던 체임벌린. 그러나 그 자랑은 곧 조롱거리가 되었어. 히틀러는 뮌헨 회담을 비웃기라도 하듯이 1939년 3월 나머지 체코슬로바키아 영토를 점령했고, 더 나아가 폴란드 침공을 준비하기 시작했거든. 폴란드 침공의 명분 역시 독일인의 생존권 보장이었어. 폴란드 내에 거주하는 독일계 주민들이 차별받고 있기 때문이라는 것이었지.

뮌헨 협정에서 독일은 주데텐란트를 가지는 대가로 다른 땅은 더는 침략하지 않고 누구도 위협하지 않겠노라고 약속했지만, 1년도 안 가서 히틀러는 그 협정을 깨뜨려 버렸어. 세상 사람들에게 자신이 거짓말쟁이인 것을 다 드러내는 행위였지만, 히틀러는 세간의 이목 따위는 아랑곳하지 않았지. 뮌헨 회담? 약속? 조약? 흥, 그따위를 뭘?

나치 정권의 히틀러는 비웃기라도 하듯이 제1차 세계대전 이후 맺은 조약인 베르사유 조약을 어겼어. 1936년 비무장 지역인 라인란트에 군대를 보내고, 이후 오스트리아도 점령했어. 이탈리아가 에티오피아를 침략하고 일본이 만주 지역을 점령해도 그것들을 제어할 세력이 없다는 것을 알게 됐거든. '국제연맹'은 그저 구색일 뿐 제어할 힘이 없는 기구일 뿐이라는 것을 여실히 알게 된 히틀러가 도발을 감행했던 거야.

공격은 신속하고 갑작스럽게 이루어졌어. 1939년 9월 1일 독일은 폴란드를 공격했지. 이번에는 영국과 프랑스가 독일의 행동에 대해 반응했어. 9월 3일, 영국과 프랑스가 독일에 전쟁을 선언했지. 제2차 세계대전이 시작된 것이었어.

결국, 체임벌린도 자신이 잘못 판단했음을 인식하고 방향을 바꿀 수밖에 없었단다. 1939년 9월 3일 일요일 오전 11시. 체임벌린은 라디오 방송을 통해서 영국이 독일을 상대로 전쟁하게 되었다고 말했어.

"여러분 모두에게 신의 은총이 함께하기를! 신이 옳은 것을 방어하기를, 왜냐하면 우리가 싸우려는 상대는 악의 무리이니!"

그는 이 말로 방송을 끝냈어. 라디오 앞에 모여 귀를 쫑긋 세웠던 영국인들은 이번에는 환호성을 지르지 않았어. 전쟁하겠다는데 반가울 리가 있나. 물론 1914년 8월 제1차 세계대전이 시작되려던 때에는 전쟁을 반기는 사람도 있었어. 당시에 그들은 전쟁이 어떤 것인가를 몰랐기 때문이었지. 전장으로 떠나면서도 낯선 곳으로 여행 가는 기분으로, 크리스마스가 되기 전에 빨리 전쟁을 끝내리라 생각했고, 전승하여 금의환향할 꿈으로 부풀어 있었으니까. 하지만 이제 그들은 한 차례 큰 전쟁을 겪었고, 전쟁이 어떤 것이고 얼마나 끔찍한 것인지를 뼈저리게 알고 난 뒤였어. 그래서 뮌헨 협정이 체결됐을 때도 그저 일단 전쟁을 피했다는 생각에 기뻐했던 거고 말이야. 그러나 이제는 바야흐로 곧 제2차 세계대전이 발발할 터였지. 라디오 방송을 들은 후, 한 여자는 창문으로 달려가서 머리를 내밀고는 거리에 대고 울분을 터뜨리듯 외쳤어.

"전쟁이래, 전쟁. 우리는 이제 모두 몇 시간도 안 돼서 다들 포격을 맞아 죽을 테지."

다른 여자는 라디오 방송을 들은 후, 남편에게 몸을 기대고 1~2분 동안 죽은 듯이 조용하게 있었다고 훗날 인터뷰하기도 했어. 울분을 터뜨리든 쥐 죽은 듯 침묵하든, 표현은 달라도 마음은 같았지. 곧 다가올 전쟁에 대한 끔찍함과 암담함, 두려움으로 가득 찬 마음 말이야.

광기를 예감하는 방법

지금으로선 이해하기 어렵겠지만, 히틀러가 등장했을 때 대다수 사람이 히틀러를 반겼어. 아니 거의 광적으로 환호했어. 일반 민중 뿐만이 아니었어. 미국 대통령, 영국의 왕실, 세계적인 석학, 유수의 철학자며 언론인들까지 포함해서 그랬어.

하지만 얼마 안 가서 히틀러는 유럽을 상대로 도발적인 전쟁을 일으켰을 뿐만 아니라, 600만 명이나 되는 유대인을 죽이는 잔혹한 행위를 범했지. 인간으로서 어떻게 그럴 수가 있을까 싶을 정도로, 히틀러는 인종 말살인 홀로코스트[2]를 실행하는 괴물이 되어 갔지.[3]

그러나 히틀러가 하루아침에 전쟁광이 되거나 괴물이 된 것은 아니었어. 그 이전부터 싹이 보였달까? 뭔가 기미를 느끼게 하는 일들이 있긴 했어.

1933년, 독일 총리로 취임한 히틀러가 정권을 장악해 가는 과정에서 벌어진 일련의 세태를 보고 뭔가 싸한 느낌을 받은 이들은 독일에서의 보장된 명예와 수입을 뒤로하고 다른 나라로 망명을 떠나기도 했어. 사실 대중이 한목소리를 낼 때 다른 시각을 갖게 되기란 쉽지 않아. 황우석 박사가 줄기세포로 한창 주목받았을 때, 미국산 수입 쇠고기에 광우병 의혹이 있었을 때, 이처럼 대중이 다 같이 환호하거나 다 같이 증오를 쏟아 내는 상황에 개인이 다수와 다른 의견을 갖거나 드러내는 것은 쉽지 않은 일이었잖아. 히틀러 정권에 대한 견해도 마찬가지였어. 많은 사람이 열광할 때 그에 대

---

2   holocaust. 제2차 세계대전 중, 나치 독일이 저지른 유대인 대학살.

3   Mark Alvin M.Cruz 외 8인 지음, 《World History》, Vibal Group, Inc., 2014, p.356

해 의심하는 일은 쉽지 않았지. 그런데도 소수의 사람은 그에게서 어둠의 그림자를 감지해 내었어. 혜안(慧眼)을 가진 이들이라 할 수 있겠지.

그들은 '의회 화재 사건'과 '긴 칼들의 밤'과 '수정의 밤'[4]이라 부르는 사건들에 의문을 품었어. 앞의 두 사건은 나치 지도부가 고의로 조작한 사건이거나 지도부 내의 권력 다툼이라 보통 사람들은 알아채기 어려울지 몰라도, 적어도 '수정의 밤'은 보통 사람들마저 나치의 폭력성을 확연히 눈치챌 수 있었던 사건이 아니었나 싶어. 한 유대인 소년이 자신의 가족이 부당한 대우를 받은 것에 불만을 품고 정부 인사(외교관) 한 명을 살해하자, 이를 빌미로 나치 관계자들이 유대인 상가며 시나고그(유대교 회당) 등을 닥치는 대로 부수고 폭력을 저지르는 일을 암묵적으로 허용했던 사건이었어. 그 폭력적인 밤이 지나고 난 뒤 온 거리에 깨진 유리창 조각이 잔뜩 쌓여 있어서 '수정의 밤' 혹은 '깨진 유리창의 밤'이라 불리게 된 거야.

어떤 일이건 일이 이미 크게 벌어진 다음엔 손을 쓰기가 힘들어. 그러니 뭔가 싹이 돋으려는 순간, 의심쩍고 미심쩍은 순간을 잘 포착하는 민감함과 그 즉시 시정을 촉구하는 기민함과 용기가 필요하

---

4   '수정(水晶)의 밤'은 독일어 '크리스탈나흐트(Kristallnacht)'를 번역한 것이다.

겠지. 히틀러의 광기와 포악함을 엿볼 수 있는 사건들이 발생했을 때 그것을 일찌감치 간파하고 막았다면 얼마나 좋았을까?

내 말을 믿어. 히틀러는 나쁜 놈이라고!

대부분의 사람은 나치의 속성을 뒤늦게 깨달았어. 그렇지만 드물게도 일찌감치 간파한 정치인이 있었어. 영국의 정치가 윈스턴 처칠이었지. 그는 1933년부터는 피 끓는 심정으로 히틀러의 위험을 경고했어. 하지만 당시에는 영국 지도부가 히틀러에게 점점 더 온건한 유화 정책을 펴던 시대였기 때문에, 처칠은 오히려 영국 지도부에게 귀찮은 불평분자로 비칠 뿐이었어.[5]

1937년 5월 정권을 이어받은 네빌 체임벌린 총리가 히틀러에게 탄력적인 온건 정책을 표방하자 처칠은 암담함을 느꼈어. 그는 파시스트 독재 정권에 대한 유화 정책을 신랄하게 비난했어. 처칠은 영국이 신속하게 재무장하여 히틀러와 무솔리니에 맞서야 한다고 확신했거든.[6]

---

5   볼프 슈나이더 지음, 박종대 옮김, 《위대한 패배자》, 을유문화사, 2005, p.365

6   앞의 책, 《죽기 전에 꼭 알아야 할 세계 역사 1001 Days》, p.710

처칠이 아무리 피를 토하는 심정으로 재앙을 예고해도 사람들은 믿지 않았지. 1938년 9월 30일에는 독일에 주데텐란트를 넘긴다는 협정을 맺은 뮌헨 회담까지 했으니 처칠은 속이 타들어 갔어. 그는 뮌헨 협정에 의혹의 눈길을 보냈어. 그는 의회에서 뮌헨 협정에 대해 토론하던 중 "모두가 무시하거나 잊고자 하지만 체코슬로바키아는 조만간 나치 정권에 의해 삼켜질 것이며, 그것이 끝이 아니라 단지 시작일 뿐"이라고 경고했어. 윈스턴 처칠은 가장 냉철하게 현실을 직시했던 거야. 하지만 사람들은 늙은이의 헛소리쯤으로 치부하고 그다지 신경 쓰지 않았단다.

국제적 지지를 전혀 받지 못한 체코슬로바키아 정부는 무력할 수밖에 없었고, 독일은 한시도 지체하지 않고 주데텐란트를 집어삼켰어. 처칠의 눈에는 다가오는 재앙이 너무도 선명하게 보이는데, 사람들은 그의 예견을 믿지 않았지. 이런 상황이 처칠에게는 얼마나 끔찍했을까?

1939년 7월 21일, 처칠은 자신이 쓰는 고정 칼럼에 독일의 군대가 엄청난 공격을 준비하고 있으며 독일의 내부 사정이 좋지 않아 보여도 최소한 초기에는 이 군대가 끔찍한 타격을 가할 수 있다고 썼어. 하지만 그가 아무리 이야기하고 글을 써도, 사람들은 여전히 성가신 늙은이가 또 잔소리해 댄다는 식으로 여기고 귀 기울이지 않았지. 그사이에 나치 독일의 침략 계획은 착착 진행되어 우선 오스트리아를 병합하고(1938.3), 체코슬로바키아를 해체했으며(1939.3), 이어 그 총부리를 폴란드로 돌렸어. 마침내 1939년 9월 1일, 독일의 대부대가 폴란드로 진격했지. 제2차 세계 대전이 시작된 것이었어. 맞아. 체임벌린은 히틀러에게 속았고, 처칠이 히틀러의 사악함과 간악함을 꿰뚫어 보았던 거야. 역사는 처칠이 옳았음을 증명했지. 그러자 하루아침에 평가는 뒤집혔어. 윈스턴 처칠은 졸지에 혜안을 가진 예언자급 정치인으로 급부상하게 되었어.

결코 굴복하지 않겠다!

1939년 9월 3일, 영국은 마침내 독일에 선전포고했고, 체임벌린은 처칠을 해군 장관에 임명했어. 처칠의 나이 예순넷 되던 해였지. 24년 만에 다시 원래의 자리로 돌아온 그를 영국 해병은 환영했어. "윈니(윈스턴 처칠의 애칭)가 돌아왔다!"라는 커다란 플래카드를 함정에 걸고서 말이야.

유럽에서는 전쟁이 한창 벌어지고 있었어. 독일 히틀러의 군대가 네덜란드 침공을 시작으로 덴마크와 노르웨이에 이어 벨기에와 프랑스까지 진격하자 체임벌린은 총리직을 사퇴했어. 그 뒤를 이어

1940년 5월 10일 처칠은 총리에 임명되었어.[7] 처칠은 히틀러로 인해 생길 재앙을 오래전부터 예언해 왔고, 두 번이나 해군 장관을 역임하였으며, 1917년에는 군수 장관으로서 탱크를 개발한 적도 있었어. 그런 인물이었으니 독일을 격퇴해야 하는 중대한 시점에 영국의 실질적 최고 지도자인 총리가 될 만했지.

《타임TIME》지는 처칠을 1940년도 올해의 인물로 선정했어. 그럴 만도 했지. 처칠은 1년이 넘도록 혼자서 히틀러 군대와 맞서 싸워야 했고, 전쟁으로 실의에 찬 영국 국민을 달래고 힘을 북돋우느라 고군분투(孤軍奮鬪)했으니까 말이야. 그 시대에 처칠이 없었다면 세상은 어떻게 되었을까? 생각하면 아찔해지는구나. 그만큼 그는 두둑한 뚝심과 배짱과 혜안으로 1945년까지 반(反)히틀러 동맹의 선두에 서서 전쟁을 잘 이끌어 주었지.

한편, 역사적 아이러니인 것은 돌이켜 생각해 봤을 때 히틀러가 등장하지 않았다면 처칠도 총리가 되지 못했을 가능성이 크다는 점이지. 독일군은 이제 프랑스를 공격하기 시작했고, 5월 10일 처칠이 취임하고 며칠 안 돼서 독일 탱크가 프랑스를 짓밟기 시작했어. 처칠은 영국인들에게 무거운 마음으로 '피와 땀과 노고와 눈물' 이상은 약속하지 않겠다고 연설했어. 영국인들에게 현실을 직

---

7   앞의 책, 《위대한 패배자》, p.366

시하게 한 연설이었지. 괜한 희망을 주는 달콤한 말 대신에 '피와 땀과 노고와 눈물'이라는 쓴 약속을 하는 지도자의 마음이 오죽했을까. 하지만 그는 힘 있게 덧붙였지. "우리는 절대 굴복하지 않을 것입니다(We will never surrender)"라고 말이야.

1940년 크리스마스 바로 전, 유럽 강대국 중에선 유일하게 영국만 남아 나치 독일의 공격에 대항했어. 영국과 주변의 하늘에서는 공중전으로 불이 번쩍였어. 히틀러는 영국 침략 계획을 포기했지만 영국에 항복을 강요했고, 헤르만 괴링의 공군은 끝없이 영국의 도시들을 폭격했어.[8]

1940~1941년 독일 공군이 영국에 감행한 대규모 폭격 작전으로 런던 폭격이 있어. 그처럼 독일군이 주로 도시를 공격했기 때문에, 도시에 살던 어린아이들을 일찌감치 시골로 보내 놓고 어른들은 적의 공격을 피해 방공호에 숨어 지내야 할 때가 많았지. 런던의 경우 지하철이 있는 지하도를 방공호 삼아 피신하는 경우가 많았다고 해. 방공호에 피신했다가 나오는 순간, 그때까지 일상을 보냈던 터전이 온통 잿더미가 되어 버린 광경을 보게 되는 것이 흔한 일이었다고 해. 상상만 해도 끔찍한 일이지 뭐야.

그렇다고 마냥 숨어 있을 수만은 없었어. 젊은 남자들은 일찌감

---

8   헬게 헤세 지음, 마성일·육혜원 옮김, 《두 사람의 역사》, 북캠퍼스, 2018, pp.301-302

치 전장으로 갔고, 1941년 12월부터는 정부가 남자와 마찬가지로 여자들도 징병했어. 여자들의 경우에는 전투를 위해 전장에 나가거나 정부가 명하는 시민 업무를 선택할 수 있었어. 농장에서 동물의 배설물을 쇠고랑으로 긁어모으는 것부터 시작해서 철강 공장에서 크레인을 작동하는 것까지를 다 아울러서 말이야. 이것이 전쟁 후에 여성 인권을 향상시키고 여성에게 일자리 기회를 주는 등 순기능도 하게 되었단다.

1941년 12월 7일 진주만 공습 당시의 비극적 순간.
미국 해군 역사유산사령부, 1941.

Attack on Pearl Harbor

5

진주만 공격과 원자폭탄 투하

온 하늘을 뒤덮은 검은 연기. 무슨 일이 난 걸까? 연기가 시작된 곳을 보니, 화염에 휩싸인 배가 있어. 게다가 배가 침몰되고 있잖아? 절체절명(絶體絶命)의 순간을 포착한 이 한 장의 사진. 이 사진은 저 멀리 하와이의 한곳에 정박해 있던 전함에 닥친 비극을 포착하고 있어. 사진 왼쪽에 보이는 국기 게양대 꼭대기에 성조기(星條旗)가 휘날리는 것이 보이지? 1941년 12월 7일, 하와이의 펄 하버(Pearl Harbor), 진주만에 있던 미국 해군 기지가 기습 공격을 받아 꼼짝없이 당하고 있는 장면이지. 군국주의 일본의 공군 병력이 진주만에 있는 미국 해군을 무력으로 도발한 것이었어. 이 기습으로 전함은 불타고 부서지고 가라앉았어. 그와 함께 얼마나 많은 미국 해병이 죽고 다쳤겠니? 격분한 미국은 다음 날 바로 일본과의 전쟁에 돌입했어. 일본은 왜 진주만을 공격했던 걸까? 잠자는 사자를 건드렸던 일본은 어떤 결과를 맞았을까?

앞 장에서도 보았듯이, 전체주의 국가들에는 대개 독재자들이 있었어. 나치 독일에는 히틀러가, 파시즘의 이탈리아에는 무솔리니가, 스페인에는 프랑코 장군이 있는 식이었지. 그런데 독재자는 없었지만, 군주제를 철저히 옹호하면서도 독재자가 있는 것처럼 굴러가는 전체주의 국가가 하나 있었어. 일본이었지. 일본에선 한 명의 독재자가 있는 게 아니라, 군부가 독재 집단이 되어 있었던 거야. 그들은 중국 만주 지역을 차지하고 더 많고 넓은 곳으로 권력을 뻗치려는 욕심을 내었단다. 그러다가 일본의 군부는 아시아-태평양 지역에서 전쟁을 일으켰어.

아시아-태평양 지역에서 일본은 대동아공영권(大東亞共榮圈)이라는 선전 아래 세력을 확장해 나가고 있었어. 아시아인이 함께 번영해 나가자는 모토는 근사했지. 일본은 일본의 지도 아래 아시아 국가들이 함께 발전해 갈 수 있다고 주장했어. '아시아인들을 위한 아시아'라니 멋지잖아? 하지만 겉이 번지르르하고 말이 달콤할수록 이면은 다를 때가 많단다. 아니나 다를까, 이후 일본의 행태는 말과는 전혀 달랐지. 우리나라 국민이야 일찌감치 일본을 알고 있었지. 당시에 이미 일본 식민지 치하에서 박해와 수탈을 당하고 있었으니까 말이야. 일본은 대만, 베트남, 필리핀, 태국, 버마(오늘날의 미얀마에 해당), 인도네시아 등 아시아 여러 나라를 침략했고, 아시아인들을 부려 먹고 수탈하고 고문하고 죽이는 일을 해 댔어. 1937년에 일본은 추축국[1]에 정식으로 합류했어. 추축국의 일원이 됐으니까 연합군 대장쯤 되는 미국이 당연히 일본을 주시했겠지. 일본으로서는 아시아-태평양 지역에서의 일본의 야망에 미국이 위협된다고 판단했기에 미국을 가만히 두면 안 된다고 생각했어. 일본은 독일이 유럽 전선에서 연합군을 상대로 싸우는 동안 자신들이 진주만을 쳐부수고 곧바로 네덜란드령 인도네시아와 영국령 버마에서 1천만 톤가량의 석유를 확보한다면, 미국과 전쟁을 벌일 만하리라는 낙관적인 생각을 하고 있었어. 그래서 일본은 병력을 그러모아서 하와이 진주만에 있는 미군 기지를 기습 공격했던 거지.

1939년 9월 독일이 폴란드를 침공하면서 시작된 것으로 알려진 제2차 세계대전 당시, 미국은 일찌감치 고립 정책을 펼치고 있었어. 제1차 세계대전 때 연합군으로 유럽에 건너가서 전쟁의 참상을 겪었기에 다시 전쟁에 말려들고 싶지 않았지. 미국은 운이 좋은 편이었어. 앞의 글 '3. 미국의 호황기와 대공황'에서 보았듯이 미국은 제1차 세계대전 때 국토가 훼손되지도 않았고, 군수 물자를 만들어 팔면서 경기가 살아났기에 전후에 '광란의 20년대'를 만끽할 수 있었으니 말이야. 하지만 이후 1920년대 말의 대공황으로 침체를 겪

---

1   추축국(樞軸國). 'The Axis Powers'를 번역한 말이다. 독일과 이탈리아, 일본이 가맹되어 있던 군사동맹으로서 제2차 세계대전에서 연합국에 대항하여 싸웠다.

은 터라 그저 조용하고 평온하게 먹고살 수 있기를 바랐어. 이번엔 정말 강 건너 불구경을 하며 버틸 생각이었지. 하지만 미국 국민이 원했던 고립주의나 중립 정책이 오래갈 순 없었어.

유럽에서 시작된 전쟁은 유럽 너머로 번져 갔지. 북아프리카에 식민지를 확장하고 싶었던 이탈리아는 군대를 보내 이집트를 침략했어. 수에즈 운하를 위협하면서 말이야. 운하는 중동의 유전에 닿기 위해 필수적인 것이다 보니 연합군은 이집트를 수비하기 위해 보내졌지. 한편 독일은 또 소련을 기습 공격했어. 1941년 6월에 있은 독일의 침략은 소련의 지도자 스탈린을 깜짝 놀라게 했지. 스탈린은 이전에 히틀러와 '소련과 독일은 서로 침략하지 않겠다'는 '독-소 불가침 조약(獨蘇不可侵條約)'을 맺은 적이 있었는데, 그것을 깡그리 무시하고 쳐들어왔으니까 말이지.

진주만 기습 공격으로 인해 미국 해군이 잠시 무력화되긴 했지만, 그것은 오히려 미국을 전쟁에 끌어들이는 역할을 하게 됐지. 미국과 연합군은 1941년 12월 8일, 일본에 전쟁을 선포했어.[2]

이후 미국군은 1942년 6월, 미드웨이 해전에서 일본 해군을 상대로 크게 이겼고, 1943년 2월에는 과달카날섬에서 일본군을 몰아냈지. 이후 연합군의 반격이 시작되었어. 점차 전쟁에서 연합군의

---

2   Jackson J. Spielvogel, Ph.D., 《World History》, McGraw Hill, 2023, p.241

승리가 예상되는 가운데, 11월에는 미국, 영국, 중국의 수뇌들이 카이로에 모여 일본에 어떻게 대응할 것인지를 논의했지. 그것이 카이로 회담이었어. 1945년 2월에는 얄타에서 소련이 일본을 상대로 참전하기로 비밀 협정을 맺었고, 4월에 미국군은 오키나와 상륙 작전을 펼쳤어. 7월에는 미국, 영국, 중국의 수뇌들이 포츠담 선언을 함으로써, 전후 일본에 대한 방침을 밝혔지.[3]

제2차 세계대전의 변곡점

제2차 세계대전 초반에 승승장구하던 독일에 패전의 색채가 드리운 것은 1942년부터였어. 그해 9월에 소련의 스탈린그라드(오늘날의 볼고그라드)를 공격한 독일군은 소련의 강력한 저항을 받았지. 시민 50만 명 중 4만 명이 사망할 정도로 피해가 컸으나 소련군은 끈질기게 저항했어. 소련과 독일 쌍방 장병의 사망률은 무려 60%에 이르렀다고 해. 다음 해 1월 독일군 25만 명은 소련군에 포위당했는데, 추위와 굶주림 탓에 2월 2일에는 결국 소련군에게 항복할 수밖에 없었어. 그사이 꽁꽁 얼어붙은 소련 땅에서 10만여 명에 이

---

3   앞의 책, 《세계사 다이제스트 100》, p.405

르는 독일군이 죽었다고 하니 그 처참함은 표현하기 힘들지.

전쟁이란 원래 가혹한 것이지만, 제2차 세계대전 참전국 중에서도 소련의 피해가 특히 그랬어. 상처뿐인 승리라고나 할까. 소련은 전쟁 참가국 중 가장 넓은 영토가 전장으로 변했고, 가장 긴 전선에서 가장 오랫동안 치열한 전투를 했지. 그러다 보니 가장 넓은 지역이 황폐화되고 가장 많은 병사가 전장에서 죽는 결과를 낳았어. 게다가 후방에 있는 공장에서는 연합국이 쓸 무기와 전투 차량, 군수 물자를 생산하느라 물자가 고갈되어 갔지. 독일과 소련 간의 전쟁이 시작된 이후 독일도 전 병력의 약 75%를 동부 전선에 투입하여 소련군과 맞섰기 때문에 소련의 피해가 클 수밖에 없었어.

제2차 세계대전 중 군인과 민간인을 포함하여 5천만 명 이상이 사망했는데, 그중 절반 이상인 2,700만 명이 소련인이었어. 동유럽 해방 전쟁에서만도 소련 병사 100만여 명이 목숨을 잃었지. 물질적인 피해 또한 컸어. 나라의 전 재산 중 약 3분의 1이 파괴되었어. 그러한 혹독한 희생의 대가로 종전 후 소련은 파시즘에 맞서 싸워 승리를 이끈 일등 공신으로 부상했어. 체제가 다른 서유럽 열강도 소련의 승전 기여도는 인정할 수밖에 없었지. 전쟁 중 영국 총리 처칠의 간곡한 요청으로 소련은 독일 동부 전선에 대규모 공격을 가했어. 그로 인해 소련군은 큰 희생을 치렀지만, 서부 전선 연합군의 숨통을 터 주는 역할을 톡톡히 했지.

소련은 가장 앞장서서 반히틀러 반파시스트 전쟁을 수행함으로
써, 세계인들 사이에서 세계 평화의 수호자라는 이미지를 굳혔어.

전쟁을 전후해서 연합국 지도자들은 많은 회담을 했어. 카이로,
모스크바, 테헤란, 얄타, 포츠담 등에서 말이야. 미국, 영국과 더불
어 전후 패전국 처리 문제 등을 논의하고 결정할 때 회담은 소련
이 원하는 대로 유리하게 흘러갔어. 전쟁 중에 소련 병사가 가장
많이 사망했고, 전쟁 물자 역시 엄청나게 많이 투입한 나라가 소련
이다 보니, 연합국들도 소련이 성실히 임무를 수행한 공을 인정할
수밖에 없었지. 그로 인해 소련의 지위가 한껏 높아졌고, 종전 후,
미국과 더불어 양대 강국으로 자리매김하는 데 크게 기여하게 되
었어.[4]

한편 서부 전선에서는 1944년 6월 6일, 연합군이 노르망디에 상
륙했어. 육군이 15만 6천여 명; 비행기는 2만 5천 대 이상이었을 만
큼 대규모 병력이었지. 소련군과 연합군이 베를린을 향해 진군하고
있다는 소식이 들리고 패색이 짙어지자 히틀러는 벙커에서 권총으
로 자살했어. 1945년 5월 7일 마침내 독일이 무조건 항복함으로써
유럽에서의 전쟁은 끝났어. 그 무렵부터 일본군도 계속해서 패배를
거듭하고 있었어. 그러다가 1945년 8월 6일, 그날이 왔지.

---

4   이무열 지음, 《러시아 역사 다이제스트 100》, 가람기획, 2022, pp.396-397

히로시마 원자폭탄 투하

1945년 8월 6일 오전 8시 15분, 히로시마 상공에서 B-29 폭격기 '에놀라 게이'가 원자폭탄 '리틀보이'를 투하했어. 사흘 후인 8월 9일에는 원자폭탄 '팻맨'이 나가사키를 덮쳤지. 이 두 개의 원자폭탄으로 인해 세상은 완전히 달라졌어. 끝까지 버티던 일본이 마침내 연합국 측에 항복하여 제2차 세계대전이 끝나게 되었지. 자세한 내용은 이미 책《옷장 속의 세계사》에서 '비키니' 편에 써 놓았으니 참고하렴. 하여간 원자폭탄이 일본에 떨어지긴 했지만, 사실 그것이 처음 개발될 무렵 가상했던 적은 일본이 아니라 독일이었어.

1938년, 오토 한과 리제 마이트너 같은 독일 과학자들이 원자를 무기화하는 데 힌트가 될 만한 발견을 했어. 바로 원자가 쪼개질 때는 어마어마한 에너지가 방출된다는 사실이었어. 그런데 우연히 그 사실이 연합국 측 과학자들에게도 알려지게 되면서 연합국 측 과학자들이 아연 긴장하게 되었지. 제1차 세계대전 때 서로 대치하던 사이였던지라 연합국 측 과학자들은 나치 독일이 핵폭탄을 개발하기 전에 미국이 먼저 개발해야 한다는 강박증에 사로잡혔어. 그래서 당시 가장 영향력 있는 과학자인 알베르트 아인슈타인에게 부탁하여 미국 대통령 프랭클린 루스벨트에게 편지를 쓰게 했어. 아인슈타인이 편지를 보낸 당시는 1939년 8월, 제2차 세계대전 발발까지 채 한 달도 남지 않은 시점이었어. 아인슈타인은 편지에다 원자를 이용하여 극도로 강력한 새로운 종류의 폭탄이 탄생할 수도 있으며, 그 가능성이 머지않아 실현될 것이라고 썼어. 이에 루스벨트 대통령은 원자폭탄 개발 프로그램을 추진하기로 했어. 나치 정권하의 독일이 그런 강력한 무기를 먼저 손에 넣게 되면 사태는 끔찍한

히로시마 원자폭탄의 상징 같은 건물. 뼈대와 벽 일부만 남았다.
하야시 시게오, 1945.

악몽이 될 것이므로 서둘러 선수를 쳐야 했기 때문이었지.

연합국 측은 독일보다 먼저 핵폭탄을 개발해야 한다는 생각에 열성을 다했어. '맨해튼 프로젝트'라는 이름 아래 군부의 그로브스 장군과 학계의 오펜하이머라는 과학자가 수장(首長)이 되어서 연구 팀을 이끌었지. 세계 각국의 과학자와 전문가가 모여 비밀리에 핵폭탄을 만들었어. 그 프로젝트가 얼마나 극비리에 진행되었냐면, 루스벨트 대통령만 알고 부통령인 트루먼도 모를 정도였어.[5]

우여곡절 끝에 만들어진 원자폭탄을 1945년 7월 16일, 미국 뉴멕시코주의 사막에서 실험했는데(트리니티 실험), 그 위력은 개발에 참여한 과학자들의 예상도 훨씬 뛰어넘을 정도로 강력했어.

원래 연합국이 원자폭탄을 개발한 목적은 히틀러 치하의 독일을 무너뜨리는 것이었지만, 원자폭탄이 개발됐을 즈음엔 사정이 달라졌어. 독일의 거의 모든 대도시와 중소 도시는 이미 무너지고 찢겨 나간 상태였어. 게다가 최초의 원자폭탄 투하 실험인 트리니티 실험이 성공하기 두 달 전인 1945년 5월, 나치 독일은 이미 항복한 상태였어. 그럼 이제 쓸 곳이 없어진 원자폭탄은 어떡하지? 큰 비용을 들여서 세계적인 과학자들이 비밀리에 머리를 맞대고 만들어 낸 이 발명품은? 그러다 생각이 났지. 아참! 원자폭탄을 다른 곳에

---

5   앞의 책, 《옷장 속의 세계사》, ('비키니' 편 참조)

쓸 수도 있겠는걸? 하고 말이야. 연합국은 아직 일본과의 전쟁을 치르는 중이었으니까.

1945년에 일본의 여러 도시는 독일이 당했던 것처럼 폭격당해 불타고 있었어. 만약 원자폭탄을 사용하지 않았다면 미국은 그 때까지 해 왔던 방식으로 전쟁을 이어 나갔을 거야. 1945년 3월, 300대가 넘는 중폭격기를 동원해 도쿄에 소이탄(화염 피해를 입히기 위해 개발된 탄환류의 무기) 폭격을 단행했던 식으로 말이야. 그 결과 10만 명이 죽었고 100만 명 이상이 다쳤으며 27km^{2}에 달하는 면적이 불탔어. 8월에 원자폭탄이 투하될 무렵 도쿄와 다른 일본 도시들은 이미 소이탄 폭격으로 황폐한 상태였어.[6] 기존의 방식으로 계속 전쟁하게 되면 숱한 인명 피해가 이어질 것이 뻔했지. 일본은 도대체 항복할 생각을 안 했거든. 가미카제라는 자살 공격용 특공기까지 동원할 정도로 끈질기고 지독해서 미군의 희생도 커질 터였지. 이에 해리 트루먼 대통령은 원자폭탄 투하를 명령하게 돼. 트루먼은 루스벨트 대통령이 병사(病死)한 이후 대통령직을 이어받았는데, 그 이후에야 맨해튼 프로젝트로 무시무시한 무기가 만들어져 있다는 것을 알게 되었지. 학자들 중에는 트루먼이 깊은 고민 없이 원자폭탄 투하를 결정했다며 비판하는 경우도 많아. 하지만 다른 의견도 있지.

---

6   댄 칼린 지음, 김재경 옮김, 《하드코어 히스토리》, 북라이프, 2020, pp.225-226

책《폭탄의 힘Bomb Power》을 쓴 역사가 게리 윌스에 의하면, 당시의 정치 현실상, 트루먼 대통령이 일본에 원자폭탄을 떨어뜨리는 대신 다른 선택을 하기는 어려웠을 거라고 해. 미국이 보유하고 있던 원자폭탄으로 일찌감치 전쟁을 끝낼 수 있으면서도 그것을 쓰지 않았다면, 그 사실이 알려졌을 경우 원자폭탄이 개발된 이후에 사망하거나 다쳐서 불구가 된 미군들의 가족은 분노했을 것이고, 그러면 대중, 언론, 의회가 대통령과 고문들에게 달려들었을 거라는 거야.[7]

이런 연유로 인해 1945년 8월 6일 히로시마에 원자폭탄이 투하됐어. 하지만 일본은 항복하지 않았지. 원자폭탄이 또 있을 거라고는 상상도 못 했나 봐. 그로부터 사흘 후인 8월 9일 오전 1시, 두 번째 원자폭탄이 나가사키에 투하되었지. 피해는 어마어마했어. 마침내 일본은 8월 15일 무조건 항복을 선언했고 9월 2일에는 공식적으로 항복했지.[8]

도쿄만에 정박 중이던 미국 전함 미주리호 위에서 더글러스 맥아더 장군이 일본으로부터 공식적인 항복 문서를 받았어. 이로써 아시아-태평양 지역에서의 제2차 세계대전이 완전히 막을 내렸지.

---

7   앞의 책, 《하드코어 히스토리》, p.227

8   빌 포셋 외 지음, 김정혜 옮김, 《101가지 흑역사로 읽는 세계사 : 현대 편》, 다산초당, 2021, p.131

일본이 무조건 항복한 덕분에 일본 본토를 직접 공격할 필요는 없
어졌고 말이야.

전후 질서와 전범 심판

공식적인 전쟁의 종결이 있기 전 1945년에 두 가지 회담이 있었
어. 하나는 2월의 얄타 회담이었고, 다른 하나는 7월의 포츠담 회담
이었지. 얄타 회담에는 스탈린, 처칠, 그리고 루스벨트가 참석했어.
하지만 두 번째인 포츠담 회담에는 스탈린, 처칠과 함께 해리 트루
먼이 참석했어. 얄타 회담 이후 병에 걸려 사망한 미국 루스벨트 대
통령의 자리를 부통령이던 해리 트루먼이 승계했기 때문이었어. 이
두 번의 회담에서 그들은 독일의 비무장화와 전쟁 배상금 물리기,
미영프소(미국, 영국, 프랑스, 소련) 네 나라가 독일을 나누어 통제할
것 등을 결정했어.

제2차 세계대전은 전 세계에 많은 변화를 초래했어. 인명과 재
산상의 손실을 보자면, 4천만 명의 유럽인들이 전쟁 중에 죽었는
데, 그건 전체 사망자의 3분의 2에 해당할 만큼 많은 수였어.

히틀러가 이끄는 나치는 권력을 장악한 후, 독일인의 혈통과 명
예를 보호하기 위해 유대인의 시민권을 박탈하고자 했으며, 독일인

과 유대인 사이의 결혼을 금지하는 등 다양한 차별을 두었지.[9] 그렇게 점점 더 수위를 높여 가다가 600만 명이나 되는 유대인을 학살한 홀로코스트를 포함하여 집시, 장애인, 동성연애자, 전쟁포로 등 숱한 인명을 앗았어.

홀로코스트 시절에 인권을 훼손했던 자들은 독일의 뉘른베르크 법정에서 재판받았어. 22명의 나치 관료 중 12명이 사형을 선고받고 집행되었지. 독일은 전쟁 배상금으로 200억 달러를 내야 했어. 이탈리아도 전쟁에서 많은 희생자를 내었고, 전후 일본에서는 국무총리 히데키 도조를 포함하여 전쟁에 연루되었던 관리 일곱 명을 사형에 처했지. 전쟁으로 인해 런던, 바르샤바, 베를린, 히로시마, 나가사키 그리고 마닐라 등 많은 도시가 파괴되었어.[10]

히로시마와 나가사키에 떨어진 원자폭탄은 20만 명이 넘는 사람을 죽인 것으로 알려졌어. 원자폭탄의 공격을 받은 이 두 곳의 사

---

9   앞의 책, 《1페이지 세계사 365》, p.51
유대인에 대한 증오와 핍박은 역사가 깊다. 고대 로마의 네로 황제 때도 중세 크리스트교인들의 유대인 학살이 있었다. 유럽인들 전반에 걸쳐 퍼져 있던 유대인 혐오 정서에다 19세기 후반에는 우생학에 기초해 유대인을 열등한 인종으로 규정하던 작업을 했다. 그러다 제1차 세계대전 이후 급격하게 성장한 파시즘의 영향으로 20세기 초반에는 유대인 음모론이 크게 유행했다. 러시아 비밀경찰이 만든 《시온 장로들의 프로토콜》, 자동차왕 헨리 포드가 발행한 《디어본 인디펜던트》가 특히 유명했는데, 유대인이 막강한 금융 자본을 바탕으로 세계를 정복하고 유럽인을 구렁텅이에 빠뜨리려 한다는 식의 고의로 꾸민 가짜 주장이 담겨 있었다. 하지만 당시에는 유럽과 미국인들을 현혹하며 크게 유행했다. 오늘날 근거나 출처를 알 수 없는 갖은 이야기들이 카더라 통신과 묻지마 소식으로 난무하고 있다. 거짓 정보와 뉴스가 범람할 때, 좀 더 세심한 주의와 각성을 바탕으로 정보를 받아들일 필요가 있다.

10   Marvin Perry, 《A HISTORY OF THE WORLD》(revised edition), Houghton Mifflin Company, 1989, p.713

례로 인해 사람들은 핵전쟁이 지구상에 어떤 영향을 미칠 수 있는지 알게 되었지. 원자폭탄 투하는 인류에게 섬뜩한 경고가 되었어.

얄타에서 시작된 냉전의 서막

1945년 2월에 스탈린과 루스벨트, 그리고 처칠이 소련의 휴양지인 얄타에서 만났어. 그즈음에 그들은 독일의 패배가 시간문제라는 것을 알았기 때문에 이후의 일을 의논하기 위해 모인 거였어. 이른바 얄타 회담이었지. 세 지도자는 악수하고 단체 사진을 찍기 위해 자세를 취했어.

소련은 세 동맹을 긍정적으로 평가했어. 하지만 나치 무리를 소탕시킨 '소련 국민들의 초인적인 노력'과 '천재 스탈린'을 강조하고 그에 초점을 맞추어 선전 영화를 만들었어.

얄타 회담에서는 소련과 미국이 제2차 세계대전의 초강대국으로 부상했어. 반면 영국은 이제 기울어진 듯 보였어. 처칠은 이제 협상할 지위에서 루스벨트와 스탈린보다 많이 약해져 있었거든.[11]

---

11 게다가 전쟁 중에 처칠이 큰 공을 세웠음에도 불구하고 1945년 영국 총선에서 처칠이 이끄는 보수당이 낙선하는 바람에, 포츠담 회담 때는 회담 도중에 처칠에서 노동당의 클레멘트 애틀리로 영국 대표가 바뀌기도 했다.

회담에서 겉으로는 미소를 보였지만, 세 지도자들 간의 신뢰는 이미 깨져 있었어. 그들은 각자 목적이 있었어. 스탈린은 동유럽을 자신의 영향력 아래 두려고 했고, 이에 처칠은 소련이 동유럽을 좌지우지하게 될까 봐 우려했어. 루스벨트는 유엔UN: United Nations 국가들과 함께 미래를 설계하고 지속적인 평화를 확보하기를 원했어. 각각의 지도자들은 사회를 어떻게 운영해야 할지에 대해 생각이 달랐단다. 스탈린은 가혹한 독재를 지향하여 이루었고, 루스벨트는 민주주의와 자본주의를 믿었지. 이렇게 다른 성향과 생각을 가진 사람들이었으니 애초에 연합국으로 맺어졌던 점이 이상할 지경이었지 뭐야.

얄타 회담에서 세 나라는 유엔이라고 하는 새로운 국제평화기구를 세우기로 했어. 스탈린은 소련이 일본에 대항해 전쟁에 참가할 것에 동의했고, 독일을 네 개의 구역으로 쪼개어 관리하는 것에 찬성했어.

연합국 측의 의견이 많이 갈린 사안은 폴란드와 관련한 문제였어. 스탈린은 폴란드를 더 많이 통제하기를 원했지만, 처칠은 폴란드에 몇몇 민주주의자를 포함해서 새로운 폴란드 정권이 들어서길 원했어. 처칠은 스탈린이 동유럽을 지배할 계획인 것을 눈치채고 그의 야망을 걱정했어.

루스벨트는 신경을 덜 쓰는 것처럼 보였지만 그것은 어느 정도는 그의 건강 탓이었어. 건강이 좋지 않아서 스탈린이 무리한 요구를 해도 그와 다툴 만한 에너지가 없었어. 루스벨트의 주치의였던 찰스 윌슨 모란경이 쓴 회고록에 의하면, 얄타 회담 당시 루스벨트 대통령의 심신의 건강 상태가 최악이었다는구나. 혈압은 300/170mmHg였고 뇌동맥경화의 다양한 증상을 보여서 살날이 많지 않은 인상을 받았대. 어깨에 담요를 두르고 시들시들한 모습으로 입을 벌린 채 앞을 보고 있는 모습은, 누가 봐도 돌아가는 정세에 대해 제대로 된 판단을 할 수 없어 보였다는구나.[12] 어쨌든 루스벨트 대통령은 자신이 할 수 있는 최선을 다했다고 생각하며 귀국길에 올랐지. 단지 자신의 몸이 왠지 심하게 피로하다고 불평하면서 말이야.

얄타 회담을 마치고 미국으로 돌아온 루스벨트는 회담 결과가 좋았다고 보긴 어렵지만 그래도 그것이 자신이 할 수 있는 최선이었노라고 말했어. 하지만 스탈린은 회담에서 협의한 미진한 사항마저 무시하고 동유럽을 상대로 확장 정책을 펼쳤어. 그 결과 폴란드를 비롯한 많은 동구권 국가들이 소련의 위성국가가 되어 스탈린과 소련 공산당 정치국의 통제하에 놓이게 되었지.[13]

---

12   고나가야 마사아키 지음, 서수지 옮김, 《세계사를 바꾼 21인의 위험한 뇌》, 사람과나무사이, 2021, pp.148-149

13   로날트 D. 게르슈테 지음, 강희진 옮김, 《질병이 바꾼 세계의 역사》, 미래의창, 2020, pp.280-281

2부
냉전의 시대,
이념의 대결
3
2
1

한국 전쟁 당시 평양 시민들이 폭격으로 무너진 대동강 다리의 철골을 타고 피난 중이다.
맥스 데스포, 《AP통신》 1950년 12월 4일 자.

1950.6.25 Korean War

6

세계사 속의 한국 전쟁

이 사진을 좀 봐. 부서진 철교 위에 많은 사람이 개미 떼처럼 달라붙어 있어. 가만있기만 해도 위험할 텐데, 자세히 보면 짐을 이고 진 채 건너가고 있어. 까딱 잘못하면 다리 아래 강물로 떨어질 것처럼 아슬아슬해 보여. 이토록 아찔한 행동을 하는 이유는 무엇이었을까? 이 한 장의 사진에는 어떤 다급하고 절박한 사연이 담겨 있을까?

　　1950년 6월 25일에 시작되어 1953년 7월 27일 휴전 협정을 맺기까지 계속된 전쟁. '6.25 전쟁' 또는 '6.25 사변'으로 불리곤 하는 전쟁이 있지. 우리에겐 너무나 익숙한 전쟁. 우리나라에서 벌어졌던 남과 북 사이의 내전(內戰). 사망한 사람이 137만 4,195명에 이른다고 하는 그 전쟁 말이야. 여기서는 세계사 책이니만큼 세계에서 가장 흔히 일컬어지는 대로 '한국 전쟁'이라고 표기해 볼게.[1] 앞의 사진은 한국 전쟁 당시 피란민들이 폭격으로 무너진 대동강 철교를 건너 피란길에 오른 모습을 담은 거야.

　　마셜 플랜Marshall Plan, 베를린 공수, 나토NATO: 북대서양조약기구 등 주로 유럽을 중심으로 펼쳐지던 강대국 미국과 소련 간의 견제책이, 1950년에는 아시아에서 시험되었어. 한국, 바로 우리나라에서였지. 한국 전쟁이야 사실 우리나라 국민치고 모르는 이가 없겠지. 국사 시간에도 배웠을 테고 영화나 다큐멘터리 등을 통해서도 다들 알고 있을 테니 세계사 책에서까지 굳이 쓸 필요가 있을까 싶어서 여태 쓴 적이 없었어. 그렇지만 20세기 세계사에서는 한국 전쟁이 세계적으로도 의미가 크기 때문에 한번 써 보기로 했어. 국내의 여러 사정과 상황과 관련 인물들이 있지만, 많은 부분은 국사

1　　북한은 '조국 해방 전쟁'이라고 하고, 중국에서는 '항미원조(抗美援朝)'라고 한다. 항미원조는 '미국에 대항하여 조선을 도와준 전쟁'이란 뜻이다.

시간에 배우기로 하고 여기서는 세계 각국과 관련해서 접근해 보려고 해.

우선, 누구나 알듯이 우리나라는 1910년부터 일본의 지배를 받았어. 독립운동가들이며 임시정부 인사들이 일본 정복자들을 쓰러뜨리려 수차례 노력했지만 완전히 성공하진 못한 채였지. 그 상태에서 제2차 세계대전이 터졌고, 그 당시 미국과 소련은 일본에 대항해서 함께 싸웠어. 전쟁이 끝난 후, 두 강대국은 어떤 사이가 됐을까?

일본이 물러간 뒤, 한반도는 어쩔 거야?

제2차 세계대전은 연합국 측의 승리로 끝났어. 전쟁 막바지에 태평양 전쟁을 일으킨 일본인들은 원자폭탄 피폭 이후 항복했지. 일본이 패배하고 한반도에서 물러났지만, 슬프게도 한국 문제는 끝나지 않았어. 연합국들은 한국이 일제 식민지 치하에서 그간 일제와 끊임없이 투쟁한 공을 생각하여 적당한 시기에 독립시키기로 약속했어. 1943년 11월 27일 미국·영국·중국[2] 세 나라의 정상들이 이

---

2   당시엔 국민당의 장제스가 중국 대표였다.

집트의 카이로에서 회담을 가졌을 때 이미 나온 얘기였지. 당시 만주 지방에는 일본의 괴뢰국인 만주국이 있었는데, 소련이 참전하면서 만주국 군대와 만주의 관동군(일본군)이 급격하게 붕괴했어. 같은 연합군인 소련이 적군인 일본을 붕괴시키면 기뻐해야 할 일이겠으나, 이즈음 이미 미국과 소련의 관계는 표면만 같은 편이고 속으로는 서로에 대한 불신과 두려움이 싹터 있었어. 미국은 소련이 만주국과 관동군을 부수고 나면 더 아래로 내려와 한국 전역을 차지할지도 모른다고 우려하게 돼. 그래서 소련에 위도 38도선을 기준으로 분할 점령을 제의했지. "한반도로 내려오더라도 38선까지만이야. 38도 밑으로는 우리 거야~." 이에 소련이 그 제의를 받아들이면서 남한·북한에 각각 미군과 소련군이 주둔하게 되었고, 미국과 소련의 군정이 실시되었어. 우리나라 땅이지만, 우리 의견 같은 건 끼어들 여지조차 없이 미국과 소련 두 나라가 정한 거지. 요즘 말로 한국은 패싱을 당한 거야.

제2차 세계대전 후 국제 정세는 미국 중심의 자본주의 진영과 소련 중심의 사회주의 진영으로 급격히 재편되었어. 얼마 전까지만 해도 같이 힘을 합해 독일과 일본을 상대로 싸웠던 사이였지만, 이제는 주도권을 놓고 대립하고 있었지. 냉전 체제하에 미국과 소련이 대리전을 하는 양상이 펼쳐지기도 했는데, 한반도가 그 시험대에 올랐어. 미국과 소련은 한국에 임시정부를 세우기 위한 미·소

공동위원회를 만들려 했으나 파행을 겪었어.

한국에 들어와 있던 미국과 소련은 1946년에 이제 무엇을 어떻게 할 것인지를 정하기 위해 회담을 열었어. 그러나 그들은 생각 차이로 동의를 이끌어 낼 수 없었지. 한국이 소련 공산주의자에 친화적인 새 정부에 의해 통치될 것인지, 아니면 한국이 미국 동맹들에 의해 지배될 것인지 의견이 갈렸고 좁혀질 줄 몰랐지. 정치가들이 여전히 토론하는 동안, 별도의 정부 두 개가 한국에 세워졌어. 남쪽에서는 이승만이 미국에 지지하는 자본주의 정부를 세우고, 이에 질세라 북쪽에서는 김일성이 공산주의자 정권을 세우게 된 거야. 남북한에 각각 단독 정부 수립이 기정사실화되자 이를 막기 위한 남북협상이 이루어지기도 했으나, 안타깝게도 실패하고 남북한에 순차적으로 분단 정부가 들어섰어.

1948년 소련 군대가 한반도 북쪽에서 철수했고, 1949년 미군이 남쪽에서 철수했어. 외국 군대가 물러가고 이제 남북으로 마주하게 된 남한과 북한은 팽팽하게 긴장한 상태에서 서로를 노려보고 있었어. 남북 양측 모두 서로 으르렁대며 공공연히 기싸움을 해 댔어. 지도자들이 동족상잔(同族相殘)을 겪더라도 잃어버린 반쪽의 땅을 되찾겠다는 말을 공공연히 하면서 말이지.[3] 당시엔 오늘날처럼

---

3   1949년 12월 31일 자 《경향신문》에 실린 이승만 대통령의 인터뷰가 그 한 예가 될 수 있다.

휴전선이나 비무장 지대 같은 것으로 철저히 막혀 있기 전이라 남과 북이 마음만 먹으면 오가기가 크게 어렵지는 않았나 봐. 그렇다 보니 1950년쯤에는 38선 지역에서 소규모의 국지전이 계속 벌어졌어. 남한과 북한 주민들이 서로 올라가고 내려가서 공격하고 상대 주민을 죽이는 학살극과 보복 행위가 자주 일어났고, 그러면서 서로에 대한 원한은 깊어져 갔거든. 크고 작은 싸움과 살상이 계속 이어졌어. 그러다가 마침내 전면전(全面戰)이 시작된 거지. 게다가 1950년 1월 12일에 미국 국무 장관 애치슨이 발표한 애치슨 선언도 북한의 마음을 쑤석였지. 전쟁이 일어나면 미국이 방어해 줄 수 있는 한계선이라며 선언한 애치슨 라인에 어찌 된 영문인지 대만과 한반도가 빠져 있었거든, 이를 보고 전쟁이 나더라도 미국이 남한을 내버려둘 거라고 북한이 잘못 판단했을 가능성도 커.

6월 25일, 김일성의 말대로라면 '자신의 땅을 방어하기 위해서' 남한의 말에 의하면 '평화로운 일요일 아침, 느닷없이' 북한이 남한을 정말 침략하기 시작했고, 불과 사흘 만에 서울을 점령했어.

김일성의 도발에는 다 이유가 있었지. 소련의 스탈린이 북한에 최신식 무기를 지원해 주기로 약속했다는구나. 또한 당시 얼마 전까지 중국에서 공산군을 도와 국민당 정부와 싸우던 북한 군인들이 돌아왔고, 중국 역시 전쟁이 시작되면 북한을 돕겠다고 은밀히 약속한 상태였거든. 이 글을 쓰다 보니 문득 소름이 돋는구나. 러시아-우크라이나 전쟁(2022년 2월 발발) 때 북한이 러시아를 도왔잖아? 이제 도움을 받은 러시아가 북한에 뭐라고 말할까를 짐작해 보니 말이야. 김일성은 소련과 중국이 뒤를 봐주기로 하니까 그것을 믿고 전쟁을 시작했어. 그러니까 한국 전쟁은 단순히 남한과 북한의 내전이 아니라 처음부터 여러 나라가 얽혀 있던 세계의 전쟁이었어. 이제 공산주의자들과 자본주의자들이 충돌하게 되었어. 남한과 북한을 앞세워 대리전을 하게 된 것이지.

미국은 왜 남한을 도왔나

북한이 남한을 침략하자 미국은 즉시 행동했어. 당시 미국의 트루먼 대통령은 우선 남한을 위해 싸우도록 우리나라 가까운 곳에 있는 일본에서 미국 군사들과 전쟁용 비행기를 보냈지. 그다음에 그는 유엔 안전보장이사회를 설득하여 자신을 돕도록 했어.

미국 주도로 6월 26일 유엔 안전보장이사회를 개최하여 북한군이 즉시 전투 행위를 중지할 것과 38선 이북으로 철수할 것을 요청하는 결의안을 가결했어. 북한이 이 결의안을 무시하자 유엔 안전보장이사회는 미국이 제출한 북한군에 대한 무력 제재안을 통과시켰어. 그 결과 미국을 필두로 영국, 캐나다 등 16개국 군대로 구성

된 유엔군이 파병되었는데, 이것은 유엔 창설 이후 최초의 파병이었다고 해.[4]

남한에 대한 군사 지원을 의결한 유엔 안전보장이사회의 결정에 따라 미국의 지상군이 파견되었어. 1950년 7월 1일 최초의 미군 부대가 부산에 상륙한 이래로 총 178만 9천 명의 병력이 한국 전쟁에 파병되는데, 이 중 3만 6,940명이 전사, 9만 2,134명이 부상, 3,737명이 실종, 4,439명이 포로가 되었어. 한국 전쟁 기간 미군은 유엔군 지상 병력의 50.3%, 해상 병력의 85.9%, 공군 병력의 93.4% 등 절대적 비중을 차지했지.[5]

그런데 좀 이상하지 않아? 유엔 안전보장이사회 회원국인 소련은 왜 남한을 위해 유엔군을 파병한다는데도 거부권을 행사하지 않았을까 하고 말이야. 의외로 소련이 방해하지 않았던 데엔 사연이 있었어. 당시 소련이 다른 일로 유엔에 보이콧을 하던 중이라, 거부권을 행사해야 할 즈음에 안전보장이사회에 결석했기 때문에 생긴 일이었어. 이런 우연으로 인해 유엔은 트루먼의 미국과 함께 한국 전쟁에서 활동을 개시할 수 있게 되었어. 또 다른 설로는, 당시 미국의 원자폭탄을 두려워한 소련이 미국과의 직접 충돌을 피하고자

---

4   대한민국 역사교과서 편찬위원회 지음, 《대한민국 역사교과서 2》, 한가람역사문화연구소, 2024, p.411

5   존 리치 사진·글, 《1950》, 서울셀렉션, 2020, p.17

일부러 미국과 사이가 나빠지지 않도록 표결을 안 했다는 이야기가 있어. 알다시피 미국은 이미 1945년 8월 6일과 9일에 히로시마와 나가사키에 원자폭탄을 투하했어. 소련이 자체 핵폭탄을 개발한 것은 1949년 8월 29일로 알려지므로 한국 전쟁 당시 이미 소련도 핵폭탄을 가지고 있었지만, 핵폭탄의 가공할 만한 위력을 알고 있던 스탈린으로서는 가능한 한 미국과의 전면전은 피하고 싶었던 것이지.

7월 1일 최초로 남한을 돕기 위해 미군들이 왔어. 남한으로선 정말 다행이었지. 북한은 물론 그 뒤에 있는 소련, 중국과도 싸워야 할 판인데 미국이 돕겠다고 나섰으니 이렇게 고마울 데가…. 그런데, 여기서 잠깐. 미국은 왜 남한을 돕고자 했던 걸까? 중국이나 소련처럼 한반도에서 가깝지도 않은데, 그 먼 곳에서 자국의 젊은이들 목숨까지 바쳐 가면서 말이야.

전쟁 발발 연도가 1950년이었던 것을 생각하면 이해하기가 쉬워. 그 시기는 자유 진영에서 공산주의에 대한 경각심이 특히 심하던 때였거든. 그도 그럴 것이 바로 전년인 1949년에 서구 세계를 깜짝 놀라게 한 사건이 두 가지나 있었어. 하나는 마오쩌둥이 중화인민공화국이라는 공산주의 국가를 설립한 일이고, 다른 하나는 소련이 원자폭탄을 개발한 일이었어. 두 가지 모두 사회주의 공산국가의 세력이 크게 확장한 것을 보여 주는 일이지. 작고 고만고만한 나라도 아니고, 땅덩어리로나 인구로나 대국인 중국과 소련이 적국이 되었으니, 자유 민주주의 국가들, 자본주의 국가들은 끔찍하고 섬뜩한 기분을 느끼기에 충분했어. 너무나 빠르고 광범위하게 세력을 키워 나가는 공산주의 국가들에 대한 경계심이 고조되던 시기였어.

거기다 미국에는 또 다른 일 하나가 더 겹쳤어. 앨저 히스라는 자가 1949년에 간첩 혐의로 기소되어 1949~1950년에 걸쳐 재판받았는데, 결과적으로 소련에 국가 기밀을 넘겨준 혐의가 인정되어 징역형을 받은 거야. 문제는 그가 국무부의 고위 간부였다는 거지. 프랭클린 루스벨트 대통령과 함께 얄타 회담에도 참석했을 정도로 높은 지위에 있던 자였어. 국가 고위 공무원으로서 웬만한 국가 기밀은 다 알고 있던 자가 간첩 단원이었다니, 얼마나 기겁할 노릇이었겠니![6] 앨저 히스의 간첩 사건으로 뒤숭숭한 정계에 1950년 2월부터는 상원의원 매카시가 미국 사회에서 공산주의자를 색출해 내야 한다며 분위기를 험악하게 몰아간 '매카시즘' 광풍까지 더해졌어. 사정이 그렇다 보니, 미국을 비롯한 서방 세계에서는 공산주의에 대한 두려움이나 경각심이 한층 고조되어 있었지. 그래서였

---

6 김형곤 지음, 《미국의 역사를 훔친 영화의 인문학》, 홍문각, 2015, p.194
앨저 히스는 소련에 기밀문서를 넘겨주었다는 자신의 혐의를 끝까지 부인했다. 하지만 1990년 이후 구소련이 붕괴하고 난 후 해제된 자료에 의하면 히스가 연방 정부 내에서 광범위하게 간첩 활동을 한 사실이 드러났다.

겠지. 한국 전쟁에 미국을 비롯한 서방 세계의 이목이 집중된 것은. 서방 세계는 공산주의 세력에 맞설 의지로 충천해 있었어. 그랬기에 유엔에서 남한을 위해 유엔 군대를 보내기로 쉽게 합의가 이루어졌던 거야. 그 결과 유엔군이 한국 전쟁에 참가하여 남한을 돕게 되었고 말이야.

중국은 왜 북한을 도왔나

한국 전쟁 초기에는 북한 인민군이 유엔군 병사와 국군보다 남한을 앞서 휩쓸어 나갔어. 북한군은 파죽지세(破竹之勢)로 낙동강 전선까지 남하했지. 부산만 남기고 남한 대부분의 땅이 인민군 손에 넘어갔을 즈음, 미군을 주축으로 하는 유엔군의 개입으로 전세가 역전되었지. 맥아더 장군의 인천 상륙 작전으로 전쟁의 양상이 변했고 힘겨운 싸움 끝에 미군은 인민군을 38선 너머 북한 깊숙이 밀어 넣었지.

국군과 유엔군은 압록강과 두만강 일부까지 북상했어. 이제 한반도가 통일되나 싶던 그즈음 갑자기 새까맣게 군인들이 밀려왔단다. 중국이 참전하여 인해전술(人海戰術)을 펼쳤던 거야. 인해전술이란 말은 장진호 전투에 참전했던 미국 병사들이 이름 붙였다는데,

중국 병사들이 마치 바닷물처럼 끊임없이 밀려 내려온다고 느꼈기 때문이었대.[7]

여러 전투가 다 치열했지만 특히 '장진호 전투'는 한국 전쟁에서 가장 치열한 전투 중 하나로 알려져 있어. 미군 제1 해병사단이 함경남도 개마고원의 장진호에서 북한의 임시 수도인 강계를 점령하려다 근처 산속에 매복해 있던 중공군(7개 사단 병력, 12만 명 규모)의 공격을 받았고, 11월 27일부터 12월 13일까지 2주간 사투를 벌이다가 극적으로 포위망을 돌파한 전투를 일컬어. 일단 지명을 듣는 순간 얼마나 혹독했을지 짐작이 가지 않니? 무려 개마고원이란 말이지. 게다가 11월 말부터 12월 초순이니 가만히 있어도 얼어 죽을 날씨였을 테고 말이야. 미군 전사(戰史)에 "역사상 가장 고전(苦戰)한 전투"로 기록되어 있다고 해. 하지만 이 힘겨운 전투를 버텨 내었기에 결과적으로는 12만여 명의 중공군이 남하하는 것을 지연시켰고, 그 덕분에 미군 10만 명, 민간인 10만 명을 군함 193척에 태워 남쪽으로 탈출시킨 흥남 철수 작전이 가능했다고 하지.[8]

중국 공산당 군대라 하여 흔히 중공군이라고 부르는 중국 군사들이 물밀듯 쳐들어왔어. 그들은 중국 정권을 차지한 마오쩌둥이

---

7   앞의 책, 《대한민국 역사교과서 2》, p.382

8   앞의 책, 《1950》, p.39

보낸 군사들이었어. 전쟁 한 해 전인 1949년, 마오쩌둥이 장제스를 밀어내고 중화인민공화국을 선포한 지 얼마 안 된 무렵이였어. 새롭게 나라를 열었으니 이것저것 할 일이 태산이었을 텐데 마오쩌둥이 인해전술이라 불릴 만큼 어마어마한 수의 병력을 한국 전쟁에 보낸 이유는 무엇이었을까? 그 병사들 중에는 마오쩌둥의 장남까지 있었는데 말이지. 아마 가만히 있으면 미국이 중국 국경 너머까지 올지도 모른다는 두려움 때문이었던 것 같아. 북한이 패배하면 그다음은 중국이라는 생각, 순망치한(脣亡齒寒) 같은 사자성어를 떠올렸는지도 모르겠어. 일설에는 소련이 뒤에서 부추겼다고도 해.

마오쩌둥은 만일 남북한 모두 미국의 통치 아래 들어가게 되면 그때까지도 미국이 밀고 있던 장제스가 좁은 타이완섬보다는 더 넓은 반도인 한반도를 베이스캠프로 삼아 중국을 공격할 것이라고 믿었어. 당시 장제스는 이미 타이완으로 건너간 상태였지만 미국인들은 여전히 그를 중국의 정당한 통치자로 인정하고 있었거든. 그리고 장제스 역시 "언젠가는 우리가 잃은 대륙을 되찾고야 말겠다"라며 공공연히 적의를 드러내고 있었단 말이지. 게다가 중국의 주요 공장들과 발전소들이 압록강을 따라서 한국의 국경과 매우 가까운 거리에 있었던 것도 신경이 쓰였을 거야. 그래서 마오쩌둥은 미국인들에게 중국의 국경으로부터 뒤로 물러서라고 경고했어. 하지만 미국이 그의 경고를 무시하자 수십만 명의 중국 병사들을 보내 압록강 건너 북한을 돕도록 했던 거야. 어마어마하게 많은 수의 병사가 쏟아져 내려왔고, 끝도 없이 밀려오는 중공군들은 유엔군의 전선을 뒤로 밀었어. 새롭고 치열한 전쟁이 시작됐어. 이 전쟁은 사실 미국과 중국 사이의 전쟁이나 마찬가지였어. 비록 두 나라 모두 공식적으로는 이것을 인정하지 않았지만 말이야.

중공군이 참전하자, 북한 지역 깊숙이 진군했던 유엔 연합군은 중공군에 밀려 남으로 후퇴해야 했고, 서울까지 다시 내주게 되었어.[9]

유엔공원 벽에 새겨진 낯선 이름들

한국 전쟁은 북한과 남한의 내전이었지만, 외국 군인의 희생도 적지 않았어. 남한을 도우러 유엔군이 왔고, 북한을 도우러 중공군이 왔기 때문이지. 부산의 남구 대연동에는 유엔기념공원이 있어. 색색의 고운 꽃이 핀 정원도 있고 분수도 있어서 공원처럼 깨끗하고 아름답게 꾸며져 있지만, 주된 기능은 한국 전쟁 당시 희생된 유엔군을 위한 묘지야. 묘지라는 이미지가 약간 어둡고 우울해서인지 요즘은 '유엔묘지'보다는 '유엔공원'이라고 더 많이 부르면

---

9   앞의 책, 《1950》, p.309

서 잘 관리하고 있더라고. 한국 전쟁 때 북한에 맞서 싸우다가 사망한 유엔군 병사 수는 3만 7,902명에 달해. 나는 고향이 부산인 데다 조카가 대연동에 살고 있어서 유엔공원에 자주 가곤 했는데, 새가 많고 반들반들한 돌벽에 촘촘히 새겨진 이름들 앞에 서면 늘 마음이 무거웠어. 정원에 조성된 묘역의 묘비를 보면 튀르키예인도 많고 영국인, 오스트레일리아인 등 다양한 국적을 볼 수 있지. 하지만 3만 7,902명의 유엔 전사자 중 약 3만 5천 명은 미군이었어.[10] 영국을 포함한 16개국이 남한을 위해 싸우도록 유엔에 군대를 보냈지만, 유엔 병사 중 열에 아홉은 미국인들이었고, 그들의 사령관 또한 미국인인 더글러스 맥아더 장군이었을 만큼 미국의 전쟁 비중이 컸지. 자국에서 먼 작은 나라까지 와서 민주주의를 수호하다 전사한 젊은이들을 생각하면 고맙고 미안하고 안타깝지. 한국 전쟁이 발발한 원인으로는 일본, 중국, 소련과 함께 미국도 포함되겠지만, 희생자 묘역에 서면 마음이 복잡해져. 한편, 북한과 함께 유엔군과 맞붙었던 중공군의 피해는 더 커서 사망자가 14만 8,600명에 달했다고 해. 그중엔 앞서 말한 마오쩌둥의 아들도 포함되어 있고 말이야.

게다가 남한에서 민간인 24만 4,663명이 사망하고, 북한에서

---

10   전사자 수는 기록마다 조금씩 다르다. 유엔 묘지에 비치된 팸플릿에는 미군 전사자가 3만 3,668명으로 기록되어 있다.

28만 2천 명의 민간인이 희생되어 공식적인 통계에 따르면 한국 전쟁으로 사망한 사람의 수는 약 137만 명으로 집계되고 있어.[11] 인명 피해가 제일 안타깝지만, 그 밖에도 전쟁으로 인해 수많은 전쟁고아가 생겨났고, 또 남북으로 나뉘어 이산가족의 아픔을 품고 평생을 살아가야 했던 사람들도 있었지. 텔레비전에서 '이산가족 찾기' 방송을 볼 때면 어떻게 그토록 많은 이산가족이 있는지, 사연은 또 한 사람 한 사람 얼마나 기구한지, 전쟁의 비극은 여전히 현재 진행형이구나 하는 생각을 하게 되었지.

맥아더 해임과 스탈린의 사망까지

한국 전쟁에 미국군 사령관으로 참전했던 더글러스 맥아더 장군은 이런 말을 했어.

"아시아는 공산주의자 공모자들이 세계를 정복하기 위한 역할을 하기 위해서 선택되었다. 만일 아시아에 있는 공산주의와의 전쟁에서 우리가 진다면 유럽의 몰락도 피할 수 없다. 승리를 위한

---

11   2018년 6월 25일 자 《국제신문》.

다른 대안이 없다."

　그러니까 남한이 북한 공산주의에 당하도록 내버려두면, 그다음은 유럽이 당할 것이고 곧 세상이 그렇게 될 것이니, 그것을 막기 위해서라도 전쟁할 수밖에 없다는 것이었지.

　전쟁 초기에 북한에 밀려서 부산만 남겨진 상황에서, 국군과 미군을 위시한 유엔군은 석 달에 걸친 힘겨운 전투 끝에 인민군들을 38선 이북으로 깊숙하게 밀어냈어. 이즈음 미국의 목표는 더는 남한을 보호하는 것이 아니었어. 그들은 남북한 모두를 미국 우호적인 정권 아래 두려고 했어. 중국이 인해전술로 한국 전쟁에 개입한 이후 맥아더 장군은 드러내 놓고 전면전을 원했어. 공산주의자들이 집권한 중국으로부터 한국을 완전히 해방시키기 위해서 말이야.

　맥아더는 미국이 이길 수 있는 유일한 방법은 중국을 공격하는 것이라고 말했어. 아시아에 공산주의 세력이 너무 커져 있고, 한반도까지 공산주의에 밀리게 되면 그다음은 유럽 차례가 될 거라는 경각심에 무슨 수를 써서라도 공산주의 세력과의 전쟁을 빨리 끝장내야 한다고 생각했던 거지. 그러나 트루먼 대통령은 생각이 달랐단다. 미국이 중국을 공격하면 또 다른 세계 전쟁이 시작될까 봐 두려웠기 때문이었어. 이미 히로시마와 나가사키에 두 번의 원자폭탄 투하를 명령했던 지도자로서 그는 생각이 복잡했을 것 같아. 그래서 트루먼 대통령은 맥아더 장군의 아이디어를 거절했지. 이에 맥아더 장군이 트루먼 대통령의 결정을 비난했고, 그것이 신문에 실리자 트루먼은 자신과 갈등을 빚는 맥아더 장군을 해임했어. 당시 대중의 인기는 맥아더가 트루먼보다 훨씬 앞섰지만, 어쩌겠어. 군 장성에 대한 임명권과 해임권이 국가 원수인 대통령에게 있는걸.

트루먼 대통령이 맥아더 장군을 해임한 제스처는 소련인과 중국인을 안심시켰어. 트루먼이 또 다른 세계 전쟁을 일으키고 싶어 하지 않는다는 의지를 보여 주는 일이라고 믿었거든. 그래서 세 개의 강대국(미국, 소련 그리고 중국)이 1951년 11월 정전(停戰, 전쟁을 멈추는 것)에 동의했어. 하지만 전쟁포로 송환 등의 문제로 시간을 끌다가 1953년 7월에 마침내 논의가 끝났단다. 그사이에도 군사분계선을 따라 긋기로 한 휴전선 때문에 한 뼘의 땅이라도 더 차지하고 한 개의 고지라도 더 점령하려고 전투는 치열하게 계속되었고, 그 외중에 숱한 병사들이 희생되었지.

한국 전쟁이 끝나게 된 이유 중에는 스탈린의 죽음도 있었어. 스탈린은 1953년 3월 5일에 사망했는데 그는 한국 전쟁에 관여하는 걸 그리 달가워하지는 않았다고 해. 우리나라에 대해 우호적인 감정이 있거나 했던 것은 아니고, 미군이 핵무기를 보유하고 있는 것을 알고 있었기 때문에 여차하다 제3차 세계대전이라도 일어나게 될까 봐 꺼렸던 거지. 한국 전쟁이 시작된 이후에도 공식적인 병력 투입은 하지 않았어. 미국과의 직접적인 대립을 피하고자 물자와 자금을 북한에 몰래 대 주는 선에서 머물렀지. 그리고 그저 중국인들이 계속 싸우도록 용기를 북돋우곤 했다고 해. 그랬던 스탈린의 죽음으로 인해 소련의 도움이 줄고 중국도 화력이 약해졌지. 게다가 트루먼 뒤를 이어 새로운 미국 지도자가 된 아이젠하워 대통령 또한 중국이 휴전에 서명하지 않으면 핵무기를 사용할 수 있다는 암시를 주었어.

이에 따라 1953년 7월 27일 휴전 협정이 성사되었어. 그 규정에 따라 북한과 남한 사이 쌍방 군대의 접촉면을 따라 군사분계선이 그어졌어. 경기도 파주시 임진강 하구에서 강원도 고성군 명호리 동해안에 이르는 총 238km의 선[12], 이 선이 바로 '휴전선'이야. 휴전선은 위도로 북위 38선 근방에 걸쳐 여전히 남과 북을 나누었어. 3여 년간 이어지도록 피 터지게 싸운 전쟁의 결과, 38선이 휴전선으로 바뀐 것뿐이었지. 얼마나 허망한 노릇인지! 그 과정에서 수많은 젊은이가 목숨을 잃었고 말이야.[13] 양측은 서로 자신들이 승리했다고 주장했어. 이후 지금까지도 남한과 북한으로 나뉘어 있으며, 전 세계에 마지막 분단국으로 남게 되었어.[14]

---

12   정부 공식 표기로는 248km이나, 실제 길이는 238km에 가깝다고 한다.

13   박건호 지음, 《컬렉터, 역사를 수집하다》, 휴머니스트, 2020, pp.189-190

14   앞의 책, 《1950》, p.284

피델 카스트로 쿠바 대통령(왼쪽)과 혁명 동지 체 게바라, 1958.
ⓒGamma-Rapho via Getty Images / 게티이미지코리아

Fidel Castro,
Ernesto Che Guevara

7

쿠바 혁명과
쿠바 미사일 기지 사건

이 사진을 좀 봐. 기분 좋게 웃고 있는 이 두 사람. 별이 그려진 베레모를 쓴 채 이를 다 드러내며 환히 웃고 있는 체 게바라와 조금 쑥스러운 듯이 웃고 있는 피델 카스트로의 사진이야. 나는 가끔 운명적인 만남이 있다면 이 두 사람이 그 표본이 아닐까 생각해 보곤 해. 아르헨티나 출신의 체 게바라가 쿠바 출신의 피델 카스트로를 멕시코에서 우연히 처음 만나 의기투합하여 세상을 바꿔 갔으니까 말이야.

체 게바라는 혁명의 아이콘으로 유명한 인물이고, 피델 카스트로는 쿠바 혁명에 성공한 뒤, 쿠바의 대통령으로 오래 재위했던 인물이야. 늘 체 게바라와 함께 언급되는 인물이기도 하지.

피델 카스트로는 한마디로 배짱이 두둑한 인물이었어. 세계 초강대국인 미국에도 할 말 다 하는 지도자였지. 이라크 전쟁을 일으킨 부시 대통령을 '무절제한 광신도'라고 비난하기도 했고 말이야. 미국에 맞서는 담대함, 강력한 카리스마는 50여 년간 쿠바를 통치하게 한 힘이라 할 수 있어. 독재자란 오명을 썼지만, 쿠바를 의료·교육 분야의 최강국으로 격상시킨 업적이 있어. 또한 체 게바라와 더불어 쿠바 혁명에 성공했다는 사실은 독재자라는 이미지를 희석하는 요인이 되고 있지.

역사가 나를 방면(放免)[1]하리라

피델 카스트로는 1926년 8월 13일 쿠바 오리엔테 지방의 부유한 농부의 아들로 태어났어. 그의 아버지는 스페인 노동 이민자로서 성공하여 커다란 설탕 농장을 소유하고 있었는데, 농장에 일꾼

---

1   '붙잡아 가두어 두었던 사람을 놓아줌'이란 뜻이다.

이 수백 명이나 되었다지. 그런데 카스트로의 말에 의하면 자기 아버지는 농민을 착취하고 탈세를 하는 전형적인 자본주의적 농부였다고 해. 아버지에 대한 반감이 꽤 컸던 모양이야. 그는 아바나에 있는 예수교 고등학교에 다녔는데, 성적도 특출나고 운동도 잘했다고 해.

카스트로는 고등학교 졸업 후 아바나 대학에서 법학을 공부했는데, 1952년에 법학 학위를 취득한 후에는 쿠바의 독재자인 풀헨시오 바티스타의 적대자로서 목소리를 내었어. 그는 혁명군을 창설하여 1년간 비밀리에 훈련하고, 독재자 바티스타 정권에 대항한 혁명 활동을 했어. 1953년에는 7월 혁명에 필요한 무기를 탈취하기 위해 산티아고 부근의 몬카다 병영이라는 군대 막사를 공격했어. 하지만 실패해서 혁명군은 흩어지고 카스트로는 잡혀서 수감되었어. 카스트로는 76일간 감금되었는데, 법을 공부했던 그는 재판에서 자기변호를 위해 장장 5시간에 걸쳐 최후 진술을 했어. 판사들, 검사들, 그리고 100여 명의 무장 경비원들을 상대로 열변을 토하며 연설하자 재판장에 숙연한 기운이 가득했다고 하지. 연설을 마친 뒤 다시 감옥에 갇힌 카스트로는 자신이 했던 연설을 재구성하여 쓴 글을 감옥 밖에 있는 친구들에게 몰래 내보냈어. 들키면 안 되니까 일상적인 글 사이의 행간에 라임 과즙으로 적었다고 해. 밀반출된 그 연설문은 소책자로 출판되었는데, 제목이《역사가 나를 방면할 것이다》[2]였어. 카스트로 연설의 마지막 부분을 따온 것이래. 연설은 이렇게 끝맺거든.

"나는 내 형제 70명의 생명을 앗아 간 간악한 독재자의 분노를 두려워하지 않는다. 나에게 유죄판결을 내려라. 그것은 문제가 되지 않는다. 역사가 나를 방면할 것이다."

그 글에 쿠바의 역사적, 경제적, 사회적 상황 및 정부의 탄압 등을 요약해서 설명했고, 통계 숫자와 사회정의에 관한 철학자들의 이론을 인용했으며, 혁명적 변화를 추구하는 자신의 계획을 설명했어. 그것도 메모 하나 없이 썼다니 대단한 사람이지?

《역사가 나를 방면할 것이다》라는 책자는 대부분의 쿠바인 모르게 출판되었고, 그래서였는지 바티스타 역시 아무런 제재도 하지 않았지. 1953년 5월 바티스타는 재선에 성공한 기념으로 일반사면을 실시했는데, 그때 카스트로와 그의 추종자들도 사면 명단에 포함되어 있었어. 바티스타는 카스트로의 힘을 대수롭지 않게 여겼던 걸까? 운 좋게도 카스트로는 사면받아 풀려났어.

---

2   책에 따라서는 "역사가 나를 무죄로 할 것이다"라고 번역하기도 한다.

쿠바 혁명 성공! 공산주의 섬의 탄생

카스트로는 아바나로 가서 그의 추종자 일부만 데리고 멕시코로 망명했어. 거기서 다시 소규모 군대를 조직하여 미래를 도모하던 중, 운명처럼 아르헨티나 출신의 혁명가인 체 게바라를 만났지. 그들은 의기투합하여 뜻을 함께하기로 했어. 1956년, 소규모 게릴라 부대와 함께 쿠바로 가서 쿠바의 독재자 바티스타를 약화하기 위해 노력했어. 게릴라전을 벌였고 결국 승리하게 됐어. 1959년 1월 1일, 카스트로는 마침내 쿠바에서 권력을 장악했지. 미국 정부는 카스트로가 공산주의자와 연관이 있다는 것은 알았지만, 신경을 쓰거나 별다른 조처를 하지는 않았어. 미국 국민도 그를 젊고 유능한 혁명가 정도로 여기는 분위기였지. 그런데 시간이 지나면서 점차 '어라? 얘 뭐냐?' 하는 분위기로 바뀌었어. 그러다 마침내는 '뜨악!' 하고 경악하게 되었어. 혁명에 성공한 뒤 카스트로가 추진했던 여러 정책 때문이었어. 교육을 확충하여 문맹률을 낮추겠다는 것은 누가 봐도 훌륭한 정책이었고 국민소득을 공정하게 분배하겠다는 것은 살짝 사회주의 냄새가 나긴 하지만 자본주의 사회에서도 공정은 미덕이니 뭐 괜찮았어. 그런데 전면적인 토지 개혁을 도입하고 산업을 국유화하려는 데서부터는 어이쿠 싶었지. 그건 완전히 사회주의를 도입한 거니까 말이야. 미국은 플로리다반도에서 엎어지면

코 닿을 곳에 있는 작은 섬에 공산주의 국가가 들어서는 것을 용납할 수가 없었어. 게다가 카스트로 정권의 정책들은 미국인들에게 직접적인 영향을 끼치기도 했기 때문에 미국과 쿠바 간의 갈등은 피할 수 없었지. 카스트로는 석유법과 대기업 국유화법을 제정하여 1960년 7월부터 쿠바에 있던 미국인 소유의 기업과 은행들을 모두 국유화했어. 석유 산업을 국유화하는 과정에서 미국과의 갈등이 커지자, 카스트로는 영미계 석유 정제 공장을 몰수했어. 그러자 미국은 즉각 쿠바산 설탕 수입을 제한했고, 이에 카스트로는 한술 더 떠서 미국의 전기 회사와 주요 설탕 가공 공장까지도 몰수했어. 그 후 미국인이 소유하던 호텔과 카지노 등 향락 시설까지 몰수하여 1961년까지 쿠바 내 전 산업이 국유화되었지.[3] 이러니 미국인의 눈에 쿠바가 곱게 보일 리가 없었지. 게다가 쿠바의 산업 중에는 미국인 소유의 토지나 광산도 많았대. 부유한 미국인들이 쿠바의 땅과 광산에 투자를 많이 해 놓았거든. 그런데 쿠바의 카스트로가 외국인 특히 미국인 소유의 토지와 산업 시설을 환수하려 했으니, 미국 기득권자들과 카스트로는 사이가 나빠질 수밖에 없었어.[4]

---

3   오인석 지음, 《세계현대사》, 서울대학교출판문화원, 2014, p.649

4   앞의 책, 《세계현대사》, p.648

적[敵]의 적[敵]은 우리 편

카스트로는 미국 정부와 국민들이 심기가 불편하건 말건 그런 사정에는 아랑곳하지 않았단다. 오히려 미국에 쿠바 경제를 일으키기 위해 원조를 해 달라고 요구했어. 미국은 거절했지. 카스트로의 급진적인 개혁 정책에 화가 난 미국은 쿠바에 경제 제재를 가하기 시작했어. 미국은 쿠바로부터 사들이던 설탕 수입을 전면 중단했지. 사탕수수로 설탕을 만들어 수출하여 먹고살던 쿠바로서는 커다란 시련이 닥친 셈이었어. 카스트로는 쿠바에 닥친 위기를 타파하기 위해 자신을 도와줄 누군가를 찾다가 문득 생각했어. 적(敵)의 적(敵)은 아군(我軍)이 될 수 있지 않을까…. 그렇지! 카스트로는 소련에 도움을 청했어.

당시는 냉전 시대라 미국과 소련이 치열하게 경쟁하며 으르렁대고 있었거든. 카스트로의 도움 요청에 소련의 서기장이던 니키타 흐루쇼프가 흔쾌히 화답했지. 그리하여 1960년, 쿠바와 소련이 계약했어. 소련의 석유와 기계를 쿠바의 설탕과 교환하겠다고 말이야. 카스트로는 쿠바의 경제와 제 신변 보호를 위해서 소련에 의지하게 되었고, 소련은 설탕을 사 주며 쿠바에 접근했어. 서로가 필요로 하는 것을 충족시켜 주는 그런 관계가 되었어.

1960년 9월에 찍힌 카스트로와 흐루쇼프의 사진을 보면 당시

피델 카스트로와 니키타 흐루쇼프가 군중 속을
지나가고 있다.
허먼 힐러, 1960.

의 분위기를 알 수 있어. 웃음 띤 두 사람의 표정에서 훈훈한 분위기가 느껴지지 않니? 1960년 9월, 당시 미국에선 유엔 총회가 열렸는데, 총회에 참석하기 위해 뉴욕을 방문한 카스트로는 미국에서 제공한 멀쩡한 호텔에다 괜한 트집을 잡고는 할렘가에 자리한 테레사 호텔로 숙소를 옮겼어. 9월 20일 정오 무렵 흐루쇼프가 직접 이 호텔을 찾아갔다는구나. 이후, 두 사람이 함께 호텔을 나와 수천 명의 군중과 경찰이 모인 한가운데를 가로지르며 거리를 행진했어. 유엔 총회가[5] 열리던 중이었고 미국의 심장부라 할 수 있는 뉴욕의 대로변에서 벌어진 일이니만큼, 쿠바와 소련이 미국과 세상에 그들의 끈끈한 우호 관계를 보란 듯이 과시한 것이었지. 1960년 미·소 냉전 구도 속에서 그것은 큰 이슈가 되었어. 당시 유엔 총회에서 벌인 그들의 작태도 혀를 휘두르게 했어. 카스트로는

---

5   당시 유엔 총회는 9월 중순에 개막해 12월 중순까지 이어졌다.

유엔 총회 역사상 가장 긴 연설로 기록되고 있는, 4시간 반가량 되
는 연설을 하며 미국을 신랄하게 비판했고, 흐루쇼프는 주먹을 흔
들고 탁자를 내리치는 등 고압적인 태도를 보였다는 이야기가 전
해진단다. 주최국 미국 입장에선 참 입맛이 썼겠지.

그즈음 쿠바는 소련으로부터 1억 달러의 차관을 받고, 5년간
500만 톤의 설탕을 소련에 수출하기로 했어. 소련의 원조로 카스
트로는 혁명을 지속할 수 있었지. 윈윈 전략으로 쿠바와 소련은 가
까워졌어. 쿠바와 미국의 관계가 나빠질수록 쿠바는 공산주의 쪽을
향했고 공산주의화하는 것에 박차를 가했어.[6] 카스트로가 쿠바에
공산주의를 도입하면서 미국 바로 코앞에서 까부니까 쿠바의 행태
에 화가 난 미국은 쿠바를 혼내 줄 요량으로 피그스만 사건을 계획
했어.

피그스만 사건과 카스트로 암살 시도

피그스만은 쿠바 남부 해안에 있는 곳이야. CIA는 미국으로 건
너온 반(反)카스트로 세력을 훈련시켜서 다시 그곳에 침공시키려는

---

6   앞의 책, 《세계현대사》, p.649

계획을 세웠어. 카스트로에 반대하여 미국으로 건너온 쿠바인들 중에서 사람들을 뽑아서 훈련한 다음, 다시 쿠바의 피그스만을 통해 쿠바에 침공하려는 전략이었어. 케네디가 미국 대통령이 됐을 무렵 미국과 쿠바와의 관계는 이미 깨져 있었고, '피그스만 착륙 작전'을 위한 훈련도 거의 막바지에 이르고 있었어. 케네디는 승인만 했는데, 1961년 4월 15일 '피그스만 침공'을 실행하자마자 실패했어. 처음부터 카스트로에게 들키고 제압당해서 국가적인 망신만 당하게 됐지. 이에 자존심에 상처를 입은 케네디 대통령은 카스트로를 암살하도록 지시하고 실제로 여러 차례 시도하기도 했대. 그 방법 중에는 정말일까 의문이 들 만큼 희한한 방법들도 많았단다. 카스트로의 말에 의하면 CIA는 그가 자주 찾던 커피숍에서 자신이 즐겨 마시던 밀크셰이크에 청산가리 캡슐을 넣으려고 했던 적도 있고, 카스트로가 방송하려던 텔레비전 스튜디오에 LSD(환각제) 비슷한 효과를 내는 화학 물질을 살포해서 공기를 감염시키려고 했던 적도 있었대. 1972년 칠레를 방문했을 때는, 카메라 안에 무기를 숨겨 놓고 카스트로를 촬영하기도 했다는구나. 다행히도 카스트로는 운 좋게 매번 건재했어. 하지만 아슬아슬하게 위험을 피하는 일이 반복되면서 생명의 위협을 느끼게 되자 늘 15연발 브라우닝 권총을 갖고 다녔대.

카스트로는 미국 정부에는 눈엣가시였지만, 쿠바의 지도자로서 쿠바인을 위해 열심히 일했단다. 쿠바 국민의 언어 이해력(문해력)을 향상하려고 애썼고, 무료 의료 서비스를 제공했으며 토지 개혁을 시행했지. 카스트로는 자국인 쿠바만 챙기는 게 아니었어. 남아프리카공화국에서 반(反)아파르트헤이트 세력을 훈련시키는 데 도움을 주었지. 1970년대에는 앙골라, 에티오피아, 예멘의 공산주의 세력을 지원하기 위해 군대를 파견했어. 그러다가 2008년, 건강 악화로 인해 동생인 라울 카스트로에게 권력을 넘기고 쿠바 대통령직에서 물러났지.[7]

피델 카스트로를 보는 사람들의 평판은 판이하게 나뉠 때가 많아. '미국에 맞서 싸운 혁명적 영웅'이라며 치켜세우는 사람들이 있는가 하면, '쿠바의 장기 독재자'라며 비판하는 사람도 있지. 특히 그는 미국에 대항하기 위해 소련과 긴밀한 관계를 맺었는데, 그 바람에 카스트로를 '쿠바 미사일 사태' 때 전 세계를 핵전쟁의 공포에 떨게 한 인물로 보는 사람들도 있어.

미국에서 10명의 대통령이 교체되던 반세기 동안 카스트로는 꿋꿋이 권좌에 앉아 있었어. 무려 600회가 넘는 암살 시도를 겪고도 말이야. 1926년 태어나 2016년 11월 25일 사망하여 90세까지 살았으니, 혁명 동지 체 게바라보다 2배를 훌쩍 넘게 살았고, 적으

7　앞의 책, 《The History Book》, p.315

로 으르렁댔던 케네디 대통령보다는 거의 2배를 더 살았어. 그런 걸 보면 '인명은 재천'이란 말이 맞는 건가 싶기도 해.

쿠바 미사일 위기: 인류 최악의 핵 대치

카스트로가 권좌에 있는 동안, 미국은 플로리다 해안에서 90마일 떨어진 곳에 있는 섬나라 쿠바 때문에 속을 썩여야 했어. 그간에는 특히 전 세계가 제3차 세계대전이 일어날까 봐 가슴을 졸였던 일촉즉발의 위기도 있었단다. 그 얘길 해 줄까?

쿠바에 사회주의 국가가 들어선 것이 미국으로선 못내 찜찜하고 기분이 나쁠 때였어. 당시는 미국과 소련이라는 두 개의 초강대국Superpower Rivalry이 전쟁은 안 해도 신경전을 벌이던 냉전 시대라서 미·소 양국 모두 스파이가 많던 시대였어. 영화 〈007〉 시리즈 같은 첩보물들이 그 시대를 배경으로 해서 만들어진 것들이었지. 냉전 시대 때 워싱턴 중심가에 자동차 중개소처럼 꾸며 놓은 건물의 위층에 CIA가 쓰는 몇 개의 방이 있었어. 1962년 10월 어느 날, 어둑한 방에서 사진 전문가가 정찰기인 U-2기가 그날 아침에 찍어서 보내 준 사진을 보고 있었어. 쿠바 상공 12마일 위를 날아가면서 찍은 사진이다 보니 형체가 뚜렷하지는 않았어. 하지만 뭔가 불길한 예감이 들어서 눈을 찌그러뜨려 가며 이미지들을 쏘아보고 있을 때였지. 수도 아바나에서 서쪽으로 100마일쯤 떨어진 곳에 있는 산 크리스토발이란 마을 근처의 평야에서 뭔가 수상쩍은 움직임이 있다는 것을 감지한 거야. 수 시간 내에 CIA는 그것이 10m 길이의 중거리 탄도미사일을 준비 중인 것으로 확신하게 되었어.

게다가 더 수상쩍은 것은 그 중거리 탄도미사일이 소련이 군대 퍼레이드를 할 때 소련 서기장 앞을 지나갔던 것과 똑같이 생겼다는 거야. 쿠바 땅에 소련의 탄도미사일이 배치되고 있다니! 경악할 노릇이었지. 플로리다 해안에서 쿠바는 기껏해야 90마일 떨어진 곳에 있으니, 그야말로 '엎어지면 코 닿을 거리'에 있는 데다 중거리 탄도미사일의 사정거리 안에는 뉴욕이며 수도인 워싱턴 D.C.까지 다 포함되었거든.

미국의 영토 침략과 경제 봉쇄에 맞서기 위해, 그리고 앞서 말했듯이 미국 정보기관에 의한 암살 위협을 피하려고 카스트로는 소련에 의지하게 되었고, 이에 소련은 쿠바에 미사일 기지를 세우기로 하고 착공했어. 마침내 1962년 10월 소련제 미사일을 쿠바에 설치했지. 그런데 U-2기라는 미국 정찰기가 쿠바의 미사일 기지를 촬영하게 된 거야. 미국 정보기관은 U-2기가 찍은 사진을 확대해서 보다가 깜짝 놀랐어. 자신들의 영토가 미사일 공격 레이더 위험권에 들어 있음을 알게 되었으니 말이야.

10월 16일, 쿠바 미사일 기지 건축 현장이 담긴 사진을 본 지 몇 시간 만에 케네디 대통령은 훗날 집행위원회EXCOMM: Executive Committee로 알려진 모임을 소집했어. 집행위원회는 정선된 국가 안보 전문가들은 물론 법무부 장관이자 케네디 대통령의 동생인 로버트 케네디가 자문을 구하고 싶어 한 영향력 있는 사람들로 구성되었어.[8]

세상의 종말이 TV로 생중계될 뻔했다고?

케네디 대통령은 쿠바 미사일 사태에 강경하게 대처하기로 했어. 그는 대통령에 당선된 지 얼마 안 되었을 때 오스트리아에서 흐루쇼프를 만난 적이 있었어. 당시 흐루쇼프가 그를 애송이 취급해서 케네디는 자신이 너무 유약한 인상을 남긴 것에 대해 후회하고 있었거든. 게다가 피그스만 공격에서 패하는 바람에 또 한 번 낯을 무참히 구긴 데 대한 보상 심리도 더해졌지. 우주 전쟁에서 소련에 밀린 일과, 베를린 장벽이 설치된 것에 어떠한 제재도 보복도 할 수 없었던 무기력했던 기억들이 케네디 대통령에게 '이번만은 반드시, 무기력하지 않다는 것을 증명해 보여야 한다!'는 의지를 갖게 하지

---

8   앞의 책, 《하드코어 히스토리》, p.286

않았을까 싶기도 해. 그래서 그는 강경하게 나갔어. 소련이 쿠바의 미사일 기지에서 철수하지 않으면 소련을 대상으로 전쟁을 개시하겠노라고 선언한 거야.

쿠바 미사일 위기 때, 전 세계는 원자폭탄 전쟁의 위험으로 간담이 써늘해졌지. 1962년 당시 열두 살 난 영국 학생이었던 경험자의 회고에 의하면, 당시에 진짜로 세상이 끝나는 줄 알았대. 조회 때 여자 담임 선생님이 전교생 앞에서 무릎을 꿇고는 신에게 평화를 갈구하는 기도를 다급하게 했다고 해. 어린이들도 매일 무릎을 꿇고 기도했는데, 모두들 핵전쟁이 날까 봐 정말로 무서워했다는 거야.

1962년 10월 쿠바 미사일 위기 당시, 미 순찰기가 소련의 잠수함 상공을 비행하는 모습.

쿠바 미사일 위기 중에 긴장감이 최고조에 달했을 때는 단연코 미 해군이 구축한 저지선으로 소련 선박이 다가오던 순간이었어. 앞의 사진이 그즈음 찍은 사진이야. 배경이나 상황을 모르면 그저 배와 비행기가 있는 평화로운 풍경으로 보이겠지만, 사실은 일촉즉발의 아슬아슬한 장면이란다. 쿠바로 향하는 소련의 배 위를 미국 순찰기가 바싹 달라붙을 듯이 가까이서 날아가고 있으니 말이지. 당시 미국에서는 어마어마하게 많은 군중이 뉴욕의 타임스퀘어 광장에 모여서 건물 옆에 달린 뉴스 전광판을 뚫어져라 보고 있었대. 미국 주요 방송사들은 온종일 사태를 보도했는데, 앵커 크롱카이트 뒤에는 손으로 그린 지도가 펼쳐져 있었고 지도 위에는 작은 종이배가 저지선을 향해 조금씩 나아가고 있었다는구나. 재난이 닥칠 때까지 얼마나 남았는지 초읽기를 하고 있었던 것이지. 대통령도 국민도 이 뉴스 보도를 보고 있었어. 온 나라가 숨죽인 순간이었어. 수 분 수 초 뒤에 나는, 우리는, 세상은 온전할 것인가? 먼지로 사라지는 건 아닐까? 1962년 쿠바 미사일 위기 때 생중계로 사태를 지켜보던 전 세계 시청자들의 뇌리엔 갖은 파노라마가 출렁였을 거야. 내일 아침 새로이 태양을 맞이할 수 있을지 그리고 앞으로 아이들에게 미래는 있을 것인지 가슴을 부여안고 초조해하면서 말이야.[9]

---

9   앞의 책, 《하드코어 히스토리》, p.290

1962년 10월 23일 백악관 집무실에서 쿠바 봉쇄 조치 명령서에 서명하는 케네디 대통령.
로버트 크누센, 1962.

케네디와 흐루쇼프, 최후의 담판

쿠바 미사일 위기 중, 케네디 대통령을 위시한 백악관에도 팽팽한 긴장감이 감돌았어. 케네디 대통령의 동생이자 당시 법무부 장관으로 있던 로버트 케네디에 의하면, 겉으로는 대범하고 당당한 척했지만 사실은 올가미가 조여 오는 느낌을 받았다고 해. 쿠바를 공격하겠다고 했지만, 쿠바를 공격하면 베를린과 터키(오늘날의 튀르키예에 해당)에서 소련이 보복으로 어떤 일을 벌일지 알 수 없었거든. 모든 인류를 위해 최선의 결정을 하려 애쓰는 와중에 논쟁과 날카로운 의견 마찰이 생기기도 했대. 모두 긴장했고, 일부는 거의 지쳐서 나가떨어질 지경이었다고 해.

그도 그럴 것이 당시 미국은 소련을 최대의 라이벌이자 정적으로 삼았고, 그 수장인 흐루쇼프를 두려워하고 있었어. 그건 흐루쇼프가 평소 보였던 대외적인 이미지가 상당히 거칠고 험악했기 때문이기도 했어.

"우리는 당신들을 (땅에) 묻어 버릴 것이요."

영화 속 청부업자거나 조폭들이나 할 만한 이 말. 이 말을 한 국가의 최고 권력자가 온 나라 대표가 다 모인 유엔에서 한 적이 있었어. 바로 소련의 지도자 니키타 흐루쇼프 얘기야. 그는 냉전이 한창일 때 서구에다 대고 이렇게 말해서 사람들을 경악하게 했는데, 훗날 그의 말에 따르면 이 말이 많은 서구인이 생각하는 것처럼 군사적인 위협을 의미한 것은 아니었다고 해. 단지 자본주의는 점점 저물고 소련 공산주의는 미래의 물결이 될 거라는 자신의 믿음을 그렇게 표현한 것이라고 했지. 하지만 서구인들이 오해할 만했어. 서구인의 눈에 비친 흐루쇼프는 굉장히 거칠었거든. 흐루쇼프라면 무슨 짓을 할지 모른다는 생각에 미국 정부 내 강경론자들은 소련의 도발에 지체 없이 쿠바 미사일 기지를 선제공격하자고 주장하기도 했어. 그러나 소련과의 전면전을 우려한 케네디 대통령은 이런 건의들을 무시하고 소련과 최후의 담판을 시도했지. 케네디 대통령은 미국의 입장을 담은 전보를 흐루쇼프 서기장에게 보냈고, 그럼 이제 공은 소련에 넘어가서 흐루쇼프가 답했지. 오늘날과 달리 전보로 오가는 동안 양측 모두 피가 바짝바짝 말랐을 거야. 흐루쇼프는 케네디 대통령에게 "양측에서 밧줄을 세게 당기면 당길수록 매듭이 단단하게 엉키게 되니 밧줄을 세게 당겨서는 안 된다"라는 말을 했어. 일단 엉켜 버리고 나면 다시 풀기 어렵다는 뜻이었어. 그렇게 서로 사태를 평화롭게 해결할 것을 제안했지. 흐루쇼프가 결국 평화를 택한 것이었어.

역사책에 따라서는 흐루쇼프가 굴복했다고 써 놓은 곳도 있더라만 흐루쇼프가 케네디에게 보낸 전보들을 보면 평화를 위해 한 발 뒤로 물러서 주었다는 게 더 바른 표현일 것 같아. 10월 28일 흐루쇼프는 쿠바 미사일 기지를 폐쇄하고 소련 무기를 철수하며 미국을 공격하지 않겠다는 약속을 했지. 약속대로 기지 내 미사일 시설이 제거되었고, 미국의 쿠바 해상 봉쇄도 해제되었어. 미국은 터키에 있는 미국 미사일을 철거하기로 비밀리에 약속했고 말이야. 이렇게 해서 전 세계인을 식겁하게 하고 공포에 떨게 한 위태로운 2주간의 핵전쟁 위기가 무사히 종결되었단다. 다들 십년감수했겠지.[10]

핫라인을 설치하다

전 세계가 지켜보는 가운데 두 강대국의 수장들은 자국의 자존심을 지키고 실익을 챙기면서도 핵전쟁은 피하고자 갖은 애를 썼단다. 그들 모두 히로시마와 나가사키의 원폭 피해를 기억하고 있었지. 핵전쟁의 위협을 느꼈고, 그것이 얼마나 파괴적인지를 알았기 때문에 흐루쇼프도 전 세계를 긴장시키는 핵전쟁을 피하기로 한 거야.[11]

그리고 사실 미국이 미국으로부터 90마일 떨어진 곳에 있는 쿠바의 미사일 때문에 걱정이 된다면, 터키 바로 옆에 있는 소련은 어땠겠어? 터키에는 미국 미사일이 있잖아. 소련과 터키는 보초병들이 보초를 서며 걷다 보면 서로를 볼 수 있을 정도로 가까우니 말이

---

10   유종선 지음, 《미국사 다이제스트 100》, 가람기획, 2012, p.369

11   1962년 10월 26일 자, 흐루쇼프가 케네디에게 보낸 전갈 내용 중.

야. 미국이 성가시게 여기는 쿠바로부터 소련이 철수하는 대신, 미국 역시 터키에서 물러나야 한다는 소련의 주장도 일리가 있었지.[12]

쿠바 미사일 위기 때, 케네디와 흐루쇼프 간의 대화는 전보를 통해 이루어졌어. 온 세상이 신경을 곤두세우고 있던 당시에 제일 빠른 통신 수단이 전보였다는 것만 봐도, 20세기 중후반인 1960년대와 21세기 초반인 2026년 현재, 세상이 얼마나 많이 바뀌었는지를 짐작하게 하지.

미국과 소련이 워싱턴과 모스크바에 있는 자국의 대사관으로 메시지를 보내면 그것을 전보 형태로 바꾸어 상대 쪽으로 보내고, 그러면 상대 쪽에서 전보를 받아서 읽고 답해야 하는 구조였지. 대사관으로 메시지를 보내고 받아 오느라, 오갈 때는 자전거를 이용했다고 해. 그러니 전 세계의 운명이 걸린 중차대한 시기에 얼마나 답답하고 속이 탔겠니?

하여튼 전보를 보내고 다시 전보를 받고 거기에 대한 답을 써서 또다시 전보를 보내고 하는 일을 겪으면서 두 지도자와 그 보좌관들도 피가 마르는 것 같은 초조함을 느꼈겠지. 지레짐작이나 두려움으로 혹은 오해로 양국 혹은 전 세계에 치명적인 일을 만들 수 있기에, 무엇보다도 두 지도자 사이의 원활한 의사소통이 필요하다는

---

12   1962년 10월 26일 자, 흐루쇼프가 케네디에게 보낸 전갈 내용 중.

것을 절감했을 거야. 그들은 좀 더 가까운 접촉을 유지해야만 했어. 그래서 쿠바 미사일 사태 이후 백악관과 크렘린 사이에 직통 전화인 '핫라인'을 설치하게 되었단다. 위기를 막고 백악관과 크렘린 사이의 원활한 소통을 위해서 말이지.[13]

흥미로운 사실은 핫라인 개설에서도 알 수 있듯 쿠바 미사일 사태라는 위기가 해소되면서 미·소 관계가 오히려 좋아졌다는 점이야. 소련은 미국과의 힘의 대결에서 열세를 느끼고 당분간 대미 강경 노선을 포기할 수밖에 없었고, 미국은 미국대로 소련을 상대로 위험한 도박을 벌이느라 진이 빠진 터라 다시는 이런 사태에 처하고 싶지 않았기 때문이었지.

그들은 부분적으로 1963년 7월에 사인했던 핵실험 금지 조약에도 협상을 시작했어. 핵무기와 관련한 담화를 시작하고, 핵무기 시험발사 금지 조약에도 서명했어.

앞서 쿠바에서의 군사 작전 실패(1961년 쿠바 피그스만 공격 실패)로 위신을 구겼던 케네디 대통령은 쿠바 사태로 인해 인기가 치솟았고 자유, 민주, 인권의 미국적 가치에 대한 자긍심과 애국심의 물결이 다시 한번 전국을 휩쓸었지.

쿠바 미사일 사태로 인해 케네디는 체면이 살아났으나 1963년

---

13   앞의 책, 《미국사 다이제스트 100》, p.369

텍사스주 댈러스에서 암살되었고, 흐루쇼프는 1964년 말쯤 권좌에서 쫓겨났어. 쿠바에서의 냉전은 일단락되었지만, 그것으로 끝은 아니었어. 얼마 지나지 않아 이젠 베트남에서 냉전이 바야흐로 열전으로 벌어지게 되었으니까 말이야.

〈전쟁의 공포〉, 1972.

* 이 사진은 전쟁의 잔혹함을 고발하는 기록물로서, 원본 그대로 수록합니다.

Vietnam War

8

베트남 전쟁

공포에 질린 표정으로 아이들이 울면서 달려오는 이 사진, 어디선가 많이 봤지?

입을 벌린 채 울먹이는 남자아이와 나체로 길 한가운데를 달리는 여자아이의 모습이 심상치 않지. 얼굴에는 두려움과 다급함이 가득하고 말이야. 그러고 보니 뒤에는 헬멧을 쓴 군인들이 보이는구나. 이 사진에는 어떤 사연이 담겨 있을까?

이 사진은 베트남전 때 찍은 사진이란다. 아주 유명한 사진이지. 저 여자아이는 판티 킴푹이라는 이름의 아이로 성인이 된 뒤로도 가끔 언론에서 그녀의 근황이 소개되곤 했지.

흔히 전쟁은 이해타산과 이념 등 어른, 특히 늙은 정치 지도자들의 결정에 따라 시작되지만, 젊은이들이 차출되어 전쟁하느라 죽고, 여성이며 어린아이 등 민간인들도 그 피해를 고스란히 입게 되지. 저 사진 속의 어린이들은 베트남 전쟁 때 악명 높았던 네이팜탄이라는 소이탄의 공격을 받았어. 그로 인해 옷가지에 불이 붙자 살기 위해 옷을 벗어던지고 온 힘을 다해 달린 거란다. 네이팜탄은 3천 도(℃)의 고열을 내면서 반지름 30m 이내를 불바다로 만드는 살상 무기야. 지나치게 잔혹하고 비인도적인 까닭에, 1980년 이후 유엔 협약으로 인해 현재는 국제적으로 사용이 금지되어 있지.[1]

베트남은 1년 내내 푸른 자연이 참 아름다운 나라였어. 하지만 전쟁은 그 나라를 황폐화했지. 숲을 없애기 위해 네이팜탄이 사용되곤 했는데, 숲과 함께 마을들도 불타 없어졌어. 에이전트 오렌지라는 화학 약품은 넓은 정글 지역을 파괴했고, 전쟁이 끝난 지 꽤 오래된 지금까지 여전히 남아 있다고 해. 그 외에도 밟는 순간 터져서 치명적인 살상을 일으키는 지뢰며, 살상용 덫이나 함정인 부비

---

1   앞의 책, 《1950》, p.245

트랩 등도 남아 있어서 피해를 주곤 하지. 이런 비극적인 베트남 전쟁은 왜, 어떻게 시작되었을까?

17도선 분단, 베트남 전쟁의 씨앗이 되다

제2차 세계대전 이후 식민지였던 나라들은 독립운동을 바탕으로 독립을 쟁취하곤 했어. 하지만 프랑스는 독립시키길 꺼려 했지. 1945년 알제리인들이 프랑스로부터 독립을 선언하며 시위를 벌이자, 프랑스 군경이 무력으로 진압하느라 1,500명 이상, 혹은 기록에 따라서는 4만 5천 명까지 사망자가 발생했어. 북아프리카의 튀니지와 모로코는 1956년에 독립을 이루었고, 알제리는 프랑스와 8년간의 무장 투쟁을 벌여 1962년에야 비로소 독립을 쟁취했지.[2]

제국주의 시대에 베트남, 라오스, 캄보디아로 이루어진 인도차이나반도는 프랑스의 식민지였어. 세계대전 이후, 프랑스가 다시 베트남을 통치하려고 하자, 베트남의 독립주의자들과 공산주의자 양측 모두가 프랑스에 대항하여 나란히 싸웠어. 베트남 민족주의 그룹인 '베트민'을 이끌고 있던 호찌민은 프랑스로부터 독립하

---

2   앞의 책, 《끄덕끄덕 세계사 3》, p.252

기 위해 노력했어. 그는 프랑스 식민 세력과 자신이 이끄는 베트민 게릴라의 분쟁을 가리켜 "코끼리와 메뚜기의 싸움"이라고 비유하곤 했어. 그만큼 힘이나 규모 면에서 프랑스는 베트남의 버거운 적수였지. 하지만 의지와 끈기로 결국 프랑스를 무릎 꿇리게 돼. 특히 지압 장군의 지도하에 디엔비엔푸에서 프랑스를 크게 이겼지. 이후 프랑스는 1954년, 마침내 베트남에서 철수하기에 이르렀어.[3]

1954년 7월 제네바에서 체결된 '제네바 협정'에 의해 베트남은 북위 17도를 따라 양분되었지. 북베트남에는 호찌민이 이끄는 공산주의 정부가 서고, 남베트남에는 미국의 보증을 받는 반공 공화 정부인 응오딘지엠 정부가 들어서게 되었어. 1960년대 피비린내 나는 베트남 전쟁의 씨앗이 뿌려진 것이지.[4] 우리나라와 비슷하지 않니? 우리도 남북으로 나뉘어 있다가 한국 전쟁이 터졌으니까 말이야.

미국은 반공 공화 정부가 들어선 남베트남을 위해 무기와 자원을 보냈어. 호찌민이 이끄는 북베트남이 승리하면 아시아의 다른 나라들도 공산화될 위험이 있다고 보았거든. 마치 도미노 패 하나가 쓰러지면 옆에 세워져 있던 다른 도미노 패들도 줄줄이 쓰러지

---

3   Maria Carmelita B. Samson 외 4인 지음, 《Turning Points: Asian History》, REX Book Store, 2017, p.310
4   앞의 책, 《죽기 전에 꼭 알아야 할 세계 역사 1001 Days》, p.781

는 것처럼 베트남이 공산주의화되면 이웃 국가들도 차례로 공산주의화될 것이라고 보았기 때문이었지.[5] 그래서 반공 사상이 투철하고 서구 지향적인 정치인을 물색하여 도왔어. 남베트남에서 미국이 응원하던 지도자는 응오딘지엠이었고 그는 그 덕분에 대통령까지 되었어. 하지만 그는 국민에게 너무 인기가 없었단다. 갈수록 더 민심을 잃었지.

지엠 정부는 왜 민심을 잃었나

지엠 정부가 국민의 호응을 받지 못했던 제일 큰 문제는 종교에 있었어. 중세도 아닌 현대에 종교가 문제가 되었다니 의아하겠지만 그랬단다. 베트남은 전통적으로 불교를 믿는 국민이 대다수인 나라였는데, 응오딘지엠은 가톨릭을 믿었지. 종교적 믿음은 개인적인 영역이라 여기고 지도자로서 국민의 생활과 안전을 보살피는 데 역량을 집중했으면 좋았을 것을, 지엠은 무슨 절대왕정 시대의 왕처럼 종교에 간여했어. 불교를 억압하고 승려를 무시하는 행태를 보였는데 국민 대다수가 불교를 믿는 불교 국가에서 그게 될 말이

---

5   앞의 책, 《Turning Points: Asian History》, p.310

베트남 불교 위기 당시 틱꽝득 스님이 분신자살을 하는 모습.
맬컴 브라운, 《AP통신》 1963년 6월 11일 자.

냐고. 불만에 찬 불교도들이 1963년에 여러 도시에서 대규모 반정부 시위를 일으켰어. 그러던 중 큰 사건이 생겼지.

이 한 장의 사진은 베트남의 반정부 시위에서 가장 상징적인 사건으로 세계인의 뇌리에 각인되었지. 사이공 거리 한복판에서 '틱꽝득'이라는 나이 많은 스님이 분신자살을 감행하는 모습이야. 지엠 정권에 항거하는 한 방편으로 말이야. 이 모습이 뉴스로 전 세계에 보도되면서 응오딘지엠 정권에 대한 규탄의 소리가 국제적으로 높아졌어. 그런데 지엠 정부는 어리석게도 여기에 독설을 퍼부어서 국민의 울분에 기름을 붓는 일을 자초했단다. 지엠은 평생 독신으로 지냈기에 지엠의 남동생의 아내, 즉 지엠의 제수(弟嫂)가 국가적인 의전 행사 때는 베트남의 실질적인 퍼스트레이디 역할을 하고 있었어. 응오딘지엠 대통령의 남동생 이름이 '응오딘뉴'였기에 그녀는 '마담 뉴'라고 불리곤 했지. 그런데 '마담 뉴'라고 불리던 이 여자가 스님의 분신자살을 두고 "바비큐 쇼를 하고 있네. 원한다면 석유를 얼마든지 제공하겠다"라는 말을 하는 게 아니겠어! 스님이 분신한 일만으로도 억장이 무너지던 판에 분신한 스님을 비아냥대고 조롱하는 그 말에 베트남인들이 격분했지. 종교에 대한 무관용과 무지성은 물론 생명 경시, 인권 무시의 끝장을 보여 주는 말이었으니 국민의 분노는 당연한 것이었어. 그 외에도 지엠 정부에는 청렴과는 거리가 먼, 부정부패와 관련한 일들도 있었어. 그렇다 보니 응오딘지엠의 독재는 국민의 울분을 사게 되었고 군부 내에서도 불만 세력이 생겼어. 결국 1963년 11월 즈엉반민 장군이 일으킨 군사 쿠데타 와중에 응오딘지엠 형제는 살해되고 말았지.[6]

---

6   후루타 모토오 지음, 장원철 옮김, 《동남아시아史》, AK커뮤니케이션즈, 2022, p.367

만들어진 전쟁이었다고?

　냉전 시대에 미국과 소련이라는 초강대국 사이에 실제적인 전쟁은 없었어. 하지만 고래 싸움에 새우 등 터지는 격으로 대리전이 일어났어. 한국 전쟁에 이어 미국은 베트남에서의 공산주의 확산을 멈추려고 작심했기 때문에 베트남 전쟁에 연루되었지. 1950년대 초에 프랑스가 인도차이나에서 식민 지배의 통제권을 상실하자, 동남아시아의 반공 세력을 돕기 위해 미국의 군부 자문관들을 베트남에 보내면서였어. 어느 한 곳에 공산 정권이 들어서면 그 이웃도 연이어 공산주의화될 것을 우려했기 때문이었어. 앞에서도 언급한 '도미노 이론'이었지. 그래서 1960년대 초 케네디 대통령 때부터 미국은 베트남에 발을 담그기 시작했어.

　그러다가 1964년 사고가 생겼어. 베트남 지도를 보면 북부에 해안이 움푹 들어가 있는 곳이 있을 거야. 그곳은 '통킹만'이라 불리는 곳인데, 북베트남이 어뢰정으로 그곳에 있던 미국 구축함에 포격을 가했다는 거야. 미국이 공산주의자들의 공격을 받았다는 보도가 있었고, 미국은 그것을 이유로 베트남전을 일으켰지. 이후 10년 가까운 전쟁이 이어졌고 말이야. 그런데 여기에 반전이 있어. 훗날 밝혀진 바에 의하면, 통킹만 사건은 사실이 아니었단다. 1971년 미국의 유력 일간지 《뉴욕타임스The New York Times》가 이른바 '펜타곤

페이퍼'[7]를 입수해 보도했는데, 미국이 베트남 전쟁(1960~1975년)에 개입하려고 일부러 통킹만 사건을 조작했다고 적혀 있었다는 거야. 베트남 전쟁 당시 국방부 장관이던 로버트 맥나마라도 1995년 베트남전에 관한 회고록을 발간하면서 베트남 전쟁이 '미국의 자작극'이었음을 시인했고 말이야. 자그마치 400만 명이 넘게 죽은 베트남 전쟁이 미국이 만들어 낸 사건으로 시작되었다니 아연할 수밖에 없지. 어떤 나라나 언론도 100% 믿기 어렵다는 생각이 들어. 게다가 전쟁을 일으킨 그 이면에는, 무기를 팔아 치우려는 미국 군산복합체(군부+방산업체)의 탐욕도 자리하고 있었다고 해.[8] 자신들의 배를 불리기 위해 수많은 사람을 죽음으로 내몰았다니 끔찍한 일이 아닐 수 없어.

어쨌든 그런 연유로 시작된 전쟁은 갈수록 그 양상이 점차 심각해져 갔어. 존슨 대통령 때는 수백만의 미군들이 전장으로 몰리는 일이 벌어졌어. 미국은 민주주의를 표방하는 월남(남베트남)을 구하려고 필사적으로 노력했지. 하지만 테트 오펜시브The Tet Offensive[9] 같은 사건으로 인해 미국은 공산주의를 방지하는 데 있어서 그들의

---

7   미국 국방부의 기밀문서를 일컫는다.

8   이완배 지음, 《경제 전쟁의 흑역사》, 북트리거, 2023, p.150

9   '구정 공세'라고도 번역되는 사건. 1968년 베트남의 음력설에 해당하는 '테트'를 기해 북베트남과 베트콩이 월남과 미군을 상대로 남베트남 전역에서 전격적으로 벌인 대규모 기습 작전이다. 희생자들의 사진이 언론에 노출되어 반전 운동의 기폭제가 되었다.

능력에 대해 회의를 품게 되었어. 왜 우리의 젊은이들이 먼 이국에서 죽어 가야 하는가? 하는 비판의 목소리가 높아졌고 말이야. 해결의 기미가 보이지 않자 존슨의 인기는 바닥으로 추락했어. "존슨, 오늘은 몇 명의 젊은이를 죽였니?"라는 조롱식 노래까지 떠돌자 그는 재선에 가망이 없음을 깨닫고 다음 대통령 선거에는 출마도 하지 않았어. 이후 당선된 닉슨 대통령이 베트남 전쟁을 끝내기로 했고, 체면을 덜 구기면서 전쟁에서 빠져나올 궁리를 하다가 결국 베트남에서 철수하기로 결정했지.

끝나지 않은 전쟁의 상흔

베트남 국민은 전쟁의 영향을 훨씬 많이 받았지. 200만 명의 남자, 여자, 아이들이 죽었고 더 많은 자가 상처를 입었어. 수백만 명이 마을과 집을 떠나야 했고, 곡물과 가축도 파괴되었고 말이야.

특히 베트남 전쟁에서 다른 전쟁들과 달리 문제가 된 것은 고엽제(枯葉劑)였어. 고엽제는 한자 그대로 '잎사귀를 말려 죽이기 위한 약'이야. 독한 제초제로서 베트남전 당시 살포한 고엽제가 에이전트 오렌지였지. 이 안에는 다이옥신이라는 화학 물질이 들어 있는데 청산가리의 1만 배, 비소의 3천 배에 이르는 독성을 지닌 맹독이라고 해. 이렇게 독성이 강하다 보니 나뭇잎이나 풀 같은 식물뿐 아니라 인체에도 치명적일 건 뻔했지.

이런 고엽제들이 공중에서 베트남 국토에 수백만 갤런이나 뿌려졌어. 열대몬순기후의 베트남에는 무성한 수풀이며 밀림이 많았어. 대외적으로는 고엽제가 밀림에 있는 모기와 거머리 등 해충 박멸을 위하는 용도라고 말했지만, 사실은 숲에 베트콩Vietcong이 은신하면 찾아낼 길이 쉽지 않아 쓴 방법이었어. 베트콩은 남베트남 정부나 미국 측에서 '남베트남 민족해방전선'을 일컬을 때 쓰는 말이었어. 남베트남 내에서 활동하던 공산주의자들을 부정적인 어감으로 부른 것이었지. 베트콩은 추구하는 사상만 다를 뿐 외양은 다른 남베트남인과 같았기 때문에 미국을 비롯한 서방 세계 군인들은 아군과 적군을 분간하기 어려웠어. 그래서 더 긴장할 수밖에 없었고 베트콩이 숨어 있을 만한 숲에 고엽제를 뿌려 댔던 거지. 그 결과 열대우림은 되돌릴 수 없을 만큼 훼손되었어. 훼손된 것은 열대우림만이 아니었지. 고엽제는 사람들도 병들게 했고, 또 굶주리게 했어. 안 그래도 전쟁 중이라 농사짓기도 힘들었는데 고엽제까지 뿌리니 농사가 잘될 턱이 없었지. 원래 베트남은 열대몬순기후로 수천 년간 쌀농사를 지어 왔고, 1년에 2~3기작이 가능할 정도의 주요 쌀 생산국이었지만, 전쟁과 고엽제가 쌀농사에도 영향을 끼쳐 베트남인 자신들도 먹을 게 없을 지경이 되었어.

고엽제는 피해자들에게 장기간 영향을 미쳐. 고엽제에 노출되면 10년이 지나도 그 후유증이 쉽게 사라지지 않는 탓이지. 참전 군인들과 민간인들에게 오래도록 심각한 피해를 입힌 것으로 알려져 있어. 베트남전[10]에 참전했던 군인들이 오늘날까지도 후유증으로 고생하거나 고생 끝에 사망한 기사들을 간간이 볼 수 있는 것도 그 이유지.

베트남 전쟁은 5만 8,132명의 미군이 죽거나 작전 중 행방불명으로 분류되었고, 30만 명의 병사가 다쳤어. 군인이라니까 건장하고 듬직한 근육질의 '군인 아저씨'를 연상할 수도 있겠지만, 사실 베트남전에 참전한 미국 병사들의 평균 연령은 고작 19세였다고 해. 평균이 19세였으니 17세나 16세도 있었을 테지. 중고등학생쯤 되는 청소년도 군인으로 총을 잡고 싸웠다는 말이 되지.

미국의 희생도 베트남인들의 피해에 비하면 작은 편이었어. 적어도 90만 명의 북베트남 전사들이 죽었고 200만 명이 다쳤는데, 당시 전체 인구가 1,800만~2,000만 정도 되던 나라에서 나온 희생자 수임을 고려하면 어마어마한 수치라고 할 수 있지. 거기에 더하여 100만 명의 민간인이 죽었어. 월남의 병사는 25만 명이 죽고 60만 명이 다쳤고. 그리하여 베트남 전체를 합하면 적어도 215만

명이 목숨을 잃고 수백만 명이 다쳤던 거야.

양측은 끔찍한 잔학성을 보였어. 벌거벗은 베트남 소녀가 네이팜탄 공격으로부터 화상을 입고 울부짖으며 길을 따라 달려 나가는 한 장의 사진에서 끔찍한 전쟁의 이미지를 보게 되지.

한편 미국이 빠져나간 남베트남은 어떻게 되었을까? 1975년에 공산주의자들이 탱크로 사이공에 있는 대통령 궁을 침입하고 사이공을 장악했어. 이후 사이공의 도시명을 호찌민 시티로 바꾸었고, 하노이는 남북을 통틀어 베트남의 수도가 되었단다.

미국을 상대로 한 베트남 전쟁에서 소련과 중국은 베트남의 공산주의자들인 베트콩을 지지했어. 양측 모두 베트남 전쟁에 막대한 비용을 지불했지. 그러니까 '베트남전'도 사실은 냉전 시대에 벌어진 강대국들의 대리전 같은 꼴이었어. 베트남 사람들은 그저 고래 싸움에 등 터지는 새우 꼴이었던 거야.

1978년 캠프 데이비드 협정의 결실.
ⒸGovernment Press Office (Israel)

Jimmy Carter,
Anwar Sadat, Menachem Begin

9

숙명의 대결 1 - 이스라엘과 이집트

이 한 장의 사진으로부터 이야기를 시작해 보기로 하자. 자, 보렴. 환한 웃음과 힘차게 맞잡은 손. 이 사진을 보노라면 〈우리 생애 최고의 순간〉*이란 말이 떠오르곤 해.

푸근하고 선해 보이는 세 사람과 세상을 다 가진 듯 환하게 웃음 띤 얼굴, 그리고 그 위로 그들을 축복하듯 내리는 밝고 고운 햇살…. 아무 배경지식 없이 사진을 본다면 마치 오랜만에 만난 동창들이 반갑고 기쁜 마음에 손을 부여잡으며 파안대소를 하는 모습으로 보이지 않겠니?

이 사람들은 누굴까? 이렇게 화기애애하고 기쁨에 찬 한순간을 나눈 사람들은? 한 명씩 보기로 할까? 우선 가운데 있는 사람은 지미 카터라고 하는 전 미국 대통령이야. 땅콩 장수 아들로 태어나 자수성가한 인물로 유명했지. 왠지 눈에 익은 듯한 느낌을 받는 친구도 있을 거야. 거의 100세까지 살았던 분인데, 얼마 전까지도 뉴스에 종종 등장했어. 대통령직에서 물러나 정계에서 은퇴한 이후에도 해비타트라고 하는 집 없는 사람들의 집을 지어 주는 자원봉사단에서 일했지. 재직 때보다 은퇴 후에 더 존경받는 삶을 살아가던 분으로서, 북한에도 가고 쿠바에도 가고 세계 평화를 위해 장소를 가리지 않고 다니던 마당발이었지.

왼쪽에 있는 사람은 이집트 전 대통령인 안와르 엘-사다트, 오른쪽에 보이는 사람은 이스라엘 전 총리인 메나헴 베긴이었어. 이들은 미국 메릴랜드주에 있는 캠프 데이비드라는 곳에서 중요한 협정에 합의했어. (물론 이 사진은 백악관으로 자리를 옮겨서 찍은 기념사진이지만 말이야.) 캠프 데이비드는 미국 대통령의 별장 같은 곳이지. 지미 카터 미 대통령이 두 사람을 초대하고 중재하여, 이집트와 이스라엘이 역사적인 합의에 도달했어. 평화를 위한 합의였지. 이 협정은 협정이 이루어진 이곳의 이름을 따서 '캠프 데이비드 협정'이라고 부른단다.

중동은 '세계의 화약고'라 불릴 만큼 전쟁과 폭력이 난무한 곳이었고, 이집트[1]와 이스라엘, 아랍인과 유대인의 관계는 긴 역사를 두고 사이가 좋지 않았단다. 유대인들이 2천 년 전 선조들이 살던 땅이라며 찾아온 고향에는 그간 오래도록 뿌리내리며 살던 팔레스타인인들이 있었고, 유대인들이 이스라엘이라는 나라를 건국하자마자 이스라엘과 이웃한 아랍인들의 전쟁은 불가피했어. 이에 4차에 걸친 중동 전쟁을 치르지만, 모두 이스라엘의 승리로 끝나고 그때마다 이스라엘의 땅은 넓어져 갔지. 반면, 이웃한 아랍 국가 국민의 가슴에는 원한이 쌓였고 말이지.

1967년의 6일 전쟁으로 인해 이집트는 시나이반도를 이스라엘에 뺏기게 돼. 그 땅을 찾기 위해 절치부심한 몇 년의 세월이 지나고 이집트의 사다트 대통령은 시리아와 연합하여 욤 키푸르 전쟁을 시작하지. 초기엔 승승장구했으나, 미국이 이스라엘을 도우면서 성과 없이 전쟁이 끝나. 그러니까 사다트 대통령과 베긴 총리는 국익을 위해 서로 죽을힘을 다해 싸웠던 적군이었던 거야. 저 사진에선 저렇게 화사하게 서로들 웃고 있지만 말이야. 내가 보기에 둘은 자신의 조국을 뜨겁게 사랑하던 지도자들이었으며 동시에 실용주의자였던 것 같아. 과거의 아픔이나 회한은 묻어 두고 미래의 안녕과 평화, 공익을 위해 손을 잡는 편을 택했으니까 말이야. 참, 여기서 욤 키푸르 전쟁에 대해 한번 짚고 넘어가 볼까?

---

1   이집트는 사실 북부 아프리카에 속하긴 하지만 워낙 이스라엘과 접경에 있으면서 역사가 얽혀 있어 함께 다루기로 한다. 이집트와 팔레스타인을 포함해 주로 북아프리카와 서아시아 지역에 위치한 22개 회원국이 '아랍연맹'에 소속된 아랍 국가이며, 종교는 이슬람교가 주류이다.

욤 키푸르 전쟁: 유대인의 성일에 터진 총성

1967년 전쟁이 아랍 연합의 패배로 끝나자 이집트 나세르 대통령은 치명적인 타격을 입게 되었어. 그는 계속해서 이스라엘에 대항할 전략, 전술을 시도했지만 1970년 9월 심장마비로 사망했고, 부통령이었던 안와르 사다트가 대통령 자리를 이어받게 되었지.

수에즈 운하를 둘러싼 국제 정치에서 아랍 세계의 찬사를 받으며 스타로 떠올랐던 나세르와 비교해 볼 때 사다트는 거의 알려지지 않은 인물이었어. 그는 그 자신도 나세르처럼 아랍 민족의 존경을 받고 싶었는지, 이집트 무장 군대를 세우고 시리아와 또 다른 군사 협정을 맺었어. 그러고는 두 나라가 갑자기 이스라엘을 공격했어. 1973년 10월 6일이었단다. 조심스럽게 선택된 날이었지. 그날은 바로 유대인들에게 가장 신성한 기념일인 '속죄일'로서 '욤 키푸르'라 불리는 날이었으니까 말이야. 모두 기념일에 집중하느라 정신이 팔려 있는 틈을 타 허를 찌른 전략이었던 거지. 일요일에 남침한 북한처럼, 베트남의 설날 명절인 테트에 기습 공격을 감행한 베트콩처럼(테트 오펜시브) 말이야. 이스라엘인들은 특별한 날을 기념하느라 많은 병사가 제자리를 지키지 않았어. 그렇지. 이집트와 시리아는 그걸 노렸던 거였지. 한숨 돌리고 기념일 행사에 참여해 볼까 했던 이스라엘인들은 생명을 걸고 또다시 전투를 시작해야 했어.

이 10월 전쟁, 혹은 '욤 키푸르 전쟁', 혹은 '1973년 전투'는 아랍 군대가 이전의 그 어느 때보다 성공한 전쟁이었어. 이집트 병사들은 수에즈 운하를 따라 선 이스라엘 방어선을 쳐부수고 들어가 시나이 반도로 진격했어. 시리아의 헬리콥터들과 탱크들은 골란고원을 탈환했고 말이야. 하지만 이러한 이집트와 시리아의 초기 승리는 오래 가지 못했어. 양쪽 전선으로 이스라엘이 반격했고 재빨리 골란고원을 되찾았거든. 시나이반도에서는 이스라엘의 공격으로 이집트 공군 방위군들이 많이 죽었고 이집트 군대의 일부는 포위되었단다.

겉보기에는 이스라엘과 이집트, 시리아의 싸움인 듯 보였지만 이면은 사실 좀 더 복잡했어. 냉전 중의 많은 국지전이 그랬듯이 그 전쟁은 더 넓은 이해관계가 얽혀 있었거든. 미국이 이스라엘 편이 되어 부서진 이스라엘 병력을 다시 보급할 때, 소련은 이집트와 시리아에 군사적 도움을 주는 식이었지.

미국이 핵무기 경계경보를 발하자 결국 소련이 물러났고 10월 24일, 3주간의 짧지만 잔인했던 전쟁은 끝이 났단다. 사실 욤 키푸르 전쟁은 미국과 소련 모두를 걱정스럽게 했어. 중동전을 오래 끌다 보면 중동 국가 배후에 있는 미국과 소련 간의 싸움으로 번질 수도 있을 것 같아서였지.

게다가 욤 키푸르 전쟁은 미국인들에게 또 다른 걱정거리를 주었단다. 전쟁이 끝나자 산유국(産油國)인 아랍 국가들, 특히 미국의 주요 석유 공급국이던 사우디아라비아가 미국이 이스라엘을 돕는다면 더는 미국에 석유를 팔지 않겠다고 했기 때문이지. 참 불똥이 엉뚱하게 튀었지? 이런 이유로 인해 미국 정부도 이스라엘과 아랍 국가들이 우호적인 관계를 유지하도록 할 필요가 있었지. 미국 대통령이 아랍과 이스라엘의 우호와 화해를 도출하기 위해 애쓴 것은 오지랖이 넓어서가 아니야. '인권'을 자주 내세웠던 카터 대통령이니만큼 인도적 차원이나 강대국으로서의 의무감 같은 것도 부분적으로 작용했겠지만, 국익 차원에서도 이스라엘과 아랍국들이 우호적인 관계가 되는 게 미국에 이롭기 때문이기도 해. 안정적인 원유 공급과 합리적인 유가는 경제 성장의 필수 요건이니까 말이지.

사다트, 이스라엘에 가다

실용주의자였던 사다트는 1977년 11월, 이스라엘로 갔어. 사다트는 평화에 한 발짝 다가가기 위해 이스라엘을 찾은 거였어. 그는 이스라엘의 메나헴 베긴 총리를 만났어. 당시 두 나라가 과거의 앙금도 남아 있고 평화스럽지 않은 상태였지만, 베긴은 사다트 대통령을 따뜻하게 맞이했지. 역사적인 방문이었어. 1948년 이스라엘이 건국된 이래로 사다트 대통령은 이스라엘을 방문한 아랍국 최초의 대통령이었기 때문이지. 이것은 이스라엘을 하나의 국가로 인정한다는 의미가 있었어. 이스라엘엔 정말 뜻깊은 일이었지. 이게 이스라엘에 얼마나 큰 의미였냐면 1974년에 총리직을 사퇴하고 정계를 떠났던 골다 메이어 전 총리도 그 자리에 참석했을 정도였어.

사다트는 이스라엘 의회를 찾아가 연설도 했단다. 그는 말했어.

"앞으로 더는 전쟁을 하지 맙시다. 아랍인과 유대인이 전쟁터가 아니라 (협상) 테이블에서 정말 다른 방식으로 문제를 해결해 봅시다."

그리고 사다트는 이집트가 뺏긴 시나이반도에서 이스라엘 군대가 철수할 것도 교섭했어.

1978년 9월 베긴과 사다트는 미국 대통령 지미 카터와 함께 미국 메릴랜드주 캠프 데이비드에서 평화 협의를 했어. 앙숙 같았던 두 나라가 평화 협의에 이르기까지는 카터 대통령의 공이 컸어. 한 해 전인 1977년 11월에 있었던 사다트의 이스라엘 방문에서 희망의 싹을 본 그는 두 대표를 캠프 데이비드로 초청했지. 협상이 쉽지는 않았다고 해. 세부적인 사안으로 들어가면 두 나라의 첨예한 이해관계가 얽히고설켰을 게 뻔했지. 카터는 인내심을 가지고 두 지도자에게 12일간이나 공을 들였어. 그 과정에서 두 대표는 자신의 마음에 들지 않는다고 상대와 얼굴을 맞대려 하지 않기도 했고, 제 나라로 돌아가겠다고 고집을 부리기도 했으니까. 그럴 때 카터 대통령은 그들을 각기 다른 방에 붙들어 두고는, 이 사람한테 가서 원하는 걸 듣고 상대방에게 가서 이견을 조율하는 식으로 수없이 오고 가면서 중재했던 거지.

결국, 사다트와 베긴은 캠프 데이비드 협정에 동의하는 사인을 했어. 이스라엘은 1967년부터 점령해 왔던 이집트 시나이반도에서 철군할 것에 동의하고, 그 보답으로 이집트는 이스라엘과 평화를 정착시키기로 합의했지. 두 지도자는 또한 이스라엘 점령지인 웨스트뱅크와 가자 지구에 사는 팔레스타인 아랍인들이 자치하도록 하는 과도기적 과정(단계)을 조직했어. 베긴은 말했단다.

> "만일 우리가 평화를 성취한다면, 우리는 서로를 도울 수 있을 것이고… 그리고 중동에 새로운 시대가 열릴 것이라고 믿습니다."

그 협정은 대부분의 비아랍권 국가에서 위대한 성취로 환영받았어. 사다트와 베긴은 아랍-이스라엘 분쟁을 해결한 공헌을 인정받아 1978년 노벨 평화상을 공동으로 수상했지. 그러나 많은 아랍 국가는 사다트를 달갑게 여기지 않았어. 그가 아랍의 대의(大義)를 지지하지 않는다고 생각했어. 그들은 이스라엘과의 평화를 원치 않았는데, 이집트가 아랍 국가임에도 불구하고 이스라엘을 국가로 인정했으니까 말이야. 이집트가 이스라엘과 협상한 데 분개한 다른 아랍 국가들은 이집트를 따돌리고 고립시키기도 했어. 지미 카터 미국 대통령이 사다트와 이스라엘 총리인 메나헴 베긴을 중재했고, 1979년 3월 26일 이스라엘과 아랍 국가 사이의 전쟁 상태를 종결 짓는 최초의 평화 조약에 사인하면서 분위기는 절정에 달했어. 이스라엘은 시나이반도 전부를 이집트에 반환했단다.

캠프 데이비드 협정 이후, 배척당한 지도자들

다른 아랍 세계는 사다트를 이스라엘에 대한 아랍인의 명분을 저버린 반역자라고 낙인찍었어. 게다가 1979년 이후 이집트 내에서도 사다트를 반대하는 목소리가 높아졌단다. 이에 화가 난 사다트는 이집트의 언론을 제한하고 자신의 정책에 반대하는 말을 하는 사람들을 감금시켰어. 그를 반대하는 사람 대부분은 이슬람 근본주의자들이었는데, 그들은 사다트가 영 마음에 들지 않았지.

1981년 10월 6일, 카이로에서 열병식이 벌어지고 있었어. 1973년에 있었던 욤 키푸르 전쟁을 기념하기 위한 열병식이었다고 해. 예전에 내셔널 지오그래픽사에서 제작된 DVD에서 그때의 기록 필름을 본 적이 있는데 정말이지 사뭇 충격적이더구나. 사다트 대통령이 수많은 군중이 보는 앞에서 암살당했어! 군인들이 빽빽이 들어차 있는 곳에서 군대 사열식을 마치고 공군 병력의 기념 축하 비행(에어쇼)을 관람하던 중이었단다. 공중비행에 관심이 쏠린 틈에 군용 트럭 한 대가 스르륵 움직였어. 비행에 신경 쓰느라 트럭을 못 보았거나, 혹여 본 사람이라도 미리 연출돼 있던 퍼포먼스 중의 하나라고 생각할 만큼 아주 자연스러웠어. 그런데 놀라운 일이 벌어졌단다. 갑자기 무장한 사람들이 군대 트럭 뒤쪽에서 내리더니, 사열대에 있던 사다트 대통령을 향해 돌진하며 수류탄을 던지고 소총을 쏘아 대었어. 정말이지 순식간이었어. 사다트 대통령은 한순간에 쓰러졌고 연단은 아수라장이 되었지. 어이없고 허망한 최후였어. 암살은 무슬림(이슬람교도) 극단주의자들의 소행이었음이 곧 밝혀졌지. 사다트 대통령이 이스라엘에 가까워지려고 노력한 것에 불만을 품은 것이었어. 이스라엘과 평화를 모색했다는 이유로 아랍권에선 이미 배신자로 낙인이 찍혀 있던 터라 그의 장례식에는 오직 한 아랍 국가의 수장만 참석했다고 해. 반면, 서방 세계에서는 이스라엘과 서방 국가 대표들이 대거 참석하여 안타까운 탄식을 흘렸고 말이야.[2]

이스라엘의 베긴 총리는 어떻게 되었을까? 그는 그대로 캠프

---

2   최경식 지음, 《암살의 역사》, 갈라북스, 2024, p.385

데이비드 협정으로 인해 비판받았어. 베긴을 지지하던 많은 사람이, 협정에 사인한 이후로 그에게서 등을 돌리고 그와 그의 정치적당을 떠났지. 아랍 국가를 상대로 실없는 짓을 해서 이미 확보해 놓은 영토를 잃었다고 생각한 모양이야. 1983년 이스라엘이 레바논을 침공하자 베긴은 총리 자리에서 물러났단다.

한 장의 사진은 순간을 포착하지. 그 전과 후에 어떤 사건과 사연이 있었는지를 알게 되면 그 사진의 의미도 달라져. 슬프게도, 완벽해 보이는 저 한순간의 기쁨은 오래가지 않았단다. 사다트 대통령은 암살당하고, 베긴 총리는 총리 자리에서 물러났으니 말이야. 가끔 앞의 사진을 보노라면 국익과 세계 평화를 위해서 최선을 다해 살았으나 같은 나라 국민에 의해 오히려 목숨을 잃거나 배척당했던 지도자들의 희생과 슬픔이 느껴지곤 해. 그들은 참 외로웠을거란 생각이 들고, 지도자로서 사는 삶이 참 고단했겠다는 생각도하게 돼.

왼쪽부터 이츠하크 라빈, 빌 클린턴, 야세르 아라파트.
빈스 무시(백악관), 1993.

Bill Clinton,
Yitzhak Rabin, Yasser Arafat

10

숙명의 대결 2 -
이스라엘과 팔레스타인

자, 또 한 장의 사진을 보여 줄게. 어? 이 사진 지난번 사진과 무지 닮지 않았니? 사진으로 패러디한 건가 아니면 포토샵 같은 것으로 얼굴 부분만 바꿔치기한 건가 싶을 정도지? 자세히 보렴. 지난 사진과 뭐가 다를까? 전체적으로 손을 맞잡아 화해 분위기가 나긴 하지만 앞의 사진보다 표정이 좀 어두워 보이는 건 왜일까? 이 사진의 주인공들부터 알아볼까? 가운데 있는 사람은 너희에게도 꽤 낯익은 사람일 것 같은데…. 그래, 전 미국 대통령이었던 빌 클린턴이야. 왼쪽에 있는 사람은 이스라엘의 이츠하크 라빈 전 총리, 오른쪽은 야세르 아라파트라고 하는 팔레스타인 전 지도자란다. 미국과 이스라엘 대표인 건 앞의 사진과 같지만, 이집트 대신 팔레스타인 지도자가 등장한 게 차이점이겠구나.

이 사진은 1993년 9월 13일 미국 백악관의 잔디밭에서 이스라엘과 팔레스타인이 평화 협정을 맺을 당시의 사진이란다. 믿기 힘든 이 장면은 45년 동안 증오와 죽음만으로 지내 왔던 이스라엘과 아랍의 불모지 땅에서부터, 전 세계의 수백만 명에게 방송되었어. 이스라엘과 팔레스타인 지도자가 악수함으로써 바야흐로 새 역사의 한 장을 쓰려는 순간이었지. 늘 반목과 질시, 전쟁과 테러로 얼룩졌던 이스라엘과 팔레스타인이 평화 협약(오슬로 1차 협정)을 맺는 장면이었으니 세상의 이목이 다 여기에 쏠려 있었단다.

오른쪽에 있는 두건 쓴 할아버지가 아라파트야. 흰 수건에 군복을 입고 있으니 과거 예비군이었던 할아버지가 밭 갈다가 나온 것처럼 푸근하게 여겨질지 모르지만, 그는 팔레스타인해방기구PLO의 우두머리(수장)였어. 팔레스타인의 본거지를 찾는다는 대의명분을 위해 테러리스트로서 살아왔지. 팔레스타인해방기구 아래에는 과격한 테러 조직들이 있었는데, 대표적인 것이 '검은 9월단'이었어. 그들은 1970년 11월에 요르단 총리를 암살하고, 1972년 9월에는 뮌헨 올림픽에서 이스라엘 선수들을 데리고 인질극을 벌이기도 했지. 외교관 습격이나 민간 항공기 납치 등 세상을 경악하게 할 테러가 일어날 때마다 언급되던 테러 조직이었어. 물론 아무 이유 없이 그런 건 아니었지. 이스라엘에 일방적으로 강탈당한 팔레스타인 인들의 권리를 되찾고자 했으나, 힘의 논리로만 돌아가는 세계정세

속에서 그들이 기댈 곳은 테러밖에 없다는 처절한 절망감을 안고 저지른 일들이니까 말이야.

한편, 왼쪽에 있는 사람은 라빈 이스라엘 총리야. 그는 이스라엘의 영토를 엄청나게 넓혔던 6일 전쟁에서 승리를 이끈 전 군대의 참모였던 경력이 있어. 그러니 둘은 악연(惡緣)의 라이벌이었지. 테러는 상대의 공격을 불렀고, 그 공격으로 피해를 본 팔레스타인 측은 더 잔혹한 테러로 보복을 해 댔으니까. 숱한 인명 피해를 겪은 후, 두 지도자가 만난 거야.

이 악수가 이루어지기까지는 외교관들이 아니라 팔레스타인과 이스라엘 화해 당사자의 수개월 간의 비밀 협상이란 노고가 있었다고 해. 그 결실로서 1993년 9월 13일, 빌 클린턴 미 대통령 앞에서 그 둘이 손을 맞잡았을 때, 전 세계 사람들은 감동과 기쁨, 안도감을 느꼈지. 참으로 믿기 힘든 장면이었어. 이런 사연들을 알고 난 다음에 다시 사진을 보렴. 팔레스타인해방기구의 의장인 아라파트와 이스라엘의 총리인 라빈이 악수하는 순간을 포착한 이 한 장의 사진.

둘은 겉으로는 웃고 있지만, 머릿속에는 만감이 교차하고 가슴속에는 울화가 치밀었을걸? 사진 왼쪽에 보이는 이스라엘 라빈 총리의 얼굴이 벌겋게 상기돼 보이기도 하고 착잡해 보이기도 한 것도 그 때문이 아니었을까 하고 짐작하게 돼. 그간 팔레스타인해방기구가 많은 테러를 했고 그로 인해 희생된 이스라엘인이 많았기 때문에 감정이 좋을 리 없었지. 단지 증오는 또 다른 증오를 부를 것이 분명하기 때문에 미래에 더 큰 피해가 없도록 이쯤에서 악연을 잘라 낸다는 그런 심정으로 손을 맞잡았을 거야.

악수 속 역사의 데자뷔

악수 속에서 행해진 이 역사적 순간은 앞서 보았던 1978년 이집트의 안와르 사다트 대통령이 이스라엘의 메나헴 베긴 총리와 했던 캠프 데이비드 평화 협상을 연상하게 했지. 사실 캠프 데이비드 협상 이후 중동 지역에 있었던 가장 큰 해빙(解氷)이기도 했고. 사다트 대통령과 베긴 총리가 그랬듯이, 라빈 총리와 아라파트 지도자도 중동 평화에 이바지한 공을 인정받아 공동으로 노벨 평화상을 수상해. 하지만, 2년 뒤인 1995년 라빈은 우익 유대교 광신자에 의해 암살당한단다. 앞에서 보았던 이집트의 사다트 대통령이 1981년 암살된 것과 비슷한 운명이었지. 사다트 대통령이 유대 국가 탄생 이후 이스라엘을 인정한 아랍 국가의 첫 지도자로서 대가랄까 희생을 치렀던 것처럼, 라빈 총리도 1995년 11월 4일, 텔아비브에서 열린 평화 집회에서 연설하다가 우익 유대교 광신자에 의해 살해되었어. 이스라엘 국가가 적힌 'song of peace'라는 종이는 당시 라빈이 흘린 피로 붉게 물들었어. 11월 6일에 치러진 라빈의 장례식에는 클린턴 미국 대통령 내외와 카터·부시 등 전직 대통령 등 100여 명이 참석하여 사상 최대의 '조문(弔問) 외교'라는 말이 나올 정도였지.

다시 원래의 사진으로 돌아가 보자. 양팔을 넓게 펼쳐 악수를 유도하는 클린턴은 여유로워 보이는구나. 웃음 띤 아라파트는 천진해 보이기도 하고 조금 능글맞아 보이는 표정인 데 비해 라빈 총리의 표정은 어두워 보인달까 지쳐 보여. 많은 고뇌와 인내가 느껴지는 표정이 시선을 끄는구나. 라빈 총리는 뒤이어 올 자신의 운명을 감지하기라도 한 걸까? 맞잡은 악수가 심사숙고 끝 고육지책의 결과였음을 표정으로 말하고 있는 듯하구나. 앞 시간의 사다트나 베긴, 이 사진에서의 라빈…. 내 생각엔 그들 지도자는 자신이 선 위치에서 그들의 국가와 민족 평화를 위해서 최선을 다해 치열하게 살았다고 생각해. 자신의 신념대로 살아간다는 건 이토록 지난하고 위험하며 외로울 수 있는 거구나 싶어서 숙연한 마음이 드는구나.

사다트는 이스라엘을 인정했다고 해서 이집트인(이슬람 근본주의자)의 손에 죽었고, 이스라엘의 라빈 총리 역시 팔레스타인을 인정했다고 해서 같은 이스라엘인(유대교 광신자)의 손에 죽음으로써 비극적인 최후를 맞았지. 내가 보기에는 사다트나 라빈 총리 모두 국익을 위해 많이 고민하고 노력하는 사람들이었던 것 같은데, 어떤 사람들에겐 동족을 배반한 반역자처럼 여겨졌나 봐. 그래도 그렇지 생각이 다르다고 사람을 죽이다니 너무 극단적인 것 같아. 그것도 제 나라 지도자를 말이야.

생각해 보면 간디도 그랬지. 그 역시 평생을 인도의 독립과 인도인의 화합을 위해 살았지만, 결국은 힌두교 광신자의 총탄에 목숨을 잃었어. 정치인이랄까 지도자가 평생 조국을 위해 애썼는데, 마지막에 가서는 그들이 일생을 헌신했던 동족의 손에 의해 죽어야 했다니, 평화를 위해 소신대로 밀고 나갔던 지도자의 말로가 비극적이지 않니?

문제는 석유야

카터나 클린턴 같은 미국 대통령이 중동 국가들의 회담을 주선하고 그들이 화해하도록 중재한 데는, 그럴 만한 이유가 있었단다. 미국이 자유 진영의 강대국으로서 책무를 다하려는 부분도 있었겠으나, 자국의 경제를 생각한 것임을 빠뜨릴 수 없지. 제1차 석유 파동(1973년), 제2차 석유 파동(1979년)을 겪으며 경제적 어려움에 처했던 카터나, "바보야, 문제는 경제야"라는 말로 경제의 중요성을 강조했던 클린턴이었던 만큼 중동의 안정이 곧 미국의 경제 안정과도 밀접하게 연관되어 있었기 때문이었어.

제1, 2차 석유 파동은 전 세계 경제에 큰 타격을 입혔어. 1973년 10월 26일, 10대 산유국이 석유 생산량을 감축하고 대미 석유 수출을 금지하였어. 이 때문에 석유 가격이 천정부지로 솟아 일상이 불편해지고 물가가 오르는 등의 악순환이 이어졌지. 캠프 데이비드 협정을 전후하여 시간 순서를 나열하여 살펴보면, 중동 평화를 위해 카터가 애쓴 이유에 석유가 크게 작용하지 않았을까 하는 생각이 든단다. 물론 카터가 인권이나 정의를 굉장히 중요하게 여기고 실천하려 애쓴 정치인이기도 했지만 말이야.

욤 키푸르 전쟁 때 이집트와 시리아가 이스라엘을 선제공격해서 이스라엘은 병력에 타격을 입고 전투력이 많이 떨어져 있었어. 그 결과 이집트와 시리아가 거의 승리할 뻔했지. 그런데 다급해진 이스라엘이 미국에 도움을 청했고, 미국이 이스라엘을 돕게 됐어. 처음에는 미국이 거절했으나, 소련이 이집트와 시리아에 무기를 제공하는 것을 알게 된 후에 마음을 바꿨거든. 그 결과 거의 무승부처럼 됐지. 그러니까 1967년 6일 전쟁 때 뺏고 빼앗겼던 지역을 그대로 두게 되었으니, 이집트와 시리아는 미국에 대해 분개한 마음이 들었겠지. '다 된 밥에 미국이 재 뿌리기'를 한 것으로 보였을 거야. 이에 이집트와 시리아 등 아랍 국가들은 미국을 상대로 보복이랄까 분풀이할 방법을 찾았단다. 생각해 보니 아주 쉬운 방법이 있었어. 그것은 바로 석유였어. 중동 산유국들의 모임인 오펙OPEC에서 미국에 석유를 팔지 않기로 하는 거였지.

그러니 미국이 곤란하게 됐어. 처음부터 내키지 않았는데, 어쩌다 이스라엘을 도왔더니 미국에 경제적인 어려움이 생긴 거지. 석유가 부족하니 석웃값이 치솟았고, 사람들은 정유소 앞에서 2~3시간씩 기다려야 했어. 차량 번호가 홀수면 홀수일에, 짝수면 짝수일에 석유를 살 수 있게 하고, 한 번에 살 수 있는 석유량에도 제한을 두게 되었지. 여러 방안 중에는 심지어 도로에서의 차량 속도를 제한하는 것까지 있었어. 차가 빨리 달릴수록 석유가 많이 쓰이기 때문이라나…. 이런 불편함도 짜증 날 판에 문제는 불편함에 그치는 게 아니었어. 석웃값이 치솟으면 석유와 관련된 모든 물품과 유통 비용도 커지다 보니, 국민의 살림살이며 미국 경제 전체가 어려워지게 되었지. 그러니 미국 측에서도 이들 중동 국가의 평화가 절실했던 거야.

이 일에 처음 나선 사람은 앞 장에서 소개했던 카터 대통령이었단다. 사실 카터 대통령은 제39대 미국 대통령으로서 1977년부터 1981년까지 재위했던 인물이었어. 그러니까 1973년 욤 키푸르 전쟁 때 이스라엘을 돕기로 하고 실행한 인물도 아니었어. 전임 대통령이었던 닉슨이 했던 일이지. 닉슨 대통령 때 결정하고 실행했던 일과 관련 있는 중동 문제였지만, 카터는 문제의 심각성을 알고 1977년 취임한 바로 그해에 이 일을 해결하려고 애썼단다. 카터 대통령은 이 일을 잘 해결했고 캠프 데이비드 협정은 그의 외교상 가장 큰 업적으로 평가되곤 해.

빌 클린턴 대통령의 노력도 대단했어. 이 장에서 소개한 1993년의 쾌거 이래로 여덟 번이나 중동 협상 중재에 나섰으니까 말이야. 그도 카터처럼 중동 지도자들을 불러 놓고 그들이 머무는 방을 여러 번 오가면서 합의를 도출할 수 있게 도왔다고 해. 중동 국가의 지도자들이 자국의 반대파로부터 맹비난받을 것을 우려하여 합의에 몸을 사릴 때면, "국내에서 받을 비난보다 평화를 먼저 생각하자"라며 끈질기게 설득했다는 거야. 오랜 반감으로 꼬일 대로 꼬인 이스라엘과 팔레스타인 문제에 해법을 찾고 합의를 이끌어 내기 위해 클린턴 대통령을 비롯한 미국 협상 대표들의 집요한 노력이 있었다고 하는구나.

미국 대통령들이 중동의 화해와 평화를 위해 애쓴 것은 인도적 차원이나 도덕적 의무감 같은 것도 일부 작용했겠지만, 미국의 국익 차원에서도 중동의 평화가 미국에 이로웠기 때문이었지. 안정적인 원유 공급과 합리적인 유가는 경제 성장의 필수 요건이니까 말이야.

3부
자유를 향한
외침
3
2
1

헝가리 부다페스트에서 깃발을 든 행진자들.
ⓒFOTO:FORTEPAN / Nagy Gyula, 1956.

Hungarian Revolution

11

헝가리 봉기와
프라하의 봄

성한 창문 하나 없이 부서진 건물에다 돌멩이와 파편들이 흩어져 있는 황량한 폐허가 스산한 분위기를 자아내고 있어. 이러한 풍경을 배경으로 스무 명 남짓한 사람들이 깃발을 들고 행진하는 이 한 장의 사진. 이들은 어디를 향하고 있는 걸까? 심상찮은 일이 벌어진 것 같은데 말이야. 참, 힌트를 하나 주자면, 흑백사진이라 알아보기 쉽진 않겠지만 그들이 들고 가는 저 국기가 헝가리 국기라는 거야. 헝가리 국기는 빨간색, 흰색, 초록색의 줄무늬로 이루어져 있어서 마치 이탈리아 국기를 가로로 길게 눕혀 놓은 형상이란다.

저 흑백사진은 1956년 헝가리 혁명 때를 배경으로 하고 있어. 시민들이 헝가리의 수도인 부다페스트 거리로 나온 모습이야. 황폐화된 거리에서 공산 독재 타도와 소련군 철수를 외치며 행진하는 시민들의 모습이 용기 있게 보이지만, 한편으론 그들이 맞닥뜨릴 위험에

가운데가 동그랗게 구멍 뚫린 헝가리 국기.
ⒸFOTO:FORTEPAN / Pesti Srác2

마음이 찡해지지. 건물이 심하게 파손된 것은 당시 부다페스트 시내에 소련군 장갑차가 물밀듯이 밀려와서 한바탕 포격을 해 댔기 때문이었어. 언제 또다시 소련군이 올지 모르는 상태고 말이야.

당시 헝가리 시민들이 흔히 들고 다니던 국기의 가운데 부분에는 둥글게 구멍이 뚫려 있곤 했어. 그것은 공산주의에 대한 반감을 표현하기 위한 것이었어.

1949년에 헝가리를 공산당이 통치하기 시작하면서, 공산주의를 상징하는 붉은 별과 밀과 망치로 이루어진 문장(紋章)을 국기의 가운데에 있는 하얀 바탕에 첨가했어. 그것이 마음에 들지 않았던 국민이야 많았지만, 당시 서슬 퍼런 소련과 그 소련의 힘을 등에 업고 집권한 공산당 세력에 밉보일까 겁이 나서 그저 두고 볼 수밖에 없었지. 그러다가 1956년 반소련 봉기(헝가리 봉기) 때 당시 혁명가들이 국기 가운데에 있는 붉은 별과 밀과 망치 모양의 상징을 과감히 도려내었어. 그래서 가운데가 둥글게 뚫린 국기가 한동안 많이 눈에 띄었지.

1956년 10월 발발한 헝가리 혁명은 헝가리 시민들이 공산당 일당 독재 철폐와 소련군 철수를 외치며 봉기한 사건을 말한단다. 헝가리 사태는 TV의 발달로 전 세계에 더 많이 알려졌던 1968년 체코슬로바키아의 '프라하의 봄'보다 12년 앞서 일어났고, 훨씬 많은 사상자를 내었어. 헝가리 혁명이 일어나기 전부터 어떻게 진행되어 갔는지를 살펴보도록 할까?

1945년 제2차 세계대전이 끝난 후, 소련 군대는 동유럽의 많은 국가를 장악했어. 1940년대 끝자락 즈음엔, 대부분의 동유럽 국가가 공산주의 지배 체제 아래에 있게 됐지. 동유럽 국가의 공산주의자들은 소련의 힘을 뒷받침으로 하여 라이벌 정당들을 없애고, 비판을 못 하게 막았으며, 종교에 대항하는 캠페인을 했어. 소련에서처럼 동유럽의 공산주의 지도자들은 국민이 개인 사업을 못 하도록 막고 국가 경제 시스템을 중앙 계획 경제로 바꾸었어. 동유럽 국가들은 힘 있는 소련을 중심으로 있었기에 위성국가로 불렸는데, 1950년대에 소련은 위성국가들에 대한 고삐를 더 단단히 쥐었어. 위성국가들이 소련에 천연자원들을 팔도록 강요했고, 바르샤바조약기구WTO:Warsaw Treaty Organization[1]를 유지하기 위해 군대와 돈을 내도록 했어. 그리고 소련 군대를 동유럽 곳곳에 주둔시켰지. 그러니 동유럽의 많은 위성국가 국민은 소련이 그들을 지배하는 것에 반감을 품었고, 공산주의자들이 힘을 독점하는 것을 못마땅하게 여겼지. 동독, 폴란드, 헝가리, 그리고 다른 곳들에서 불만이 부글부글 끓어올랐어.

---

1   1955년 5월 14일 폴란드 바르샤바에서 동유럽 8개국(소련, 폴란드, 체코슬로바키아, 루마니아, 헝가리, 불가리아, 독일민주공화국, 알바니아[후에 탈퇴])이 체결한 군사동맹조약기구. 서유럽 진영의 공동방위기구인 나토(NATO)에 대항하기 위하여 결성되었다.

1956년 헝가리 혁명은 왜 일어났나

1956년 10월에 일어난 헝가리 혁명은 동유럽 위성국가들이 소련에 항거한 일련의 사태들 중 하나였어. 그 이전에도 유고슬라비아나 폴란드에서 이미 움직임이 있었지. 그 나라들은 약간의 자유를 얻었지만, 얼마 후 헝가리에서 일어난 혁명은 사뭇 다른 과정과 결과를 낳게 되었지.

1956년 10월 23일, 헝가리 학생들이 언론과 선거의 자유 그리고 소련군의 철군을 요구하면서 부다페스트의 거리를 점거했어. 분노로 가득 찬 수천 명의 헝가리인들이 공원에 세워진 거대한 스탈린 동상을 둘러싼 뒤, 동상의 목에 밧줄을 두르고는 끌어당겼어. 동상이 천천히 앞으로 기울어지자 사람들은 웃고 손뼉 치면서 이전 독재자 스탈린의 상징적 몰락을 반겼어. 이후 사람들은 동상을 끌고 거리를 다녔지. 스탈린의 초상화를 불태우는 사람도 있었고 말이야.

냉전 시대에는 이전과 달리 강대국 간의 직접적인 대립은 없었어. 제2차 세계대전 중 미국과 소련은 추축국에 맞서는 동지였지. 두 나라가 다른 사상을 가지고 있었고 서로에 대한 신뢰도 그다지 없긴 했지만 말이야. 미국은 정부 형태로서 민주주의, 경제 형태로서는 자본주의를 채택한 반면, 소련은 사회주의와 공산주의를 정치

머리가 잘린 스탈린 동상.
©FOTO:FORTEPAN / HOFBAUER RÓBERT, 1956.

적·경제적 사상으로 채택했거든. 그렇게 성향이 다르다 보니 제2차 세계대전이 끝나기도 전에 두 나라 간의 긴장이 드러났어.

긴장의 가장 큰 원인 중 하나는 전후 유럽을 어떻게 할 것인가에 대한 생각이 다르다는 거였지. 미국은 동유럽에 독립을 허용하자고 했으나, 소련은 자국의 위험에 대한 완충이나 보호를 위해 동유럽 국가들을 통치하고자 했거든. 또 미국은 다른 나라들에 민주주의와 자본주의를 권장하고 소련은 공산주의와 사회주의를 권장

190

하다 보니 부딪치는 지점들이 꽤 생겼어. 정세 파악에 혜안이 있던 처칠은 그것을 두고 "미국 편인 서유럽과 소련 편인 동유럽으로 뚜렷이 갈라졌다"라면서 두 무리 사이에 '철의 장막Iron Curtain'이 드리워져 있다는 상징적인 표현을 쓰기도 했어.

한편, 미국의 해리 트루먼 대통령은 유럽이 공산주의의 영향으로 위협받자, 1947년 '트루먼 독트린'을 천명했어. 미국이 공산주의의 위협에 직면한 나라들을 위해 경제, 재정, 정치 그리고 군사적으로 도움을 주겠다는 것이었어. 이것은 소련의 영향력을 줄이고 공산주의가 확산되는 것을 막기 위한 견제책을 바탕으로 시작되었어. 미국은 하나의 나라가 공산화되면 이웃 나라도 공산주의를 뒤따르게 될 것을 우려했어.

제2차 세계대전 이후, 얄타 협정으로 다른 동유럽 국가들처럼 헝가리도 곧 스탈린의 통제 아래 놓였어. 비공산주의자나, 공산주의자라도 스탈린을 직접적으로 따르고 싶어 하지 않는 자들은 하나씩 하나씩 제거되었지. 그렇게 헝가리는 스탈린의 꼭두각시에 지나지 않는 라코시에 의한 일당 체제가 되었어. 라코시는 스탈린이 하라는 대로 노예처럼 비굴하게 그대로 했어. 헝가리 국민은 스탈린이 지명한 공산주의자가 자신들을 통치하는 것이 싫었지. 그럴 만도 한 것이 헝가리의 식량과 물자들이 소련으로 옮겨졌거든. 1949년 5개년 계획이 시행되면서, 비옥한 농업국이었던 헝가리는 소련을 따라서 산업(공업)에 우선권이 주어졌어. 노동 시간은 늘고 보수는 줄었어. 헝가리 국민 대부분이 속한 농촌과 농부들의 삶이 피폐해졌지.

농부와 노동자의 아들들이 거침없이 불만을 말했어. "(소련으로 보내야 하는 곡물) 할당량이 너무 많은 거 아니야?"라고. 농부의 아이들이 정기적으로 집으로 가서, 농촌의 비참한 현실을 보았기 때문에 노골적으로 말할 수 있었던 거야. 하지만 그렇게 말하는 것도 위험했어. 비밀경찰은 수천 명의 무고한 헝가리 국민들을 '스탈리니즘'이란 이름 아래 체포하고 투옥했거든. 스탈린 체제 아래에서 헝가리 국민의 생활수준은 처참할 정도의 가난 그 자체였어. 대부분의 헝가리인이 불만에 가득 찼지만, 행동으로 옮기기엔 두려움이 컸지. 라코시는 10만 명의 비밀경찰을 조직했어. 도처에 경찰 정보원들이 있어서 사소한 말 한마디도 하기 조심스러웠지. 20만 명이 체포되고 구금되는 지경에 이르렀단다.

그러다 분위기가 바뀌었어. 1953년 스탈린이 죽은 후, 흐루쇼프 소련 서기장이 공개적으로 스탈린 격하 발언을 한 것이 계기가 되었지. 이에 동구권의 저항가들이 힘을 얻었고, 유고슬라비아와 폴란드가 먼저 움직였어. 유고슬라비아는 1955년 6월에 소련과 '위성 국가들이 사회주의로 가는 다른 길을 따를 수 있다'는 협정을 맺었어. 유고슬라비아만의 '독자 노선'을 따를 수 있다는 것이지. 1956년 6월에 폴란드에서도 수천 명의 공장 노동자들이 자유와 더 높은 임금을 요구하며 파업에 돌입하면서 소련에 점령을 끝내라고 요구했어. 이에 흐루쇼프는 폴란드 바르샤바로 가서 분쟁을 해결했어. 그는 폴란드의 공산주의 지도자였던 고무우카에게 약간의 개혁은 해도 좋다고 동의해 주었어. 단, 폴란드가 소련과 바르샤바조약기구에 충성을 다해 따르는 것을 조건으로 말이야.

유고슬라비아와 폴란드가 흐루쇼프로부터 나름의 자유를 얻는 것을 보니까, 헝가리인들은 지금이라면 자신들도 자유를 쟁취할 수도 있겠다 싶었어. 그래서 1956년 기회를 잡아 소련에 항거했지.

1956년 10월 26일, 강경파 공산주의자인 라코시가 자리에서 쫓겨나고, 그 자리는 혁명에 동조적인 공산주의 개혁가이자 강성 민족주의자였던 임레 너지로 대체되었어. 임레 너지는 헝가리 국민들에게 진정하라고 호소했으나 거리에 나온 국민들은 수년간의 탄압에 대해 복수하기를 원했어. 앞의 사진에서 보았듯이 스탈린 동상이 땅에 떨어져 구르고 시위자들이 그것을 끌고 거리를 돌아다니다가 발로 걷어차던 게 그 때문이었지. 그동안 자신들을 괴롭혔던 비밀경찰들도 색출하여 폭력을 가했어. 찾아낸 비밀경찰을 줄로 묶어 나무에 매달아 놓고는 너나없이 발길질을 했어. 차면서 말했지. "이건 네가 우리 아버지를 고문한 대가야." "이건 네가 내 형제를 고문한 대가고." 그러고는 비밀경찰 입에다 헝가리 지폐를 잔뜩 쑤셔 넣었어. "너는 돈 받고 고문하는 유급 고문자였지. 자, 너의 마지막 급료가 여기 있다"라면서 말이지.

시위자들과 비밀경찰들 간의 시가전이 터지자 소련은 부다페스트로 탱크를 보냈어. 이틀 뒤, 임레 너지와 소련 담당자가 회담을 한 후, 소련 탱크가 철수했어. 너지는 헝가리인들에게 침착하라고 호소했으나 그때쯤엔 이미 터져 나온 반란의 기운이 너무 세서 멈출 수 없었어. 이젠 휩쓸려 가는 수밖에 없게 되었지.

11월 1일, 임레 너지는 공산주의 일당 체제를 끝내고 자유선거를 실시하겠다고 소련을 향해 선포했어. 너지는 헝가리가 중립국이 되기를 원하며, 바르샤바조약기구 탈퇴를 원한다고 선언했지. 그는 유엔에 도움을 요청하기도 했어. 그러나 소련의 서기장 흐루쇼프는 헝가리가 너무 제멋대로 나간다고 생각해 그 요구를 들어줄 수가 없었어. 만일 헝가리가 원하는 대로 소련이 다 들어주면 다른 위성 국가들도 그대로 따라서 소련의 통제로부터 빠져나가려 할 것이 뻔했기에 두려웠던 거지. 그래서 며칠 뒤인 11월 4일에 소련의 탱크를 헝가리 부다페스트로 다시 보냈어. 자그마치 1천 대나 되는 탱크와 소련군이 밀려오다 보니, 헝가리인이 아무리 용감하게 싸워도 중과부적(衆寡不敵)이었지. 소련군은 2주간에 걸친 군사 작전을 통해 시위를 진압했어. 그사이 유혈 사태가 나고 3천 명에 달하는 수많은 생명이 희생되었지.

몇몇 서방 정권, 특히 미국의 아이젠하워 대통령이나 존 포스터 덜레스 국무 장관 같은 이들은 그간 동유럽이 '자유화'되기를 희망한다고 말해 왔기에, 헝가리인들은 미국이 그들을 돕기 위해 개입할 것이라고 희망했어. 헝가리 시민은 제대로 된 무기도 없이 다가오는 탱크를 향해 수류탄을 던지며 돌진했어. 헝가리인 사이에선 미군 병력이 한 시간이나 두 시간 내에 도착할 것이라는 소문이 돌았어.

"세상의 시민들이여! 우리의 배는 침몰하고 있습니다. 빛은 꺼져가고 있습니다. 헝가리 땅을 덮는 그림자는 점점 더 짙어 가고 있습니다. 우리에게 도움의 손길을 뻗어 주세요."

소련군이 탱크로 무자비하게 혁명을 진압할 때 헝가리 시민은 서구의 개입을 필사적으로 간청했어. 하지만 미국은 그들을 도우러 오지 않았어. 헝가리인 수십만 명이 '반혁명죄'를 뒤집어쓰고 처형되거나 정치범 수용소에 수감되었어.[2]

미국은 헝가리인들을 동정했고 아이젠하워는 공산주의를 혐오했지만, 동유럽 때문에 세계 전쟁의 위험을 무릅쓸 생각은 없었기 때문이었어. 게다가 당시 중동에서 위기가 발생한 바람에 거기에

---

2   최재호·이성호·윤세병 지음, 《한국이 보이는 세계사》, 창비, 2011, p.258

신경 쓰느라 헝가리에 보내던 관심도 분산되었어.

"도와주세요! 도와주세요! 도와주세요![3] - 긴급 상황 - 긴급 상황
- 긴급 상황! 미국 군대가 한 시간 또는 두 시간 이내로 이곳에 올
거라는 소문이 있습니다. 우리는 잘 싸우고 있습니다."

혁명이 패배하기 직전, 헝가리에서 온 마지막 메시지는 많은
미국인을 비롯하여 자유세계 시민들에게 씁쓸함과 좌절을 안겨
주었어.

서구를 향해 도움을 청하는 필사적인 외침에 어느 누구도 화답
하지 않았고, 그사이 많은 헝가리 시민이 희생되었어. 이 1956년
혁명에서 헝가리인 약 2,400명이 죽었고, 그중 약 2,100명이 부다
페스트에서 사망했다고 해.[4] 서방 세계는 소련을 저지하는 데 거의
도움이 되지 않았고 부다페스트는 제물이 되었어.[5] 한편, 임레 너지
는 소련국가보안위원회KGB에 체포되어 감옥에 갇혔다가 나중에 총
살당했단다. 그의 자리에는 소련에 충성한 인물이 앉게 되었지.

---

3   원서에는 HELP로 표기되어 있으므로 '살려 주세요'로 해석할 수도 있다.

4   책과 기록에 따라 희생자 수는 천차만별이다. 2~3만 명으로 보는 경우도 있다.

5   빅터 세베스티엔 지음, 박수철 옮김, 《부다페스트》, 까치, 2024, p.535

프라하의 봄, 희생은 헛되지 않았으니

그렇게 끔찍하고 무력하게 자유가 무릎 꿇었지만, 10여 년 뒤에 또다시 비슷한 일이 벌어졌어. 이번에는 체코슬로바키아에서였지. 헝가리 혁명이 있은 지 12년 후인 1968년에, 알렉산드르 둡체크가 체코슬로바키아에 개혁을 도입하려 했던 거야. 그는 이른바 '인간의 얼굴을 한 사회주의'를 내세우며 '프라하의 봄'을 이끌었어. 하지만, 소련은 또 한 번 힘으로 대응했어. 바르샤바조약기구의 병사들이 체코슬로바키아의 봉기를 진압했고, 둡체크는 소련으로 불려가서 협박을 받았지. 체코슬로바키아로 돌아온 둡체크는 헝가리 혁명 때 벌어진 일을 알고 있었기에 더 큰 희생이 따르는 걸 원하지 않았어. 그래서 그는 라디오로 체코슬로바키아 국민에게 프라하의 봄이 끝났음을 알려야 했어. 자유를 주고 싶었던 국민에게 소련의 강압으로 인해 개혁을 중단해야만 하는 상황을 알려야 했던 약소국의 지도자는 참담한 심정이었을 테지. 이후 둡체크는 어떻게 되었을까? 1956년 헝가리 혁명의 수장이었던 임레 너지는 처형당했으나 둡체크는 그보다는 운이 좋았어. 다행히 죽음은 면했으니까. 하지만 자리에서 쫓겨나 오래도록 정원사로 일해야 했지. 당시 소련의 수장이었던 브레즈네프는 1968년 '동유럽 공산권 국가에서 반사회주의 운동이나 개혁이 일어나 체제에 위협이 될 경우, 다른 사회주의 국가가 무력 개입을 통해 방어할 수 있다'는 군사·정치 전략을 펼쳤어. 이것을 그의 이름을 따서 '브레즈네프 독트린'이라 불렀는데, 이처럼 소련이 동유럽 국가의 어떠한 일들에도 간섭하고 강압적으로 대하던 시절이 있었단다.[6]

스탈린이 죽은 이후, 미국과 소련 간에 짧으나마 해빙기가 있었지만, 1956년 소련의 헝가리 침공으로 인해 해빙기도 끝나고 희망도 사라졌어. 헝가리 혁명으로 냉전에서 모든 것이 분명해졌어. 소련은 철의 장막 뒤에서 동유럽을 그들의 소유물로 그대로 가지고 있었고, 미국은 적어도 동유럽을 위해 핵전쟁을 감수하지는 않을 것이 분명하게 드러나 보였어. 냉전으로 분위기는 여느 때보다 씁쓸했어. 그럼에도 불구하고 10여 년 후, 또다시 프라하에서 자유를 향한 용기 있는 움직임이 있었으나, 여전히 힘은 부족했지.

헝가리 혁명과 체코의 '프라하의 봄' 혁명은 모두 당시에는 실패로 끝났어. 두 경우 모두 자국의 힘을 길러야만 스스로를 지킬 수 있고 자유도 누릴 수 있다는 것을 깨우치게 한 사건이기도 했지. 그렇지만, 의미가 없지는 않았어. 헝가리 혁명과 프라하의 봄 이후 약 30년 뒤에 이뤄진 동유럽의 체제 전환이 그때부터의 노력과 희생을 거름으로 시작됐다고 보는 시각도 있거든. 두 사건이 한 알의 밀

---

6 앞의 책, 《옷장 속의 세계사》, ('벨벳' 편에서 '프라하의 봄' 참조)

알 구실을 했다는 평가를 받기도 한단다. 한 알의 밀알이 땅에 떨어져 싹을 틔우기 위해선 그 밀알의 형체가 일그러질 수밖에 없지만, 그로 인해 더 많은 알곡이 열리듯이 말이지. 자유를 향한 동구권의 염원과 희생이 바탕이 되어 1989년, 마침내 동구권의 해체라는 결실을 맺었다고 보는 거야.

기도하는 달라이 라마.
ⓒ크리스토퍼 미셸, 2012.

Dalai Lama

티베트 침공과
달라이 라마

머리를 밀고 승려복을 입은 이 남자. 두 손을 가지런히 모아 들어 올린 그의 옆모습에서 웃음 띤 표정이 느껴지지? 이분은 달라이 라마로서 티베트인들의 정신적인 지주란다. 하지만 오래전부터 티베트에 머물지 못하고 인도에 망명해 살아가기를 수십 년째 하고 계셔. 중국 공산당의 위험을 피하기 위해서지. 티베트 국민이 중국의 강압 아래 자유 없이 힘겹게 살아가고 있는 것을 알면서 다른 나라에 망명해서 하루하루를 보내는 것이 얼마나 마음 아프고 괴로울까 싶어. 하지만 그는 항상 미소 띤 얼굴로 사람들을 대한단다. 전 세계 여러 나라를 다니면서 티베트를 돕기 위해 애쓰면서도 항상 온화한 미소를 잃지 않는 그를 보노라면, 마음의 평정을 위해 얼마나 애쓰고 있을까 하는 생각에 찌르르 마음이 아파지는구나.

티베트에서는 어떤 일이 일어났으며 달라이 라마는 왜 해외에 머물게 되었는지 궁금하니? 그 얘기를 하려면 우선 중국의 자치구에 대해 알아야 해. 중국에는 다섯 개의 자치구가 있단다. 중국 말로는 소수민족의 자치권과 문화, 전통을 보장해 주기 위해 자치구를 만들었다고 해. 하지만 그것은 중국의 입장일 뿐, 정작 자치구의 민족들은 독립을 원할 뿐이야. 중국 본토가 대부분 한족(漢族)으로 이루어져 있는 데 반해 자치구는 한족이 아닌 위구르족이나 몽골족 등의 소수민족으로 이루어져 있어서 중국에 융화되고픈 생각이 없다고. 생각도 없는 사람들한테 중국 입장에서 강요하고 뜻대로 안 되면 강압하니 갈등이 일어나고 충돌이 생길 수밖에 없지 않겠어? 자치구 중에서도 중국과 사사건건 부딪치는 곳이 신장 위구르 자치구와 서장(시짱) 티베트 자치구야. 신장 자치구가 가장 크고 그다음이 서장 자치구인 티베트지. 이 지역들은 규모도 클 뿐 아니라 독립의 열망이 아주 강하단다. 앞의 사진에 보이는 달라이 라마는 티베트의 지도자야. 지금은 비록 인도에 머물고 있지만 말이야.

자치구 문제로 어려움에 처한 티베트라는 나라에 대해 알아볼까? 왜 중국과 갈등을 빚게 되었는지 말이야. 티베트는 중앙아시아의 히말라야 산지 가까운 티베트고원에 위치한 나라로서 인구 약 600만 명에, 220만 km^2가량의 국토 면적을 가진 나라였어. 한반도의 11배나 되니까 꽤 큰 나라였지. 하지만 중국이 티베트를 침공하면서 불운이 시작되었어. 중국이 국토를 야금야금 잠식해 들어가는 바람에 오늘날의 티베트 자치구는 120만 km²의 면적에, 인구는 300만 명으로서 면적과 인구 모두 절반쯤 줄어든 상태라는구나. 티베트의 수도인 라싸의 인구는 약 90만 명인데 티베트에는 항상 대규모의 중국군 병력이 주둔하고 있어. 티베트에 중국군이 주둔하고 있는 것은 티베트를 강제로 합병하기 위해서지.

1950년 10월 7일, 중국 인민해방군이 티베트를 무력으로 침공했어. 티베트는 오지의 땅인데 중국은 티베트를 강제 합병하면서 그것이 중국의 정당한 주권 행사라고 주장했어. 또한 티베트인들을 해방한다는 명분도 내세웠어. 당시 중국은 겨우 1년 전인 1949년에 중화인민공화국으로 탄생했는데, 옛날 중국 황제들이 13세기 이래 티베트에 대한 종주권을 주장해 왔던 것을 명분으로 침공했어. 마오쩌둥은 '중국 대통일'을 완성하고 티베트를 통치하고자 했어. 이후 중국의 영향은 점차 커져 갔지. 동부 티베트인들은 1952년부터 불안해지기 시작했어. 중국 인민군 병력이 자꾸 늘어났기 때문이었어. 중국은 티베트 자치구에 병원을 세워서 티베트인이 의료 혜택을 받게 했어. 하지만 티베트 국민은 그것이 티베트인을 위한 것이라기보다 군대를 위한 것이 주목적이라는 것을 곧 알아챘어.[1] 중국은 티베트인을 동원

---

1   박근형 지음, 《티베트 비밀역사》, 지식산업사, 2013, p.459

하여 도로를 깔고 다리를 놓고 학교도 지었지만, 동시에 불교 성직자들의 권위를 깨뜨리기 위한 운동을 전개했어. 이는 전통문화와 티베트 엘리트층을 파괴하는 것임은 물론 엄청난 인권 침해를 수반했어.

환생한 영적 지도자, 달라이 라마

티베트는 17세기 이래 달라이 라마를 왕으로 하는 독립된 왕국이었어. 티베트에서는 대부분 불교를 믿는데, 티베트 불교는 흔히 라마교라 불린단다. 달라이 라마는 라마교의 수장인 법왕의 호칭으로 티베트의 공식적 지배자이기도 해. 신정 체제하의 최고 지도자가 달라이 라마인 거지. 달라이는 몽골어로 '큰 바다'를 뜻하고, 라마는 티베트어로 '스승'을 뜻한다고 해.[2] 불교라는 종교 자체가 삶에 뿌리 깊게 내린 나라지. 티베트는 신정 체제이므로 달라이 라마는 티베트의 국가 지도자일 뿐 아니라 종교와 정치 양쪽에서 최고 수반이야. 보통 한 나라의 수반으로 대통령이라고 해 봤자 임기가 4~5년으로 무척 짧을 뿐이고 왕정 체제에서도 왕은 그 나라의 상징이거나 정치에 국한되어 있지만, 달라이 라마는 정치와 종교 양쪽으로 평생의 권한이 있으

니 대단한 지위에 존경받는 인물이라 할 수 있지. 티베트인들에게 이토록 소중한 존재인 달라이 라마는 어떻게 선출되는 것일까? 그 방식이 굉장히 독특하단다. 들어 볼래?

티베트는 불교 국가라 사람이 죽으면 다시 태어난다는 환생설을 믿는단다. 그래서 영적 지도자인 달라이 라마가 돌아가시면(승천한다고 표현하곤 하지.) 어딘가 다른 곳에 달라이 라마가 환생했을 것이라 믿고 그 환생한 달라이 라마를 찾아다닌대. 그러고는 달라이 라마가 환생한 것같이 여겨지는 아이를 발견하면 이전 달라이 라마가 쓰던 염주와 법구 등의 소품들을 다른 소품들과 섞어 놓고 고르게 하는 시험을 한다는 거야. 전생을 기억하는 달라이 라마라면 전생에 자신이 썼던 소지품을 몰라볼 리 없다는 논리랄까.

그나저나 환생한 달라이 라마를 어떻게 찾냐고? 어떤 경우엔 달라이 라마가 죽을 때, 자신이 다음 생엔 어디서 태어날 것이라고 미리 언질을 주기도 한대. 때로는 고승들이 명상을 통해 찾아내기도 한다는구나. 고승들이 '라모라초'라는 호수에 모여 명상하다 보면 호수 위로 영상이 떠오르고, 그 영상을 본 고승들은 명상을 중단하고 영상이 남긴 이미지의 해답을 찾아 길을 나선대. 한번은 그렇게 길을 나선한 고승이 전국을 헤매던 중 갈증이 나서 우연히 한 농가에 들어가 목을 축였는데 그 집이 라모라초 호수 수면에서 본 영상과 같다는 것을 깨달았지. 그가 두근대는 가슴을 진정시키며 주인에게 그 집에 어린아이가 있는지를 물었더니, 마침 농부에게 아들이 있었던 거야. 그길로 그 아이는 고승들의 검증을 거친 후, 전생을 기억하는 환생한 큰스님인 '린포체'로서 살아가게 되었어. 어렸을 때부터 달라이 라마가 갖추어야 할 자질을 교육받다가 18세가 되었을 때, 정식으로 즉위하게 되었지.[3]

이런 꿈같은 이야기가 있나 싶겠지만, 이 이야기는 티베트의 영적 지도자, 달라이 라마 14세인 텐진 갸초에게 실제로 일어났던 이야기라고 해.

이런 제도는 신분, 재능, 권력, 재력 그 무엇도 상관없이 그저 환생불로 인정되면 티베트의 최고 권력자로 수직 상승하게 되니 혁명 같은 신분 변화라 할 수 있지. 티베트인들은 환생불 제도를 인간사가 아니라 신의 영역에서 신이 점지하는 것이라고 믿는단다.[4]

어때? 동화 같기도 하고 신화나 민담 같기도 한, 상징으로 가득 찬 아련한 세상이 그려지지 않니? 나는 이 이야기를 들으면서, 이런 것을 믿으면서 살아가는 티베트인들의 정신세계는 속세에 물든 다른 나라 사람들의 시각과는 확연히 다를 거란 생각이 들었어. 이러한 신화적인 세계를 소중하게 받드는 티베트 사람들에게, 경제 발전이나 개발, 유익함과 불리함의 잣대를 들이대면서 완전히 다른

---

3   앞의 책, 《한국이 보이는 세계사》, p.545
4   채경석 지음, 《천만시간 라틴, 백만시간 남미》, 북클라우드, 2016, pp.92-93

세상으로 고치려고 하는 것은 폭력이고 횡포에 지나지 않겠니? 공산주의 체제의 중국은 신의 존재를 부정하기에 불교를 비롯한 종교를 현실에 아무짝에도 쓸모없는 것으로 본단다. 하지만 당사자인 티베트인들에게는 그것이 삶의 근간이자 중심축이 되는 소중한 것일 수 있거든. 종교는 지금도 티베트의 국민적 자긍심과 중국에 대한 저항의 상징으로 남아 있어.

살얼음 위를 숨죽여 걷다

20세기의 티베트는 사회적, 정치적으로 혼란의 시기였어. 1950년 10월 중국의 침입으로 혼란은 고조되었지. 중국 인민군은 티베트를 점령한 후 라싸에 총독을 보내 관리했어. 티베트 정부에 보리 4천 톤을 요구했고 말이야. 그렇게 보리를 가져가 버리니 티베트인들이 먹을 보리가 부족해서 물가가 10배나 오르는 일이 생겼지. 중부 지방 지도자들이 이래선 안 되겠다 싶어서 조직을 결성해 1952년 3월 6일 '6조 요구서'를 총독에게 제출했지만, 중국군은 티베트를 떠나거나 시정할 생각은 않고 오히려 티베트 지도자 다섯 명을 체포했어.[5] 티베

---

5   앞의 책, 《티베트 비밀역사》, pp.451-452

트인들은 중국의 검은 속내를 보면서 살얼음 걷듯 살아야 했어.

중국 공산 정권의 침략을 받은 1950년 이래로 참고 참았던 티베트는 10년 후 마침내 폭발했어. 1959년 3월 10일에 벌어진 일이 그것이었어. 날짜를 따서 '삼일공(3.10) 운동'이라 불리는 그 사건은 티베트 역사에서 가장 중요한 사건이며, 세계사에서도 중요한 사건으로 꼽힌단다.[6] 그날 라싸 시민 3만 명이 달라이 라마의 여름 궁전인 노르부링카로 몰려들어 궁전을 포위했어. 그러고는 티베트는 티베트인의 것이니까 중국인은 중국으로 가라며 소리를 높였어. 티베트가 자주독립국임을 외치는 시위가 벌어진 것이지. 그렇게 라싸 시민 전체의 독립운동이 시작되었어. 당시 마오쩌둥은 후난(호남)성을 시찰하던 중, 라싸에서 벌어지고 있는 시위에 대한 보고를 받았다는데, 놀라기는커녕 미소를 지으며 한마디했대. "드디어 그날이 왔군"이라고 말이야.[7] 그러니까 마오쩌둥은 이런 일을 예견했거나, 혹은 이런 일이 일어나기를 기대하며 기다리고 있었던 거지. 티베트인들을 참을 수 없을 만큼 극단으로 밀어붙였다가 그들이 꿈틀하면 그것을 핑계로 탄압하려고 말이지.

앞에서 보았듯이 티베트에서 달라이 라마의 존재는 특별했어.

---

6   앞의 책, 《티베트 비밀역사》, p.457

7   앞의 책, 《티베트 비밀역사》, pp.466-467

그래서 수천 명의 티베트인이 라싸에 있는 달라이 라마를 지키려고 애썼던 것이지. 그런데 오히려 역효과가 났단다. 티베트인들이 독립을 주장하며 대규모 봉기를 일으키자 중국 정부는 지원군을 보내 무자비한 폭력으로 봉기를 진압했어. 달라이 라마는 중국 정부와 티베트 국민 사이를 잘 중재하려고 노력하고 있었는데, 라싸에서 봉기가 일어나자 이젠 자신의 생명조차 담보할 수 없는 상황이 되어 버렸어.[8]

중국은 이참에 정적들을 모조리 탄압하려는 움직임을 보였지. 생명이 경각에 달린 위급한 상황에 부닥친 달라이 라마는 1959년 3월 17일 밤, 티베트군 병사로 변장한 채 노르부링카를 탈출하는 수밖에 도리가 없었어.

1959년 3월 20일 아침, 중국 인민군이 라싸를 포격하기 시작했어. 박격포로 무차별 사격을 가해서 라싸를 쑥대밭으로 만들었지. 그날부터 사흘간 벌어진 라싸 포격전으로 인해 1만 명이 죽고 4천 명이 포로가 되었어. 중국 인민군은 시체를 쌓아 놓고 불태웠고, 라싸 시내에서 눈에 띄는 성인 남자들은 모조리 체포해서 노동 수용소로 보냈대. 이후 3월 28일, 당시 중국의 국무원 총리직에 있던 저우언라이는 티베트 정부 해산을 선언했어.

---

8   이여신·박종한 지음, 《사진으로 들어간 사람들》, 예문당, 2017, p.269

한편, 망명길에 오른 달라이 라마 일행은 긴 길을 거쳐 인도 서북부의 산악 지대인 다르질링과 인접한 마을에 도착했어. 달라이 라마는 라싸 포격전 소식을 들었고, 저우언라이가 티베트 정부의 해산을 선언하는 것도 라디오 방송으로 들었대. 한 나라의 지도자로서 고통받는 국민을 위해 아무것도 할 수 없는 무력감에 달라이 라마의 가슴은 찢어질 듯 아팠겠지만, 다른 선택의 여지가 없었어. 천근만근 무거운 마음으로 발길을 재촉할 수밖에.[9]

티베트의 정신적 리더, 인도로 망명하다

중국 인민군의 공격으로부터 피신한 달라이 라마와 그 일행은 어디로 갔을까? 그들이 향한 곳은 인도였어. 다행히 이웃 나라 인도가 티베트의 망명 정부를 받아들였던 거야. 당시 인도도 독립 후 어려운 처지였지만, 더 어렵고 곤궁한 티베트인들에게 손을 내밀어 주었지. 그리하여 달라이 라마가 오고 그의 뒤를 따라 8만 명이 인도로 왔고, 이어진 망명자는 15만 명에 달했어.[10]

---

9 앞의 책, 《티베트 비밀역사》, pp.467-471

10 이옥순 지음, 《최소한의 인도 수업》, 삼인, 2025, p.332

마침내 달라이 라마가 탈출에 성공했다는 뉴스가 나왔을 때 인도 의회에서는 일제히 일어나 환호했고, 4월 5일, 인도의 자와할랄 네루 총리도 달라이 라마에게 환영 전보를 보냈어. 인도 민중도 기차역에 몰려들어 달라이 라마를 직접 보며 만세를 외쳤지.[11]

인도 정부는 1960년 5월, 인도 서북부 지역에 있는 다람살라에 티베트 망명 정부가 세워지는 것을 허용해 주었어. 남부 지방에는 여러 개의 거주지도 내주었지. 그들을 위해 의료도 지원해 주고, 무상으로 학교도 지어 주고, 장학금도 주었어. 이 모두가 인류애랄까 측은지심(惻隱之心)에서 우러난 선의(善意)의 행동이었지.

하지만 선의의 행동이 좋은 결과를 가져오지는 않았어. 인도가 티베트의 지도자인 달라이 라마의 망명을 받아들인 데에 대해 앙심을 품은 중국이 1962년 인도를 상대로 보복성 전쟁을 일으켰으니까 말이야. 전쟁 개시 한 달 만에 인도에서는 3천 명이 죽고 4천 명이 중국에 포로로 잡히는 굴욕을 겪었어. 그때 크게 마음을 다친 네루 인도 총리가 제명(命)대로 못 살고 일찍 사망했다는 소문이 나돌 정도였단다. 그래도 인도로 온 티베트인과 그 후손들은 원망을 사지 않고 나름 지금까지도 수도를 비롯한 여러 지역에서 잘 살고 있다고 해.[12]

---

11   앞의 책, 《티베트 비밀역사》, p.471
12   앞의 책, 《최소한의 인도 수업》, p.332

　　그렇게 시작된 제14대 달라이 라마의 인도 망명 생활은 2026년 현재 오늘날까지도 이어지고 있어. 이렇게 오래 걸릴 줄은 몰랐을 거야. 중국 정부는 1965년 티베트 민족의 자치를 인정한다며 티베트를 시짱 자치구로 만들었어. 그러나 그것은 말뿐이었지. 한족이 대거 몰려들면서 티베트의 전통은 파괴되어 갔고 민족 간 대립이 더 심해졌을 뿐이었어. 티베트인들은 계속 저항했어. 하지만, 중국의 티베트 점령은 1966~1976년에 일어난 마오쩌둥의 문화 대혁명 이후로 더 가속화되었어. 티베트에서 약 6천 개의 사원과 절, 탑을 파괴했고, 티베트의 위대한 예술품과 의례용 장엄구, 불교 서적 등을 불태워 버렸어.[13] 티베트인들의 삶과 문화를 훼손할 목적으로 광범위하게 공격했던 거지.

　　수도원들이 파괴되면서 충격을 겪고 불안한 땅에 살고 있음에도, 티베트인들은 위풍당당하고 위엄 있는 태도로 살아가고 있어. 대부분의 티베트인이 그들의 전통 풍습을 보존하고 있지. 거기에는 종교의 역할이 컸어. 그들이 매일 행하는 불교 의식이 티베트 사회 곳곳에 스며들어 있어서 전통적 삶의 방식을 고수할 수 있는 원동력이 되어 주었기 때문이지. 종교는 지금도 티베트의 국민적 자긍심과 중국에 대한 저항의 상징으로 남아 있단다. 인도로 망명하여 비록 티

13　　대한불교조계종 교육원 불학연구소 편찬, 《한 권으로 보는 세계불교사》, 불광출판사, 2012, p.444

베트인들과 같은 나라에 머물지는 못해도 라마 불교의 수장인 달라이 라마 역시 티베트인들의 종교적 구심점이 되고 있단다.

달라이 라마의 평화적 해결 노력

인도에 티베트 망명 정부를 세운 후, 달라이 라마는 세계 각지를 돌며 국제 사회에 티베트의 독립을 지지해 달라고 요청하기 시작했어. 그는 망명지에 있으면서도 유엔에 거듭 탄원하여 중국이 티베트의 인권을 존중하도록 촉구하는 결의안을 수차례 끌어내곤 했지. 하지만, 중국이 이 결의안대로 따르도록 강제할 도리가 없었단다. 딱한 노릇이지. 이에 달라이 라마는 전 세계를 여행하면서 연설하고 언론과의 인터뷰를 하고 책을 내면서 티베트가 처한 상황을 알리기 위해 갖은 노력을 했어. 지금까지도 계속 티베트의 현실을 알리기 위해 동분서주(東奔西走)하고 있어. 우리나라에도 오고 싶었을 테지만 불교계의 노력에도 불구하고 아직 오지 못했어. 그것은 우리나라 정부가 중국의 눈치를 볼 수밖에 없는 입장이라서야. 괜한 분란을 일으켜 곤란한 상황에 처해지는 것을 원하지 않는 거지. 우리나라뿐만 아니라 달라이 라마는 넬슨 만델라의 타계 후에는 케이프타운에도 다시 방문하지 못했는데, 그것 역시 남아프리카공화국

정부가 중국의 눈치를 보느라 달라이 라마의 비자 발급을 거부했기 때문이었어. 반면, 미국을 중심으로 한 서방 세력은 중국을 견제하기 위해 달라이 라마를 적극적으로 도와주고 있지. 그런 서구의 지지 때문인지 달라이 라마는 1989년에 노벨 평화상을 받았어.[14] '비폭력 운동을 통해 티베트 문제에 대해 평화적으로 해결하려 노력했다'는 점을 인정받아서 말이야. 달라이 라마의 노벨상 수상은 그 개인으로서도 영예이지만 고난에 처해 있는 티베트인들에게도 커다란 위로와 용기를 주었어.[15] 그는 티베트 독립을 위해 아직도 조용한 투쟁을 계속하고 있어.

노벨 평화상 수상 소감을 하는 자리에서 달라이 라마는 티베트 국민을 위로했어. 더불어 중국에 대해 무력으로 응대하지 말라는 말과 부처님 아래에서 평온하기를 기원한다는 말을 했어. 그런 마음으로 살아서인지 그의 얼굴에는 거의 언제나 미소가 어려 있어.

달라이 라마는 다음과 같이 말했어.

"만약 다른 사람들이 행복하기를 바란다면 자비와 연민을 행하고, 만약 당신 자신이 행복하기를 바란다면 그때도 자비와 연민을

---

14   앞의 책, 《사진으로 들어간 사람들》, p.269

15   앞의 책, 《한국이 보이는 세계사》, p.545

먼저 행하라."

달라이 라마는 실생활에서도 연민의 예를 실천하여 보는 이들에게 감동을 준다고 해. 다 맞는 말이고 좋은 말이고 선한 마음에서 우러난 말임에 틀림없어. 하지만 그래서 오히려 더 슬프고 안쓰럽고 화가 나는 것 같아. 상대인 중국 당국은 그런 말엔 티끌만큼도 신경을 안 쓸 텐데 싶어서 말이지. 선(善)과 악(惡)이 부딪쳐 싸울 때, 선(善)이 이긴다는 보장은 없어. 그저 힘이 이기지. 힘센 쪽이 약한 쪽을 이기게 마련이라고. 하지만 선(善)은 그 힘이 강하든 약하든, 그 향기가 오래 그리고 멀리 갈 수는 있겠지. 그것이 우리에게 주는 유일한 위안이 될 수 있을까….

1989년 중국 내 민주화 분위기에 힘입어 라싸에서도 대규모 봉기가 일어났어. 그러나 중국 정부는 톈안먼(천안문)에서와 마찬가지로 라싸도 무력으로 진압해 버렸지.

세상의 많은 눈이 지켜보는 것도 아랑곳하지 않고 중국 정부는 티베트인들의 충절을 분열시키기 위해 제17대 카르마파 라마를 추켜세웠어. 그런데 그들이 추대한 이 카르마파 라마마저 2000년에 인도로 망명하자 중국으로서는 크게 당황했지. 2008년 3월 라싸에서 또다시 대규모 시위가 벌어졌으나 역시 진압되고 말았어. 망명 정부는 '법률로 보장하는, 의미 있는 자치'를 할 수 있도록 요구하고 있으나 중국 정부는 모르쇠로 일관하고 있단다.[16] 달라이 라마는 아직도 중국 당국의 통제가 벗어난 인도에 거주하고 있고, 중국은 여전히 티베트에 한족을 꾸준히 이주시키고 있어. 오랜 역사적 전통을 지닌 티베트인들로서는 중국 정부로부터의 독립을 바라지만, 현재 상황으로 봐서는 중국이 티베트를 떠날 일은 꽤 요원해 보이는구나.[17]

티베트를 보는 우리의 입장

작금의 사태를 보노라면, 아메리카 대륙의 원주민들이 그랬던 것처럼 티베트인들 또한 중국에 의해 완전히 잠식당할지도 모른다는 생각이 들어. 1950년대에 티베트로 들어가는 도로를 건설하기 시작했던 중국은 2006년에는 티베트의 수도 라싸로 들어가는 철도까지 개통했어. 쿤룬산맥이 있어서 높은 산과 계곡을 가로지르는 철도를 놓는 것은 불가능해 보였지만, 그것을 해냈어. 그리하여 이제는 상하이나 베이징 같은 먼 대도시에서도 하루에 몇 번씩 승객과 물자가 티베트에 도착하고 있다는 거야. 도로와 철도가 개통된 후, 주민들

---

16   앞의 책, 《한국이 보이는 세계사》, p.545

17   앞의 책, 《죽기 전에 꼭 알아야 할 세계 역사 1001 Days》, p.795

의 생활수준이나 편의는 나아졌겠지만, 철도 개통으로 700만 명의 중국계 한족 정착민들이 티베트로 몰려들면서 티베트인의 문화는 훼손되고 티베트인들의 입지도 줄어들었어. 자유와 인권이 억압되고 티베트인과 한족 간의 갈등과 충돌이 일어났지. 2008년, 라싸에서 일어난 대규모 시위도 그 때문에 발생했던 거고 말이야. 지금도 한족 정착민들이 계속 티베트로 이주하고 있어.[18] 어마어마한 한족의 물결 속에서 티베트 전통의 원래 모습을 간직하고 있는 마을이나 지역은 거의 찾아볼 수 없다고 하지.[19] 최근 뉴스를 보니, 중국 정부가 티베트 어린이들을 만 네 살 때부터 가족과 떼어 내어 기숙학교로 보내서는 만다린어를 가르치고 티베트 문화유산을 잊게 한다고 해.

티베트족은 물론이고 신장 위구르 자치구에서도 독립 요구는 끊이지 않고 있어. 그럼에도 불구하고 중국은 이런저런 명분을 내세워 들은 척도 않지.

현재 세상에는 세계 평화를 위한 초국가적 협의체인 국제연합이 창설되어 있고, 다섯 개의 상임 이사국과 10개의 비상임 이사국으로 구성된 안전보장이사회에서 국제 평화와 안전 유지를 위한 권한을 행사하고 있지. 다섯 개의 상임 이사국은 미국, 영국, 프랑스, 러시아,

---

18   팀 마샬 지음, 김미선 옮김, 《지리의 힘》, 사이, 2016, p.36

19   스티브 맥커리 지음, 박윤혜 옮김, 《스티브 맥커리: 진실과 마주하는 순간》, 시공아트, 2015, p.191

중국이야. 상임 이사국은 모두 제2차 세계대전 당시 연합국이자 승전국이며, 현재 모두 핵무기 보유국이지. 한마디로 크고 강한 나라며 세상을 향해 목소리 좀 높일 만한 나라들이라는 거야. 문제는 이들 상임 이사국과 얽혀서 어려움을 겪거나 억울한 일을 당할 때지. 상임 이사국 중 하나인 중국이 자신들의 정당한 주권 행사라며 이웃한 소수민족의 영토를 침범할 때, 제지를 가하거나 막아설 나라가 없단다. 국가 간 법적 분쟁을 해결하기 위해 국제사법재판소라는 국제기구가 있지만, 중국의 티베트 침공을 막을 현실적 방안이 되지 못하고 있지. 결국은 힘센 나라가 자국에 유리한 대로 밀어붙이면 어찌할 도리가 없는 것이 국제 사회의 냉엄한 현실이야.

물론 티베트에 동정적인 단체들도 있어. '국경없는의사회'나 '국제사면위원회' 등의 비정부기구들도 많은 노력을 하고 있어. 또, 티베트인과 미국인 자원자들로 구성된 독립적 인권 단체인 뉴욕의 '미국 티베트 위원회'는 강연과 시위, 편지 쓰기 캠페인을 통해 티베트 사태를 널리 알렸지. '로스앤젤레스 티베트인의 친구들'은 티베트의 상황을 알리기 위해 힘쓰고 있으며 그 일환으로 할리우드 영화인들의 자문 역할을 하고 있다고 해. 리처드 기어, 브래드 피트 등 유명한 영화배우들이 〈쿤둔〉, 〈티벳에서의 7년〉 등의 영화를 통해 티베트 문제를 세상에 알리는 데는 그런 노력이 뒷받침됐지.

달라이 라마는 1979년 처음 미국을 방문한 이래 이제는 인기 있고 친근한 종교 지도자가 되어서 그의 법회에는 보통 수천 명의 청중이 모여든다고 해.

달라이 라마는 1992년에는 티베트가 독립하면 모든 권한을 버리고 평범한 시민으로 살겠다고 선언했으며, 2011년에는 모든 정치적인 권한을 이양하고 한 사람의 승려로 돌아왔다는구나.[20]

달라이 라마는 원래 기계에 소질이 있는 사람이었다고 해. 그는 자신이 어린 시절에 겪은 전통 티베트 사회를 회고하며 티베트 사회가 늘 옆에 있는 것만 유지한 채 과거를 보존하려고 하는 실수를 했다고 말했어. 뭔가 새로운 창조적인 일을 하면 사람들은 부정적으로 보았고, 세계에서 벌어지는 일에는 신경도 쓰지 않아서 티베트가 약해졌다고 비판했지.[21] 우리는 그의 비판이랄까 회한을 눈여겨볼 필요가 있다고 생각해. 아무리 반듯하고 선한 사람이나 사회도, 주위 사람이나 세계가 흉포하거나 악할 때면 피해자가 되어 자유를 뺏기거나 심하면 생사여탈권을 뺏길 수도 있으니 말이야. 순수한 심성을 간직하면서도 타인과 다른 세계에 휘둘리지 않는 힘을 기르는 것이, 냉정한 국제 사회에서 우리를 지키는 길이고 우리나라가 나아가야 할 길이 아닌가 싶어.

---

20   앞의 책, 《한 권으로 보는 세계불교사》, p.444

21   앞의 책, 《티베트 비밀역사》, p.382

성체의식 중인 레흐 바웬사와 요한 바오로 2세, 1987.
ⓒ연합뉴스

Lech Walesa,
Pope John Paul II

13

레흐 바웬사와
요한 바오로 2세

교황이 양복을 입은 중년 남자의 입에 성체를 주고 있는 사진. 교황이라면 미사 때 자주 행하는 성체의식이지만, 이날 이 순간의 일은 특히 세상의 이목을 끌었어.
이 한 장의 사진에 담긴 사연은 무엇일까? 이 고요하고 성스러운 사진 한 컷 이면에는 어떤 이야기가 담겨 있던 걸까?

사진 속 장면은 1987년 6월 12일, 폴란드 그단스크의 자스파 지구에서 거행된 미사 도중에 있었던 일이야. 교황 요한 바오로 2세가 당시 폴란드 자유노조의 지도자로 있던 레흐 바웬사에게 성체를 주는 모습이었지. 폴란드의 민주화 운동에서 가장 상징적인 순간 중 하나라고까지 알려진 결정적 장면이었어. 이 둘은 어떻게 하나의 사진 프레임 속에 담기게 된 것일까? 종교적 지도자(교황)와 노동자 지도자(바웬사)가 만나는 그 모습은 폴란드 국민에게 큰 희망을 주었다는데, 두 사람이 겪고 헤쳐 갔던 세월이 어떠했기에 사람들이 이 사진에 그렇게나 의미를 담게 된 걸까? 어디 한번 들어 볼래?

전기공 바웬사, 폴란드의 운명을 바꾸다

주먹 쥔 손을 힘차게 높이 들어 올리고 있는 한 남자. 누군지 알아보겠니? 분위기는 사뭇 다르지만 바로 앞에서 본 레흐 바웬사야. 다른 사람처럼 보일 수도 있겠지만, 눈썰미가 있는 사람들은 콧수염에 주목할 수도 있겠지. 그의 트레이드마크가 바로 콧수염이었거든.[1]

---

1   훗날 미국 면도기 회사가 바웬사에게 광고를 위해 콧수염을 밀면 100만 달러를 주겠다고. 제안을 하기도 했는데 그는 거부했다. (그래 놓고 나중에 저 혼자 콧수염을 다 밀어 버린 적도 있다고 한다. 이유는 단지 더워서였다고. 돈이든 권력이든 외부에 흔들리지 않고 줏대 있게 살겠다는 의지의 표현이었나 싶다.)

그단스크 레닌 조선소 파업 당시 연설 중인 레흐 바웬사.
ⓒ유럽 연대 센터 / 기드민 야블론스키, 1980.

대통령이 되기 전에 노동자 신분이었던 그는 폴란드에서 자유노조
인 솔리대리티Solidarity를 결성하고 이끌며 폴란드 민주화 운동의 상
징으로 현대사에 기록되고 있어. 사진은 폴란드 자유노조가 탄생한
1980년 그단스크 레닌 조선소에서 열린 노동자 파업 현장을 담고
있어. 연설 중인 그의 모습을 좀 봐. 반짝이는 두 눈과 살짝 미소 띤
표정에서 뭔가 모르게 자신감이랄까 뚝심이 두둑한 카리스마가 느

꺼지지 않니?

1980년 당시 그는 폴란드에서 한 무리의 노동자들과 더불어 솔리대리티 운동을 시작했어. 사실 레흐 바웬사는 그 당시엔 노동자도 아니고 실직자 신분이었어. 전기 기술자이자 부두 노동자였던 그는 1970년 폴란드 그단스크에서 일어난 부두 노동자 파업을 주도한 이후, 회사 경영진들과 갈등을 빚다가 해고된 상태였으니까 말이야. 사연은 이랬어.

1970년 12월, 흉년으로 식료품 가격이 급격히 오르자 폴란드 북부 지방을 위주로 시위가 일어났어. 그단스크의 레닌 조선소에서도 먹고살기 어려워진 노동자들이 화가 나서 임금과 가족 수당을 인상해 달라고 요구하며 파업을 시작했어. 그리고 북부 지방을 중심으로 한 거리 시위에 나섰다가 수십 명이 총에 맞아 사망하는 사건이 발생했어. 레흐 바웬사는 사망한 노동자들의 리스트(명단)를 만들어서 그것을 거대한 레닌 조선소의 경영부서에 제출했어. 사망한 노동자들에게 조의를 표하기를 바랐던 거지. 그런데 회사의 경영진은 반성이나 유족에 대한 위로나 보상을 하기는커녕, 오히려 그 일로 레흐 바웬사와 갈등을 겪다가 1976년엔 결국 그를 해고했던 거야.

하지만 해고되었던 전기공 레흐 바웬사는 1980년, 사진에서처럼 그단스크의 조선소로 다시 올라가서 1만 7천 명의 노동자들이 모인 곳에서 연설했어. 그는 노동자들이 합심해서 파업하고, 자유와 정의를 위해 시위하라고 힘주어 말했어. 노동자들이 함께 단합하면 뭔가 거대한 일을 이뤄 낼 수 있다고 믿었거든. 레흐 바웬사의 힘 있는 제안에 노동자들이 호응했고, 이에 솔리대리티[2]라는 노동조합이 탄생했어. '솔리대리티'는 우리말로 번역하자면 '연대(連帶)'로서 '여럿이 함께 어떤 일을 하거나 함께 책임을 진다'는 뜻이야.

1976년 회사에서 해고되었던 레흐 바웬사가 1980년에 다시금 용기를 내어 '연대'라는 뜻의 자유노조 솔리대리티를 결성하기까지, 그사이에 무슨 일이 있었던 걸까? 1976년 폴란드에선 대규모 시위가 끊이지 않았어. 폴란드 노동당이 생필품 가격을 갑자기 높여서 생활고가 심해졌거든. 공산 정권하에서 정치적, 경제적 침체로 사는 게 힘들어지자 노동당과 공산주의에 대한 불신이 커지면서 변화에 대한 갈망이 가득했어. 그것이 솔리대리티를 결성하게 된 주요 배경 중 하나였지. 하지만 특별한 일이 하나 더 있었으니 그것은 바로 노조 결성 한 해 전인 1979년에 있었던, 교황 요한 바오로 2세의 폴란드 방문이었어.

---

2   원래는 '연대'라는 뜻을 가진 폴란드 원어로 '솔리다르노시치(Solidarność)'가 있지만, 여기서는 세상에 흔히 알려진 대로 '솔리대리티'라고 쓰기로 한다.

폴란드 출신 교황, 철의 장막을 흔들다

이 사진이 바로 카롤 보이티와가 요한 바오로 2세로 선출된 후, 자신의 조국인 폴란드를 최초 방문한 때를 찍은 거란다. 취임 바로 다음 해인 1979년의 일이었지.

연배가 좀 있는 독자라면 이 얼굴을 다 알아볼 수 있을 거야. 교황은 1984년과 1989년, 두 차례에 걸쳐 우리나라에도 방문해서 어른들은 웬만큼 친근하게 여기는 분이지. 우리나라에 도착해서 비행기에서 내리자마자 맨 먼저 몸을 굽혀 땅바닥에 입맞춤했

교황 요한 바오로 2세의 첫 폴란드 순례.
ⓒGov.pl, 1979.

어. 처음 방문하는 나라에 축복을 기원하는 의미가 담긴 행동이어서, 당시 텔레비전을 통해 실시간으로 시청하던 국민들이 크게 감동했지.

폴란드의 공산 정권은 새 교황에 대해 모호한 태도를 보였어. 그럴 수밖에 없었던 것이, 교황은 가톨릭교회의 수장으로서 공산주의를 신랄하게 비판해 왔던 터라 자신들에게 도움이 안 될 게 뻔했거든. 그러니 교황이 고국을 방문하겠다고 했을 때 난감했을 거야. 그렇다고 해도 교황의 방문을 대놓고 거부할 수도 없는 노릇이었어. 교황의 고국 방문인 데다, 97%나 되는 가톨릭 신도들을 위한 어디까지나 영(靈)적인 행보라고 강조했으니까 말이야.[3]

1979년 6월 2일, 교황 요한 바오로 2세는 폴란드의 오켕치에 공군 비행장에 착륙하여 고국 땅에 무릎을 꿇고 온몸을 구부려 땅에 입을 맞춤으로써 폴란드를 축복했어. 바르샤바로 향하는 길 양쪽에는 자그마치 200만 인파가 열렬한 환호로 교황을 맞이했어. 교황은 폴란드 출신으로 이전에 폴란드 크라쿠프시의 대주교로 일한 적이 있었는데, 그가 수도인 바르샤바에서 공개 미사를 집전했을 때는 25만 명이나 참석했다고 해. 폴란드는 인구의 약 97%나 가톨릭을 믿기 때문에 교황의 말씀 하나하나의 무게가 남달랐

---

3   앞의 책, 《죽기 전에 꼭 알아야 할 세계 역사 1001 Days》, p.863

어. 특히 1522년 이후 450여 년 만에 비이탈리아계 교황으로 선출된 이가 슬라브계인 폴란드 출신 교황 요한 바오로 2세였기 때문에 그의 말은 그야말로 금과옥조(金科玉條)로 여겨졌지. 그런 교황이 폴란드 신도들 앞에서 설교 중에 특히 강조한 말이 있었으니, 그것은 "두려워하지 마십시오"였다고 해. 역사적 상황에 비추어 볼 때, 소련과 소련이 뒷받침하고 있는 폴란드의 공산주의 정권에 대한 두려움을 의미한다고 볼 수 있었지.

그리고 폴란드의 역사와 위대한 전통을 상기시키면서 용기와 자신감을 불어넣었지. 또한, 폴란드인을 통제하려는 공산 정권 지도부를 향해서도 교황은 당신이 그들의 행동을 지켜볼 것이며 공산 정권 지도부는 '역사와 양심' 앞에서 책임 있는 행동을 해야 한다는 쓴소리를 잊지 않았다고 해.

이후에도 교황 요한 바오로 2세는 폴란드를 방문할 때마다 폴란드 국민을 위로하고 격려했어. 1978년부터 2005년까지 꽤 오래 재위했던 그는 교황으로 재직하는 동안 폴란드를 아홉 번이나 방문했다고 해. 원래 각국을 에너지 넘치게 방문하기도 했지만, 특히 폴란드를 자주 방문한 편이었지. 그것은 그저 조국이나 고향이어서 방문이 잦았다기보다는 가장 소외된 곳 중의 하나로 폴란드가 마음에 걸려서였을 거야. 그가 1984년과 1989년 두 번 방한했을 때도 "가장 소외된 곳을 방문하도록 해 달라"라고 요청했다는 것을 보면 말이야.[4] 전 세계 가톨릭 신자들의 정신적 지주에다 약자에 대한 애정이 강한 분이었기에, 교황은 고통받는 조국 폴란드에 마음이 많이 쓰였나 봐. 요한 바오로 2세는 그렇게 자유를 갈망하던 폴란드인들에게 지대한 영향을 끼쳤어.

폴란드는 왜 소련의 탄압을 받았나

폴란드의 역사를 보면 고달픈 운명에 비극적 순간들이 많았던 걸 알게 돼. 국토 대부분이 평원으로 이루어진 까닭에 폴란드는 역사적으로 외세의 침입을 자주 받았어. 지정학적으로 보자면 왼쪽에는 독일, 오른쪽에는 소련이 있어서 세계사에서 많은 고난을 겪었어.

오랫동안 러시아 제국의 차르 통치 아래에서 신음했고, 러시아 혁명으로 차르 정권이 사라진 이후에도 폴란드는 많은 어려움을 겪었어.

독일과 국경을 맞대고 있는 폴란드 서부 지역에선 독일과 오랫

4　　그리하여 광주 민주화 운동이 일어났던 광주를 방문했고, 소록도를 방문하여 한센병 환자들을 만나 위로하고 격려하며 은총을 빌었다.

동안 다투었지. 18세기 말부터 독일은 폴란드의 서부 지역을 100년 이상 점령하고 있었어. 하지만 제1차 세계대전이 끝나고 1919년 베르사유 조약으로 폴란드가 독립을 쟁취하면서 독일이 점령했던 영토의 상당 부분이 폴란드로 다시 귀속되었어. 이 땅에 대해 폴란드는 수복된 땅이 본래 폴란드 영토였다고 주장한 반면, 독일은 폴란드가 강도처럼 자신들의 땅을 강탈해 간 것으로 생각했어.

특히 폴란드어로는 '그단스크 자유시'라 부르는 곳은 이전 독일 바이마르공화국에서 '단찌히'라고 부르던 곳이었는데, 제1차 세계대전에서 독일이 패전한 뒤 베르사유 조약에 의해 1920년 폴란드에 병합되었어. 사정이 그렇다 보니 그 지역에는 독일계 사람들이 많이 살고 있었지. 이에 아돌프 히틀러가 정권을 잡은 후, '독일인의 고유한 영토'를 탈환한다는 구실로 1939년 폴란드를 침공했어.[5] 한편으로는, 유럽에서 가장 많은 330만 명의 유대인이 폴란드에 살고 있었기에 그들을 응징하기 위해서기도 했지.

독일은 폴란드를 침략하기 전에 우선 소련의 스탈린과 조약부터 맺었어. 이른바 '독-소 불가침 조약'이지. 독일과 소련은 서로 침략하지 않겠다는 약속이란다. 독일은 이 조약을 맺음으로써 동부 전선을 잊고 서부 전선에만 집중할 수 있게 되었고, 소련은 독일이

---

5   차용구 지음, 《역병, 전쟁, 위기의 세계사》, 믹스커피, 2024, pp.197-198

소련을 침략하지 않겠다는 확약을 받음과 동시에 독일이 폴란드의 서쪽을 가지는 대신 소련이 폴란드의 동쪽을 가지기로 했어. 호전적인 독일과 소련 사이에 낀 폴란드로서는 고난의 운명이 펼쳐질 수밖에 없었어.

1939년 나치 독일이 폴란드를 침입한 날로부터 시작된 제2차 세계대전에서, 폴란드는 자유를 쟁취하기 위해 나치에 맞서 싸웠어. 영국과 프랑스도 폴란드를 도와 나치에 맞서 싸웠지만, 전쟁 개시 이후 단 3개월 동안 무려 6만 5천 명의 유대인과 폴란드인이 나치에 의해 학살되는 비극을 겪었어. 제2차 세계대전 동안 독일이 행한 유대인 대학살에서 가장 많은 희생자가 나온 곳이 폴란드였지.[6] 독일은 아우슈비츠 등에 집단 학살 수용소를 세우고 폴란드계 유대인 200만 명 이상을 학살했고, 그 외에도 곳곳에서 수많은 폴란드군 포로와 민간인들을 고문하거나 잔인하게 학살했어. 전쟁 중에 폴란드인 600만 명이 사망했다고 알려지는바, 이는 자그마치 폴란드 전체 인구의 5분의 1에 해당하는 수치야.

이런 희생을 알기에 제2차 세계대전 직후 독일과 폴란드 사이에 남북으로 472km에 달하는 새로운 오데르-나이세 국경선이 확정되었어. 그 결과 양국의 국경선이 옛 독일 영토 안으로 200km 정도

---

6   김봉중 지음, 《요즘 어른을 위한 최소한의 전쟁사》, 빅피시, 2024, p.185

옮겨지면서 폴란드는 한반도 남한 면적보다 넓은 땅을 패전국 독일로부터 추가로 얻어 내게 되었지.[7]

이제 폴란드는 과거의 상처를 딛고 행복을 향해 나아갈 수 있었을까? 아니었어. 1945년 제2차 세계대전이 끝난 뒤에도 폴란드는 해방되지 못했고, 이후에도 폴란드는 스스로 운명을 결정할 수 없었어. 미국과 영국과 소련이 만나 담판을 벌인 얄타 회담에서 서구 지도자들이 소련의 확장 정책을 막지 못했기 때문이었지. 그래서 폴란드는 나치에서는 벗어났지만, 소련의 위성국가가 되어 스탈린의 공산당 독재 체제 아래 놓이게 됐어. 이후 폴란드인들은 소련이 조종하는 공산 정권의 억압 아래 자유를 잃은 채 살아야 했던 거야.[8]

솔리대리티 설립 이후

교황의 방문과 격려로 인해 용기를 냈던 레흐 바웬사. 1980년에 솔리대리티를 설립한 이후 레흐 바웬사는 바로 솔리대리티의

---

7   앞의 책, 《역병, 전쟁, 위기의 세계사》, p.198

8   앞의 책, 《질병이 바꾼 세계의 역사》, pp.280-281

지도자로 떠오르며 세계의 이목을 끌었어. 솔리대리티는 단순히 노동자의 권익을 위한 단체가 아니었어. 점차 공산당 일당 독재에 저항하는 대규모 민주화 운동으로 발전해 갔지. 그리하여, 솔리대리티는 동유럽 공산 정권 붕괴의 도화선이 되었어. 당시에는 소련이 몰락하기 전이라 동구권에 대한 소련의 통제와 간섭이 심했어. 폴란드는 소련의 눈치를 봐야 했지. 하지만 솔리대리티는 노동자들을 위해 더 많은 권리를 요구했고, 경제적인 재조정은 물론 폴란드 내에 있는 모든 노동자를 위해 더 많은 정치적 자유를 요구하기 시작했지. 검열을 폐지하고 가톨릭교회에 더 많은 자유를 부여할 것, 그리고 정치적 이유로 투옥된 죄수들을 석방할 것들을 포함해서 말이야.

훗날 레흐 바웬사는 폴란드의 대통령이 되었기에 그를 초등학교만 졸업한 조선소 직공에서 대통령이 된 자전적 인물이나 자수성가한 인물일 거라고 단순히 생각할지도 모르지만, 사실 그 이면에 그가 겪은 고난과 고통은 이루 말할 수 없었지. 오늘날 여느 노동조합의 지도자들과는 차원이 다른 시대적 고충이 많았으니까 말이야. 폴란드의 특수한 당대 역사 때문에 그것은 단순히 노동자의 권익을 위하는 데서 그치는 문제가 아니었어. 폴란드의 노동자를 비롯하여 폴란드 국민 전체를 억누르던 공산 정권에 맞서는 행위였으며, 더 나아가 폴란드의 공산 정권을 뒤에서 조종하던 소련 지도부에 대한 항거이기도 했거든. 그러니 결코 단순한 문제가 아니었어. 생명을 담보로 한 위험한 투쟁이었단다.

폴란드는 1980년경부터 자유노조를 결성하고 파업 등을 통해 자유 쟁취를 위한 투쟁을 맹렬히 펼쳤지. 요한 바오로 2세의 폴란드 방문 이듬해에 레흐 바웬사가 솔리대리티라는 자유노조를 결성한 것을 보면, 교황의 "두려워하지 마십시오"라는 말을 잘 새겨 듣고 실행에 옮겼던 거야.

솔리대리티는 빠르게 성장했어. 1981년 폴란드에 흉년이 들어 경제적 위기로 상황이 더 나빠지자, 레흐 바웬사는 폴란드 노동자들이 더 많은 자유를 쟁취하도록 하기 위해 파업과 행진, 시위를 이끌었어. 폴란드 정부로서는 솔리대리티라는 노조가 있는 것만으로도 이미 공산 정권에 대한 도전으로 여겼어. 노동자 계급을 대표한다고 주장해 온 공산당을 노동자들이 거부하는 꼴이라 여겼기 때문이었지. 게다가 폴란드 정부는 당시 동유럽을 손아귀에 틀어쥐고 흔들어 대던 소련의 눈치도 봐야 했어. 소련은 폴란드 당국이 질서를 회복하지 않으면 소련이 직접 나서겠다고 엄포를 놓았거든. 폴란드 정부는 1956년의 헝가리 혁명이나 1968년 프라하의 봄에서의 경험으로 소련이 개입하면 어떤 후폭풍이 일어날지를 이미 알고 있었기 때문에 소련의 침공을 두려워했지. 그래서 장군 출신의 야루젤스키는 1981년 12월에 총리로 취임한 후, 바로 계엄령을 선포하며 솔리대리티의 활동을 금지하고 바웬사와 노조 지도자를 비롯한 수천 명을 체포했지. 당시 체포된 바웬사는 11개월간 옥살이를 해야 했어. 전 세계는 바웬사가 이끄는 자유노조에 동정 어린 관심을 보내며 그들의 투쟁을 응원했어.[9]

1982년 11월, 바웬사는 레닌 조선소에 복귀하긴 했지만, 폴란드에서 공산 정권이 무너지기까지는 다시 7년의 세월을 기다려야 했어. 폴란드 정부가 억압할수록 사회적 불안은 고조되었고 바웬사는 국가적 영웅이 되어 갔어. 요한 바오로 2세가 솔리대리티를 향해 공개적으로 격려하며 지지를 보냈는데, 교황은 폴란드 사회에서 지대한 영향력을 가졌기에 '솔리대리티(연대) 운동'은 큰 힘을 받았지.[10] 미국의 레이건 대통령도 소련이 솔리대리티를 탄압한다고 비난했어. 솔리대리티에 대해 서방 세계는 따뜻한 반응을 보냈고, 1983년에는 레흐 바웬사에게 폴란드 민주화에 공헌한 이유로 노벨 평화상을 수여하며 응원하기도 했지.

오랜 투쟁이었지만, 솔리대리티는 많은 개혁을 성취해 냈고, 이것이 폴란드를 넘어서 공산주의 통제를 부수는 시작이 되었어.

한편, 소련에서는 단기간에 서기장이 몇 번 바뀌더니, 새로 선출

---

9   폴 A. 투치·매슈 토드 로젠버그 지음, 이동민 옮김, 《지리의 모든 것》, 푸른길, 2015, p.258

10   이종성 지음, 《세계사를 바꾼 월드컵》, 브레인스토어, 2022, p.127

된 서기장 미하일 고르바초프가 1980년대 후반에 "동유럽에 간섭하지 않겠다"라는 파격적인 선언을 했어. 그때쯤 폴란드는 급진적인 경제 개혁을 도입하고 있었지. 게다가 1989년, 솔리대리티를 합법화하고 50년 만에 처음으로 자유선거를 시행했는데, 솔리대리티 후보들이 대거 승리했단다. 1년 후인 1990년, 폴란드에서 공산당이 와해되자 레흐 바웬사가 폴란드의 대통령(1990~1995년)으로 당선되었지.[11]

종교적 자유가 없던 공산주의 치하의 폴란드였지만, 폴란드인들은 자국 출신의 교황 요한 바오로 2세를 보면서 용기를 얻고 대담해졌어. 교황은 40년 넘게 이어진 공산주의로 인해 억압된 폴란드인들의 마음에 다시 희망을 일깨워 주었지. 선명한 서광처럼 말야.[12]

소련 지도자 고르바초프도 "지난 몇 년 동안 동유럽에서 일어난 모든 일은 교황이 없었더라면 불가능했을 것이다. 철의 장막은 교황 요한 바오로 2세가 없었다면 붕괴되지 않았을 것이다"라고 말했대. 교황 요한 바오로 2세와 레흐 바웬사, 그리고 고르바초프…. 그들 셋이 역동적으로 활약하며 빚어낸 시너지가 멋지게 작

---

11   정치가나 국가 경영가로서는 그다지 만족스러운 평가를 받지 못했다.

12   브워지미에시 레지오흐 엮음, 고준석 옮김, 《나의 삶을 바꾼 사람, 요한 바오로 2세》, 가톨릭출판사, 2017, pp.97-99

용하여 폴란드를 비롯한 헝가리, 발트해 인근 국가들, 체코, 나아
가 소련 등 동구권에서 공산주의 독재 체제가 무너졌지. 폴란드를
비롯한 동구권 사람들은 1980년대 끄트머리에 마침내 자유를 쟁
취하게 되었어.[13]

---

13   앞의 책, 《질병이 바꾼 세계의 역사》, p.281

미소 띤 얼굴로 대화를 나누는 고르바초프 소련 서기장과 레이건 미국 대통령, 1987.
ⓒ연합뉴스

Mikhail Gorbachev, Ronald Reagan

14

고르바초프와 냉전의 끝

이 사진 좀 봐. 두 남자의 몽글몽글한 분위기가 느껴지지 않니? 단 한두 장의 사진만 가려 뽑기가 어려울 만큼 당시 이 두 남자의 훈훈한 분위기가 묻어나는 순간들이 카메라에 많이 잡혔어. 흔히 하는 말로 '브로맨스'쯤 될까?

이 사진 속 두 남자가 누군지 알면 아마 깜짝 놀랄걸? 한 명은 전 미국 대통령 레이건이고 다른 한 명은 전 소련 서기장 고르바초프니까 말이야. 이 글을 쓰고 있는 2025년 6월, 사진 속 인물들 위로 푸틴 러시아 대통령과 트럼프 미국 대통령을 오버랩시켜 보면 이 사진이 얼마나 비현실적으로 놀라운 장면을 포착했는지를 알 수 있을 듯해.

1980년대 세상의 두 주역은 단연 로널드 레이건 미국 대통령과 미하일 고르바초프 소련 서기장이라 할 수 있었어. 한창 냉전 중일 때 처음 만났던 두 사람이 이런 케미를 보여 줄 줄 누가 알았겠니? 한창때의 두 사람은 인물도 훤칠하니 좋아서 뉴스를 보거나 신문을 볼 때 연예인 화보 사진이라도 감상하듯이 흐뭇하게 보았단다. 미국의 레이건 대통령이야 원래 영화배우 출신이니 그렇다 치더라도, 고르바초프 소련 서기장도 인상이 좋기로 조금도 밀리지 않지? 미국과 소련의 두 지도자가 저렇게 훈훈하게 미소를 나누고 있지만 두 나라 사이가 처음부터 좋았던 것은 아니었어.

악의 제국을 선포한 레이건 대통령

미국의 레이건 대통령은 1980년에 치러진 대통령 선거에서 지미 카터를 상대로 승리했어. 카터 대통령은 도덕과 인권을 강조하다 보니 좀 유약해 보이는 측면이 있었어. 카터 대통령 후반기에 이란인들이 이란 내 미국 대사관에 침입하여 미국인 외교관들을 인질로 잡고 1년을 넘게 끄는 바람에, 카터 정권이 상당히 약하게 보였던 터라 미국 국민은 좀 더 강하고 힘 있는 대통령을 원했어. 미국인이 보기에 레이건이 그런 면에서 카터보다 나아 보였던 모양이야.

　미국의 40대 대통령인 레이건은 두 번에 걸쳐 집권했는데, 1980년에 처음 당선되었을 때는 반공 의지를 강하게 드러냈어. 당시 소련과 미국 양국은 서로 으르렁댔는데, 급기야 레이건은 1983년에 소련을 '악(惡)의 제국'이라 칭하기에 이르렀지. '현대 세계에서 악에 집중하는… 악의 제국'으로 말이야. 당시 레이건은 힘으로 소련을 막겠다는 생각으로 핵무기를 포함한 숱한 무기를 제조하고 비축하는 데 열을 올리고 있었어. 레이건의 첫 번째 집권 시기(1981.1~)는 고르바초프 이전의 서기장이었던 브레즈네프, 유리 안드로포프, 체르넨코의 임기와 겹쳤지. 레이건이 집권하는 동안 소련 최고 지도자가 무려 세 사람이나 바뀌었으니 당시 소련도 참 혼란스러웠겠어. 시간이 흘러 레이건은 첫 번째 집권기를 무사히 마치고, 1984년 대통령 선거에서 재선에 성공했어. 그때도 레이건은 소련에 더 강력하게 대응하겠다고 약속하는 캠페인을 하고 국민의 성원에 힘입어 당선되었단다. 큰 표차로 재선에 성공한 레이건 대통령이었지만 그에게도 고민은 있었어. 미국의 힘을 과시하듯 보여 주고, 맞수인 소련의 힘 앞에 약해 보이지 않는 '자유 진영의 지도자'로서의 면모를 보여 주는 것이 그의 의무라고 여겼지만, 힘을 과시하는 데도 문제가 있었거든. 돈이 너무 많이 든다는 것이었어.

세상에서 가장 잘사는 미국이었지만, 그럼에도 무기를 구입하느라 어마어마한 돈을 지출하는 것은 부담될 수밖에 없었어. 레이건 대통령은 또 핵전쟁이 발발할 가능성에 대해서도 걱정하고 있었지. 그래서 레이건은 사실 고르바초프가 권좌에 오르기 이전부터 냉전을 종식하는 데 관심이 있었어.

재미있는 것은 소련 지도자들도 마찬가지였다는 점이지. 전직 소련 지도자들도 상대국이나 자국민에게 약한 모습을 보일 순 없으니까 미국에 단호하게 반대하는 모습을 보이면서도, 군비(軍費) 사용에 대해서는 똑같이 부담을 느끼고 있었어. 양쪽 모두 상대에게 밀리지 않으려고 더 크고 더 강력한 무기를 사고 개발하기 위해 군비를 퍼붓는 와중에, 또 한편으로는 그 비용에 부담을 느끼고 있었지. 오래도록 으르릉대던 두 적대국이 군비를 줄여야겠다는 같은 생각을 하면서도 어떻게 실마리를 풀어야 할지 엄두가 나지 않는 상황이었단다. 그러던 중, 1985년과 1986년, 갑자기 사정이 달라졌어. 1985년 미하일 고르바초프라는 인물이 소련의 지도자로 등장하면서부터였어. 체르넨코 소련 서기장이 병으로 사망한 뒤 고르바초프가 서기장 자리를 이어받으면서 분위기가 확 달라졌지. 새로운 인물 하나가 세상을 얼마나 많이 바꾸어 놓았는지를 알게 되면 깜짝 놀랄걸?

장례식장도 외교의 장이 된다

미하일 고르바초프는 1985년 소련의 지도자가 되었어. 그는 몇 명의 연로(年老)한 전임자들이 사망한 다음에 자리를 이은 비교적 젊은 지도자였단다. 당시 소련의 정세가 이상했어. 수년 사이에 매 번 지도자가 바뀌었어. 흐루쇼프 뒤를 이었던 브레즈네프가 1982년 11월에 사망하자(향년 75세), 뒤를 이었던 유리 안드로포프가 서기장이 되었는데 1년 반도 지나지 않은 1984년 2월 9일에 사망했어(향년 69세). 이후 체르넨코가 그 자리에 앉았지만, 그 역시 병을 앓다가 1985년 3월 10일에 사망했어(향년 73세). 취임한 지 1년 남짓 만에 말이야. 그러니 약 3년 사이에 소련에선 세 명이나 되는 사람들이 최고위급 자리에 앉았다가 내려오기를 반복했던 거야. 75세, 69세, 73세 등 연로한 지도자들이 차례로 쓰러진 후 아주 젊은 서기장이 등극했으니 그 인물이 바로 고르바초프였어. 체르넨코 시절에 그는 부서기장이었는데, 1985년 체르넨코가 심각하게 건강이 좋지 않았을 때 고르바초프가 능력을 발휘했고, 체르넨코 사후 그 능력을 인정받아서 소련 지도자가 된 것이었어. 그는 단순히 나이만 젊은 게 아니라 인상도 후덕하니 좋았지. 그뿐만 아니라 그는 매우 다른 생각을 하고 있는 인물이었어.

미국의 지도자들이 고르바초프를 유심히 보게 된 건 체르넨코의 장례식장에서였어. 1985년 체르넨코가 사망하자, 미국에서는 조문단을 꾸려 소련에 보냈어. 체르넨코와 사이가 좋아서냐고? 아니야. 그가 권좌에 있을 동안 미국과 소련은 냉전으로 인해 긴장 상태가 더 고조되었단다. 그도 그럴 것이 레이건 미국 대통령이 '스타워즈 계획'을 밝혔거든.

스타워즈 계획이 뭐냐고? 그것은 1983년, 레이건 대통령이 주도한 '전략 방위 구상'을 일컫는 말이야. 영어로는 Strategic Defense Initiative라고 쓰고 앞 글자만 따서 SDI라고도 하지. 적국[1]의 핵미사일을 요격(邀擊, 공격해 오는 대상을 기다리고 있다가 도중에 맞받아침)하기 위한 구상이었는데, 당시 인기 있던 영화 〈스타워즈〉에 빗대어 '스타워즈 계획'이라고 흔히 불리곤 했어.

1983년 3월에 레이건 대통령은 소련을 '악의 제국'이라고 표현할 정도로 소련에 대해 강경한 입장을 취했어. 소련의 안드로포프는 1984년에 "레이건 정부는 위험하고 비인간적인 정책을 쓴다. 그것은 인류를 재난 끄트머리로 모는 정책이다"라고 비난했지. 당대 초강대국이던 미국과 소련은 서로를 향해 그렇게 으르렁거렸어. 얼마 전까지만 해도 그런 상황이었으니 미국과 소련 두 나라 간의 화합은 꿈도 꾸기 힘들었지. 사망한 체르넨코에 대해서도 좋은 감정

---

1   여기서는 주로 소련을 의미한다.

을 가지기 어려웠고. 하지만 국가 간에는 외교적인 의례와 인사가 필요한 거잖아?

미국 정부의 대표단[2]은 전직 소련 대통령이었던 체르넨코의 모스크바 장례식장에서 고르바초프를 처음 만났어. '악의 제국'이라고 적의를 드러내면서도 상대의 수장 장례식에 참석하고 그 와중에 후계자가 될 사람을 스캔하며 간을 보는 것, 이런 것도 정치며 외교의 한 부분이겠구나 싶은 대목이기도 하지.

어라? 악의 제국에 이런 인물이??

고르바초프를 처음 본 순간, 대표단은 뭔가 사뭇 다른 느낌을 받았지. 믿음직한 생김새도 그렇지만, 그의 행동도 소련의 이전 지도자들과는 달랐어. 그에게는 미국 지도부도 끌어당기는 매력이 있었어. 우의, 협조, 핵무기를 비롯한 군비 축소, 그리고 평화…. 이런 것을 제안해도 가능할 것 같은 느낌을 발산하고 있던 거야.

미국에 돌아온 대표단은 부시와 슐츠가 중심이 되어 레이건 대

---

2   그중에는 부시 부통령(미국 41대 대통령인 조지 H. W. 부시, 이 당시엔 부통령이었다)과 슐츠 국무 장관도 포함되어 있었다.

통령에게 새로운 소련 지도자에 대해 브리핑했어. 미국 대표단의 의견에 의하면 고르바초프는 54세의 젊은 나이에, 에너제틱하고 매우 똑똑한 데다 따뜻한 유머 감각까지 있다는 거야. 활달하고 명석한 데다 빠른 결정도 할 수 있다고도 하고 말이야. '도대체 악의 제국에 그런 인물이 있을 수 있다고? 그게 가능해?' 싶을 만큼 장점뿐인 거야. 도대체 단점이라고는 보이지 않았어. 입에 침이 마르도록 칭찬 일색인 이 인물에 대해 레이건과 그의 보좌관들은 '더불어 협상을 해 볼 만한 인물일지도 모르겠다'라는 생각을 하게 됐지. 그래서 쉽지는 않겠지만, 적어도 시도해 볼 요량으로 협상을 타진 (打診)해 보기로 했어.

레이건은 "Jaw, jaw is better than war, war(조조 이즈 베럴 댄 워워)"라며 농담했다고 해. "열심히 전쟁하는 것보다 열심히 말하는 게 낫다"는 뜻이야. Jaw는 '턱'이란 뜻인데 말할 때마다 턱을 움직일 거 아니야? 그러니 수없이 전쟁하는 것보다 수없이 대화하는 게 낫다는 의미가 되는 거지. 원래 이 말은 영국의 처칠 총리가 처음 썼던 말이라고 하는데, 레이건은 그 말을 인용하여 소련과 협상을 벌일 의사를 분명히 내비친 거야.

게다가 영부인 낸시 여사도 남편인 레이건 대통령에게 소련을 대할 때 태도를 부드럽게 하라고 수개월에 걸쳐 설득했다는구나. 그 결과 레이건은 고르바초프를 만나는 데 동의했어.

싸우다가 곳간이 다 비었네

고르바초프가 서기장에 취임할 당시 소련 경제는 이미 엉망진 창인 상태였어. 고르바초프는 일반인들에게 직접 다가가서 말을 걸고 그들의 말을 경청했어. 그것은 1922년 소비에트 연방 공화국인 소련이 생긴 이래 소비에트 지도자로서는 처음 있는 일이었지. 고르바초프는 당시 소련의 상황이 좋지 않고 경제적으로 거의 파산 상태라는 것을 알았어. 일반 인민들은 세제며 치약 같은 생필품조차 부족했지. 그런 마당에, 군비 경쟁을 한답시고 1천억 루블(러시아 통화 단위)을 쏟아붓는 건 말이 안 된다고 생각했지. 당시 미국의 레이건 대통령은 앞서 말했던 스타워즈 계획, 즉 '전략 방위 구상'을 강력히 추진 중이었어. 고르바초프는 미국과의 군비 경쟁에서 소련이 절대 이길 수 없다는 것을 알았어. 그는 소련의 경제 사정을 보고 무기 경쟁을 할 때가 아니라고 판단했지. 자그마치 국가 예산의 20~25%에 달하는 거금이 무기 경쟁에 쓰이고 있다니 말이 되는 소린가? 무기 경쟁에 퍼붓는 어마어마한 액수의 돈을 무기가 아닌 인민의 생활에 투자하면 얼마나 좋겠는가? 그런 생각을 한 거야. 미국의 레이건 정부도 크게 다르지 않았어. 소련보다야 상황이 나았지만, '강한 미국'을 외치며 방위비를 퍼붓다 보니, 국가 예산의 10%가 방위비로 소모되고 있었어. 1983년 한 해에만도 미국이 3천

억 달러라는 천문학적 비용을 방위비로 쓰고 있었지. 아무리 부자
나라라 하더라도 방위비에 드는 비용이 너무 많으니까 레이건도 방
위비를 절감해야겠다고 생각하던 중이었지. 레이건은 항상 열렬한
반공주의자였지만, 그도 이제 고르바초프처럼 미국과 소련 간에 관
계가 개선되길 원했어.

레이캬비크 - 워싱턴 - 모스크바를 거쳐

미국과 소련 외교관들의 긴 회담이 진행됐어. 1년이 넘는 준비
를 거쳐서 1986년 아이슬란드의 레이캬비크에서 마침내 레이건과
고르바초프의 만남이 성사되었어. 결코, 쉬운 만남은 아니었어.

고르바초프가 미국의 미사일 방어 체제를 문제 삼자 레이건 대
통령이 자리를 박차고 일어나기도 했고, 레이건 대통령이 미국에
유리하도록 소련에 많은 양보를 받으려 했을 땐, 고르바초프 서기
장이 물러서지 않았지. 서로가 각국의 대표로서 각국의 이해관계를
따져야 했으니 당연한 일이기도 했지.

서로의 핵무기를 제거하자는 제안이 거의 이루어질 뻔했으나
결국에는 무산됐어. 회담 자리에서는 레이건과 고르바초프가 서로
핵무기를 제거하기로 합의했지. 하지만, 둘의 뜻대로 시원스럽게

이뤄지진 않았어. 레이건은 자신이 고르바초프를 만나 대화하는 중에 핵무기를 제거하기로 약속했다고 말하며 그렇게 하고 싶다고 했으나, 레이건의 보좌관들이 핵무기 제거에 극구 반대했고, 레이건이 결국은 그들의 의견에 따를 수밖에 없었기 때문이었어.

그렇게 첫 정상 회담은 아무런 합의도 이루지 못한 채 실패로 돌아갔지만, 첫술에 배부를 순 없는 것 아니겠니? 어쨌든 둘의 만남이 시작된 것만으로도 상당한 진전이 있은 거니까 말이야. 곧 실무 차원에서의 만남이 주선되었고 그 만남은 잘 진행되었어. 미국도 냉전이 끝나기를 원하고 있었고, 소련도 미국과 군사 대결이 계속돼 봐야 좋을 것이 없다고 판단했어. 결국, 서로의 견해차는 좁혀졌고, 다음 해인 1987년 고르바초프가 워싱턴을 방문했어. 미국 국민들은 "고르비, 고르비"를 외치며 고르바초프를 따뜻하게 환대했지.

레이건과 고르바초프는 또 다른 세계대전이 발생하지 않기를 원했어. 원자력 무기들은 미국이 히로시마에 폭탄을 떨어뜨린 이후 점점 더 강력해지고 위험해졌거든. 고르바초프와 레이건은 '중거리 핵전력INF: Intermediate-range Nuclear Forces' 감축에 동의하는 서명을 했단다. 역사적인 핵 감축 협상이 이뤄진 것이지. 핵무기를 전면 제거하기가 불가능하다면 양측에서 핵무기를 줄여 보자는 데 동의한 거였어. 이것은 전환점이 되었지. 왜냐하면 초강대국이 다양한 핵무기들을 제거하기로 동의한 최초의 협약이었기 때문이었어. 이로써 크루즈, 퍼싱(2단계 지대지 탄도탄) 그리고 SS-20 미사일(구소련의 중거리 탄도미사일) 같은 무기들이 제거되었어.

이듬해인 1988년에는 레이건이 모스크바를 방문했고, 이 만남은 또 다른 외교적 성공을 이뤘지. 이런 일들을 거치면서 둘은 어느덧 오랜 친구처럼 화기애애하게 지내게 되었어. 둘은 서로 둘 사이에 뭔가 화학적인 물질이 오가는 것 같은 느낌을 받았다고 말했대. 진짜 진정한 브로맨스 맞았나 봐.

세상을 해방하고, 자신의 제국을 잃다

고르바초프는 1985년부터 1991년까지 5년 반 정도를 권좌에 머물렀을 뿐이지만 그의 통치 기간에 소련은 완전히 탈바꿈했어. 러시아 혁명(1917년) 이래 처음으로 국가가 경제와 사회를 통제하지 않았지. 서구 자본주의 회사들이 모스크바의 심장부에 지점을 여는 것이 허용될 정도였어. 모스크바에 맥도날드 매장(1990년 1월 31일 개점)이 들어서는 걸 이전에는 상상이나 할 수 있었겠니?

그렇다고 고르바초프의 의도나 정책이 소련인들의 환영을 받았던 건 아니었어. 한 예로 고르바초프는 1985년 '알코올 중독 퇴치

캠페인'이라는 절주(節酒) 운동을 펼쳤으나 시민들의 반감을 샀지. 술로 인해 흐트러지는 노동 현장의 분위기를 쇄신하고자 하는 의도로 보드카 가격을 급격히 올렸는데, 이에 시민들이 격분했지. 밀주가 성행하고 가짜 술을 먹다 죽는 사람까지 생겨나자 자국 내에서 고르바초프의 인기는 시들어 갔어.

참 안타까운 일이지. 하지만 극우 보수주의자들이 조금 더 시간을 주고 지켜 주었더라면, 보리스 옐친 같은 자가 민주 성향을 너무 조급히 닦달하지 않았더라면, 고르바초프가 그렸던 괜찮은 사회주의 국가가 유지될 수도 있었을 것 같아. 하지만 양극단의 세력이 그를 내버려두지 않고 흔들어 댔지. 극우 보수주의자들은 쿠데타를 일으켰고, 쿠데타를 막겠다며 보리스 옐친이 나섰지만, 이후 세간의 이목은 고르바초프를 떠나 보리스 옐친에게로 옮겨졌어. 고르바초프는 권력도 뺏겼지. 소련 연방의 여러 나라가 하나씩 독립해 떠났고, '소련'이 '소비에트 연방 공화국'의 준말인 만큼 더는 연방의 의미가 없어지자 고르바초프는 소련 연방 서기관 자리를 사임하게 되었어. 그리하여 그는 '다른 민족을 해방했지만, 정작 자신의 제국을 잃어버린 남자'라 불리게 되었어.

권좌에서 내려온 후 고르바초프는 혹은 생활고로 혹은 사회단체에 기부금을 조성하려고 다국적 기업의 광고에 모델로 참여하기도 했단다. 그중 하나가 피자헛 광고였어. 영상에서 고르바초프가 손녀와 함께 소련 내에 있는 피자헛 가게에 들어서자 그곳에서 피자를 먹던 소련인들이 고르바초프를 알아보고 그에 대해 숙덕거리며 찬반양론으로 의견이 분분하지. 그러자 한 남자가 자리에서 일어서면서 "그래도 고르바초프 덕에 피자를 먹는다"라고 말하고, 다 같이 그에 동의하며 웃고는 고르바초프에게 인사하는 장면이 있어. 또 다른 광고에서는 자가용 뒷좌석에 앉아서 창밖을 내다보며 여행하는 고르바초프의 옆자리에 루이비통 여행용 가방이 놓여 있기도 했어.

소련의 지도자 자리에서 물러난 다음에는 러시아의 은행 위기로 약 8만 달러의 손실을 보았대. 그는 돈을 벌기 위해 앞서 말한 대로 피자 레스토랑 체인의 텔레비전 광고에 출연하기도 했어.

러시아인들은 고르바초프가 계획이나 목표도 없이 소련을 변화시키려다 나라를 망쳤다며 고르바초프를 비난하곤 했어. 제2차 세계대전 때 2천만 명에 가까운 러시아인을 잃은 대가로 얻은 동유럽 국가들을 제 마음대로 되돌려주었다고 책망하기도 했지. 그래서 그는 서구에서와는 달리 러시아에서는 인기가 없었어. 1998년 고르바초프가 책을 출판하고 기자회견을 열었을 때, 회견장에 참석한 러시아인은 거의 없었어. 소련의 발전을 위해, 세계 평화를 위해 노력하고 애썼던 인물인데, 노후에 자국에서 푸대접받은 것을 생각하면 좀 안됐지.

한편, 고르바초프가 도입한 변화들은 소련을 어떻게 변화시켰으며, 냉전에 어떤 효과를 끼쳤는지 살펴볼까?

끝을 향한 시작?

1917년 러시아 혁명이 일어나던 때 러시아는 오지의 농장에서 글자도 모르고 살아가던 농부들로 주로 구성되었지만, 1980년대 소련은 더 이상 그렇지 않았어. 이제 인구의 60% 이상이 도시에 살았고, 70% 이상이 학교 교육을 받았어. 바깥세상에 대한 뉴스가 8,700만 대의 텔레비전 세트와 8,300만 대의 라디오를 통해 소련 국민에게 닿았어. 비록 종종 검열된 상태이긴 했지만 말이야. 1986년에 모스크바에서 미하일 고르바초프는 "소련 사회가 변화할 만큼 무르익었다"라고 선언했어. 그간 소련 국민과 그들의 생활 방식은 변화했지만, 공산당과 소련 정부는 변하지 않은 채였어. 흐루쇼프 때는 그나마 좀 괜찮았지만, 후임인 브레즈네프 시절엔 오히려 개혁과 자유를 향한 탄압이 증강되었지. 많은 국민이 변화를 갈망했어. 그러나 엄격한 공산당 통제 때문에 그것을 얻을 힘이 없다고 느꼈지. 국민은 입맛이 썼고 냉소적이었으며 때때로 우울했어. 그렇다 보니 알코올 중독, 마약 남용, 범죄 증가 등의 사회적 문제와 더불어 경제적 문제들도 심각했어.

고르바초프는 소련의 무역과 산업을 시급하게 개혁해야 한다고 깨달았지. 생산량은 떨어지고 제품의 질은 형편없는데 인플레는 심한 등 경제 전반이 침체되었고, 농업이나 제조업 할 것 없이 모두 정부의 보조금에 크게 의존하고 있는 것도 문제였어. 무엇보다 문제는 미국과 경쟁하느라 나랏돈의 거의 20~25%를 무기에 퍼붓고 있어서 의료와 교육 같은 다른 서비스 분야에 쓸 돈의 여력이 줄어든 거였어.

1986년 고르바초프는 공산당 모임에서 기조연설을 했어. 국내에서의 개혁을 위한 계획들뿐만 아니라 해외 정책에 관해서도 극적인 변화를 알리는 연설이었지. 소련은 2000년까지 세상의 핵무기 전체를 제거하도록 노력할 것이라는 내용이었어. 고르바초프는 미국에 무기 증가 계획인 '스타워즈 계획'을 멈추도록 요구하겠다고도 말했어. 미국과 소련의 많은 정부 관계자에게 이것은 꿈같은 소리로 들렸지. 하지만 하나씩 하나씩 현실에서 냉전의 차가움이 따뜻함으로 바뀌어 갔어.

1987년 12월에 고르바초프는 레이건과 만나 2,700여 기의 중거리 핵미사일을 폐기하는 데 합의했어. 18개월 이내에 고르바초프와 레이건은 INF(중거리 핵전력) 감축 조약에 사인했어. 소련과 미국의 중거리 핵탄두를 제거할 것과 '스타워즈' 무기들에 관한 일들을 멈출 것에 동의하는 조약이었단다. 양측이 무기를 정말 폐기할지 안 할지를 입증할 수 있을지, 상대국의 말을 정말 믿을 수 있을지에 대한 의문이 들긴 했지만, 어쨌든 1988년 6월 무렵 INF 조약은 공식적으로 비준되었어.

1987년 미국 《타임》지는 미하일 고르바초프를 '올해의 인물'로 선정했어. 그해에 미국 가수 빌리 조엘은 소련을 방문하여 레닌그라드(오늘날의 상트페테르부르크)와 모스크바에서 콘서트를 했단다. 이전엔 없던 일이었지. 여행에서 돌아온 그는 〈레닌그라드〉라는 노래를 썼어. 40년의 냉전을 끝으로 미국과 러시아 사이의 증오는 마침내 우정으로 변하기 시작했지. 이 글을 쓰다 보니 문득 마음이 아프구나. 40년 냉전을 끝으로 우정이 싹텄던 당시의 미국과 소련이 지금은 또다시 냉랭한 사이가 돼 버렸으니 말이야. 어쩌다 이렇게 됐을까?

오늘날 되돌아보면 격세지감을 느낄 정도로 당대엔 여러 면에서 화해의 무드가 가득했어. 1988년 소련은 아프가니스탄에서 군대를 철수하기 시작했어. 고르바초프는 유엔 총회에서 모든 강대국의 무력 사용 포기 원칙을 주창하며 50만 병력을 감축하겠노라고 선언했어. 또한, 브레즈네프 독트린(1968년)을 철폐하여 모든 사회주의 국가들은 자신의 문화와 실정에 맞는 사회주의를 건설해 나갈 수 있다고 선포했지. 혁명이나 개혁이라 부를 만한 이 모든 결정과 실행은, 레이건과 고르바초프 상호 간에 믿음과 의지가 있었기에 가능한 일이었지. 이것은 냉전의 끝을 위한 시작이었을까?

1989년 고르바초프가 독일을 국빈 방문했을 때도 "고르비, 고르비"를 외치는 고르바초프 열풍이 불었어. 1990년 《타임》지는 1980년대 10년간을 대표하는 인물로 고르바초프를 선정하기도 했지. 서구를 비롯한 전 세계적으로 고르바초프의 인기는 치솟았어.

1990년 7월 16일, 고르바초프는 독일 헬무트 콜 총리를 만나 독일 통일의 길을 열어 주었어. 이렇게 동구권에 자유와 평화를 선사한 공으로 1990년 10월 고르바초프는 노벨 평화상을 수상하게 되었어. 하지만 이것이 영예로움의 정점(頂點)이었나 봐. 이후 1991년 바르샤바조약기구가 해체되었고, 과거 소련을 이루던 나라들은 하나둘 떨어져 나가 독립국가를 이루었지. 그 독립국가들은 독립국가연합이라는 실로 엮인 듯하지만, 각국의 지도자들이 각국의 문화와 사정에 따라 자율적으로 운영되는 별개의 나라일 뿐이지. 러시아 대통령으로는 보리스 옐친이 자리를 잡았고. 더는 자신이 설 자리가 없음을 깨달은 고르바초프는 공산당 서기장 자리를 퇴임했어.

열광과 비판이 함께하다

고르바초프에 열광했던 서구와 달리, 정작 소련에서는 고르바초프에게 열광뿐 아니라 비판이 함께했다는 게 아이러니지.

우선 인권과 자유 면에서는 열광을 받았어. 스탈린 시대에 세워진 수용소에 보내졌던 이들을 공식적으로 복권하도록 선포한 이도 고르바초프였어. 그보다 먼저 흐루쇼프가 1956년 2월에 스탈린을 공개 비판하고 수용소에 갇혀 있는 이들의 귀환을 허락하긴 했지만, 그간 뿔뿔이 흩어져서 목숨줄을 이어 갔던 가족들이 다시 만나기는 쉽지 않았어. 숙청 과정에서 생존을 위해 가족을 버리고 망가져야 했던 경우가 드물지 않았으니까 말이야. 게다가 흐루쇼프가 권력에서 밀려난 이후 강경한 스탈린주의자였던 브레즈네프가 집권하면서 《이반 데니소비치의 하루》 같은 소설로 당대 현실을 고발한 솔제니친도 1974년 소련에서 추방당했을 정도니, 브레즈네프 집권 내내 생존자들은 침묵해야 했지. 그러던 것이 고르바초프가 집권하면서 비로소 희생자들의 공식 복권이 선포됐단다.[3] 그런 점을 보면 고르바초프는 많은 이들에게 자유를 주려고 애썼고 또 자유를 주었던 것이 사실이야. 이러한 면에 자국은 물론 서구에서도

---

3   앞의 책, 《1페이지 세계사 365》, p.155

고르바초프에게 열광했던 것이지.

소련에서 많은 사람이 그가 허용한 표현의 자유를 마음껏 누렸지만, 정작 그 자유의 대부분을 고르바초프를 비판하는 데 썼다는 말이 있었을 정도로 소련 국민들은 그를 갉아먹지 못해 안달이었단다. 당시 소련에는 여전히 먹을 것이 부족하고 경제적인 어려움이 산적(山積)해 있었어. 지도자가 바뀌었다고 하루아침에 금방 나아질 문제가 아니잖아. 그런데 국민은 그 경제적인 어려움과 괴로움을 고르바초프의 잘못에서 비롯된 것처럼 비난하고 있었단다. 차라리 이전 지도자 때가 더 먹고살 만했다고 하면서 말이지.

게다가 소련에 종속된 국민도 이제는 동유럽 국가에 허용된 독립국과 비슷한 수준의 독립을 요구했어. 고르바초프가 서구와 친하고 동구권에 자유를 주고자 했지만, 사실 고르바초프는 시종일관 공산주의 체제 내에서의 개혁을 원했지, 공산주의가 끝나기를 원하지는 않았어. 그에게 있어 가장 존경하는 인물은 레닌이었고, 역사상 가장 의미 있는 사건으로도 그는 한 치의 주저 없이 '10월 혁명(으로 인한 사회주의 국가 건국)'을 꼽았을 정도니까 말이야. 그런 그가 자신의 눈앞에서 공산주의가 붕괴되고 있고, 그 시작이 자신 탓이라고 자책하는 것은 괴로운 일이었을 것 같아. 하지만 그는 보리스 옐친과 같은 과격하게 개혁적인 인물에게 공격받아서 자신이 애초에 생각했던 대로의 개혁 속도를 조절하기가 어려웠지. 결국, 소련은 해체되었고, 그는 자리를 사임하고 내려올 수밖에 없었단다. 선한 의도로 시작했던 일들이 자신의 의지와는 다르게 굴러가다가 원래의 의도와는 다른 결과를 낳았던 것이지. 동구권에 자유를 선물하고 전 세계를 평화에 가깝게 만들었지만, 초라한 말년을 보내야 했던 고르바초프. 그는 진정한 의미의 '위대한 패배자'가 아니었을까 하는 생각이 들어.

1989년 11월, 베를린 장벽이 무너지던 날,
서베를린 주민들이 장벽 일부를 깨부수자 맞은편에 있던 동독 군인들이 보인다.
ⓒ연합뉴스

The Fall of the
Berlin Wall

15

베를린 장벽이
무너지다

낙서로 가득한 시멘트벽 한쪽이 무너져 내리고 그 틈으로 맞은편의 군복 입은 젊은이 몇이 보이는 이 한 장의 사진. 이 사진에는 어떤 이야기가 담겨 있을까? 이 사진은 아주 역사적인 날의 한 장면을 찍은 거란다. 1989년 베를린 장벽이 무너지던 날의 모습이지. 벽 이쪽의 군중은 서독 시민들이고, 벽 저쪽의 병사들은 동독인들이었어.

1989년과 1990년 사이의 겨울은 흥미진진한 기운으로 가득했지. 1989년 11월에 베를린 장벽의 검문소가 개방되었고, 마침내 베를린 장벽도 부서지고 무너뜨려졌거든. 베를린 장벽은 서베를린(서독)과 동베를린(동독)을 가르는 높은 장벽으로 냉전 시대의 대표적인 상징 같은 구조물이었는데, 그게 무너진 거지.

제2차 세계대전 이후 승전국들의 강압으로 분리되었던 동독과 서독 시민들은 거리에서 서로를 껴안고 기쁨을 나눴어. 집에서 곡괭이며 망치, 몽둥이 등을 들고 나와서 장벽을 두들겨 패는 사람, 환희에 차서 고함지르고 춤추고 노래하는 사람들로 북적댔지. 사진을 좀 보렴. 수많은 서베를린 사람이 앞쪽에 모여 있지. 열심히 장벽을 두드렸는지 장벽 일부가 무너져 내리면서 그 너머에 있던 동베를린 병사들의 모습이 드러났구나. 바로 곁에 살면서도 서로 만나거나 왕래할 수 없었던 같은 독일인들을 그렇게 볼 수 있다니 얼마나 신나고 가슴 벅찬 일이었겠니! 사진에 보이는 동독의 병사들은 아직도 좀 얼떨떨해 보이는구나. 현실로 다가온 장벽 붕괴가 영 믿기지 않는 표정 같기도 하고 말이야.

1989년 말, 동유럽 전역에서 일어난 '민주주의 운동'은 얼마 전까지만 해도 상상하기 힘든 일이었어. 곳곳에서 사람들이 개혁을 요구하며 거리로 나섰고, 공산주의 정부는 하나둘씩 무너졌지. 루마니아에서 잔인하기로 유명했던 오랜 독재자 니콜라에 차우셰스

쿠와 그 아내처럼 사임을 거부하며 끝까지 뻗대다가 결국 부부가 같이 처형당하는 경우도 있었지. 하지만 체코슬로바키아에서처럼 친소련파 지도자가 권좌에서 내려오고 반체제 작가이자 인권운동가인 바츨라프 하벨이 대통령으로 선출되는 일도 있었어. 무력이 사용되거나 피 흘리는 일 없이 자연스럽게 이루어진 혁명이라 '벨벳 혁명(1989.11.17~12.29)'이라 이름이 붙을 정도였어.[1] 그렇지만 무엇보다 크게 도드라져 보인 세계사적 이벤트가 있었으니, 바로 이 베를린 장벽이 무너진 것이지. 독일 통일의 과정은 대부분 평화롭게 이루어졌어.

동구권에서 공산주의 정권이 몰락하게 된 데는 소련에서 일어난 변화가 한몫했어. 고르바초프가 소련은 동유럽 공산주의 정권을 지원하기 위해 군사적 개입을 하지 않을 것이라고 분명히 밝혔거든. 맞아, 바로 앞 장에서 본 고르바초프 소련 서기장 말이야. 그뿐만 아니라 고르바초프는 이들 동유럽 공산국 지도자들이 각자 서로 살길을 찾고 개혁을 실행해 나가야 한다고 촉구했어. 이 같은 메시지를 가지고 고르바초프가 동독을 방문하고 나서 불과 며칠 후 베를린 장벽이 무너졌고, 고르바초프의 메시지를 거부한 동독 지도자 에리히 호네커는 2주도 안 되어 물러나게 되었지.

1 　 앞의 책, 《옷장 속의 세계사》, ('벨벳' 편 참조)

1990년 초, 동유럽 국가들에서 자유선거가 치러졌어. 심지어 소련에서도. 거의 모든 곳에서 구공산주의자 정권은 전복되었지. 소련의 서기장이었던 고르바초프는 동유럽 국가들이 그들 스스로 미래를 결정하도록 기꺼이 내버려두었어. 이에 예전부터 소련의 영향권으로부터 독립을 원했던 동유럽 국가들이 하나둘 자립의 길로 나아갔고, 베를린 장벽이 무너짐으로써 동서로 나뉘었던 분단국 독일도 마침내 통일을 이루게 되었어.

그나저나 베를린 장벽은 언제 세워졌으며 왜 세워지게 된 걸까? 시간을 거슬러 그 이야기를 하자면 베를린 장벽이 세워지기 전의 분위기를 알아보는 게 좋을 것 같아.

베를린을 막아 버려!

눈에 띄게 거대한 장벽이 서기 전부터도 베를린은 항상 아슬아슬한 지역이었단다. 장벽이 세워지기 10여 년 전에도 아슬아슬한 사건이 있었거든. 그건 바로 베를린 봉쇄였어. 봉쇄(封鎖)란 '굳게 막아 버리거나 잠금'이란 뜻이야. 베를린을 막고 잠근다는 거였지. 당시에는 베를린 장벽이 세워지기 전이었는데, 어떻게 막고 잠갔을까?

제2차 세계대전 이후 패전국 독일은 완전히 엉망이 됐지. 독일의 수도 베를린도 심하게 파괴되었어. 폭격으로 부서진 빌딩과 시체들 사이로 넋이 나간 채 방황하는 사람들이 배회하는 죽은 도시가 되었지. 1945년 포츠담 회담에서 승전국인 연합국의 대표 국가들 즉, 미국, 영국, 소련이 독일과 베를린의 미래를 두고 의견을 나눴단다. 이에 미국, 영국, 프랑스가 서독을 맡고, 소련이 동독을 맡기로 했어. 조금 애매한 건 베를린이었는데, 베를린이 동독 영역 안에 있어서였지. 하지만 수도로서 굉장히 중요했기 때문에 베를린 역시 네 구역으로 나누어 맡기로 했어.

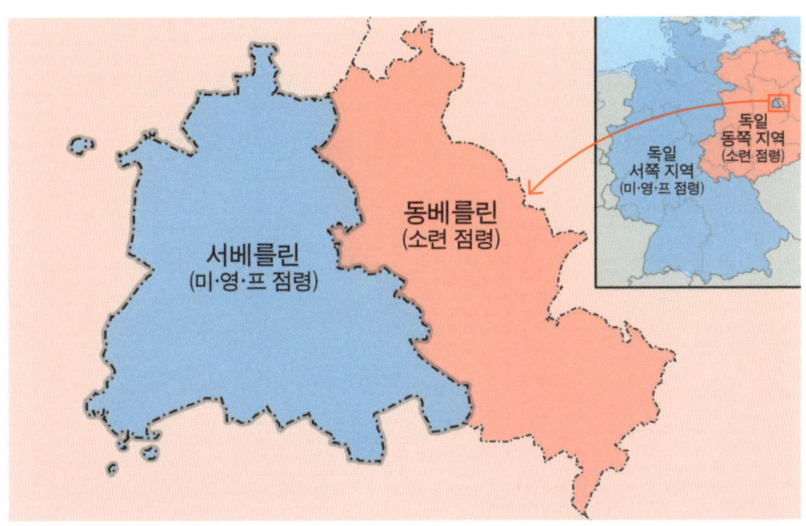

독일 동쪽 지역 안에 있는 베를린. 하늘색으로 칠해진 지역이 서베를린, 진한 핑크색으로 칠해진 지역이 동베를린이다. 미국·영국·프랑스 세 연합국이 하늘색 지역을 맡기로 했다. ⓒLencer

여기서 잠깐 주의할 것이 있어. 앞에서는 이해를 돕기 위해 동독이나 서독이란 표현을 사용했지만, 아직은 그 말을 쓰면 곤란해. 그 말이 나온 것은 1949년 5월 이후거든.[2] 그러니까 그 이전에는 동독이나 서독이 아닌 '독일의 서쪽 점령 지역', '독일의 동쪽 점령 지역'이라는 식으로 쓰는 게 맞단다.

1948년 마셜 플랜[3]을 따르게 된 서베를린 지역에서 미국, 영국, 프랑스 세 나라 연합국이 생각했지. 미·영·프로 쪼개져서 운영되어서는 독일 경제가 부흥하기 어려울 것 같으니 하나의 통화로 합치면 어떨까 하고 말이야. 그 결과 독일의 서쪽 점령 지역을 통합하여 신독일 마르크화를 발행했어. 소련 지역만 빼고 마셜 플랜을 따르고 같은 화폐를 쓰기로 했으니, 소련으로선 홀로 소외되는 기분에 불쾌했겠지. 아니나 다를까 소련은 그에 반발하여 1948년 6월, 서쪽 점령 지역의 신독일 마르크화가 동베를린에 유입되는 것을 막기 위해 베를린으로 통하는 모든 교통로를 차단했어. 서베를린으로 통하는 도로와 철도, 수로까지 모두 막아 버린 거야. 미·영·프 연합국이 맡은 베를린의 서쪽 지구에 대한 전기와 석탄, 식량의 공급을 중

---

2   1949년 5월, 소련군이 베를린 봉쇄를 해제한 후 같은 달 5월 23일에 독일연방공화국(구서독)이 성립하고 4개월 후에 독일민주공화국(구동독)이 성립했다.

3   제2차 세계대전 이후 전쟁으로 폐허가 된 유럽 각국의 재건과 부흥을 돕기 위한 프로그램. 당시 미국 국무 장관 마셜의 제안으로 시작되었다.

단시킨 것이었지. 이것이 '베를린 봉쇄'야.

베를린 봉쇄로 인해 인구 약 200만 명이 넘는 서베를린은 졸지에 서쪽 점령 지구 경계선에서 약 100마일이나 떨어진 '육지의 고도(孤島)'가 되었어. 이에 서베를린 주민들은 서베를린 지역 내에서 모든 걸 자급자족해야만 하는 운명에 처했어. 구할 수 있는 모든 나무를 땔감으로 사용하고, 농작물을 심을 수 있는 땅이라면 손바닥만 한 땅에라도 어디든 모두 감자며 양배추를 심었어. 베를린 봉쇄를 경험했던 서베를린 주민들은 1948년 겨울이 특히 어려웠다고 회고했는데, 당시 서베를린의 숲에 있던 나무들 대부분이 땔감용으로 베여 나갔다고 하는구나.[4]

굶주림 전략에 맞선 베를린 공수(空輸)

한 대의 비행기가 낮게 떠 있는 아래로 많은 사람이 모여 있는 한 장의 사진. 비행기가 근접해 있으니 위험천만해 보이는데도 사람들은 피할 생각도 않고 다들 비행기만 바라보고 있지. 다음 페이지의 이 사진은 언제 어떤 사건과 맞닿아 있는 걸까?

---

4   이은정 지음, 《베를린, 베를린》, 창비, 2019, pp.29-30

베를린 공수 작전 시절, 생필품을 비롯한 물자를 실어 오는 비행기를 기다리는 서베를린 주민들.
미국 연방 정부, 1948.

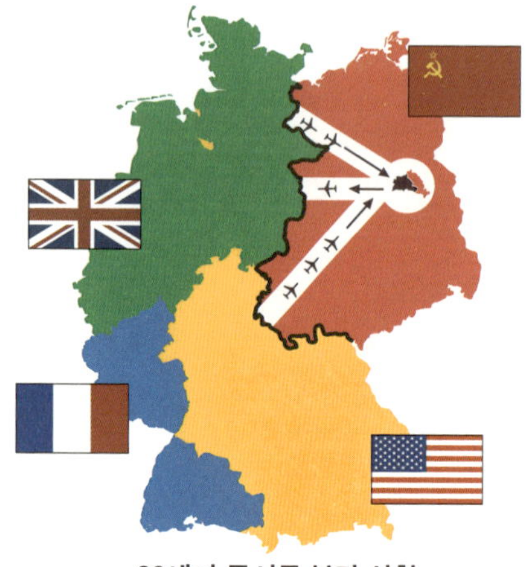

독일 서부 지역에서 세 개의 하늘길을 통해 비행기로 서베를린에 물자를 공급했다.

짐작하는 친구들 있겠지? 맞아, 이 사진은 베를린 공수 작전 시절의 한 장면을 담고 있단다.

독일에서 베를린 봉쇄로 긴장이 높아짐에 따라 베를린은 냉전의 초점이 되었어. 1945년부터 이 도시는 독특한 위치에 있었어. 이건 지도를 봐야 이해가 쉽고 빠를 테니 지도를 보면서 들어 보렴. 베를린 안에는 미·영·프 연합국이 통치하는 지역들이 있는데, 이는 소련 점령 구역 안에 고립되어 있었어. 소련이 점령한 독일의 동쪽 지역 안에 베를린이 있고, 그 베를린이 또 동서로 나누어졌기 때문이지. 즉 서베를린은 서독으로부터 100마일 넘게 떨어진 곳에 외따로 있는 꼴이었어. 그래도 주요 도로와 철길은 연합국이 점령한 독일의 서쪽 지역에서 베를린의 서구권 구역으로 이어져 있어서 서베를린과의 접속을 유지할 수 있었어.

그런데 1948년 여름, 소련은 서구 연합국이 독일 서쪽 점령 지역에서 베를린으로 향하는 도로와 기차 교통을 방해하기 시작했어. 6월 23일 소련은 천명했지. "소련 정권은 내일 오전 6시부터 베를린으로 가고 오는 통행을 중지할 것을 강행한다"라고 말이야. 그러고는 그 이유로 기술적인 어려움을 들었어. 물론 그건 핑계였지. 여태까지 잘 달리던 차도와 철길에 갑자기 무슨 기술적인 어려움이 한꺼번에 생겼겠어? 그럼 소련은 왜 이런 무리수를 두었냐고? 그건 날이 갈수록 동·서로 나뉜 베를린 때문에 신경이 쓰였거든. 독일의 서구권 점령 지역들만 동일 화폐를 쓰는 것도 화가 나는 데다, 마셜 플랜의 원조로 나날이 번영하는 서베를린과 그와 대조적으로 가난한 동베를린의 차이가 인식되면서 신경이 쓰였기 때문이었어.

갑자기 베를린과 독일 서부 지역 사이의 모든 도로, 철길 그리고 운하까지도 운행이 중단되었지. 이제 소련은 서구 연합국으로부터 서베를린을 완전히 떼어 냈어. 서베를린 시민들은 겨우 35일 분량의 음식만 남아 있는 상태로 추정되었어. 35일 후면 어떻게 될 것인가? 소련은 기대했지. 서구가 서베를린 시민이 굶주리는 것을 막을 유일한 방법은 그곳을 소련의 일부가 되도록 내주는 방법밖에 없을 거라고 말이지. 서구권은 동유럽에서의 유일한 기반을 잃을 것이고, 이 지역에서의 분단은 끝날 것이라고 말이야. 독일의 서부 지역과 서베를린을 나누어 담당했던 서구 연합국인 미국, 영국, 프랑스는 난리가 났지. 서부 독일과 서베를린을 잇는 모든 육로가 막혀 버렸으니 어떻게 한담? 서구 연합국은 세 가지 선택지를 놓고 고민했지. 첫째는 소련의 뜻대로 서베를린을 내주고 소련과의 전쟁을 피하는 것. 둘째는 힘으로 그 봉쇄를 부숴 버리는 것인데 이건 필연적으로 발생할 전쟁을 염두에 둬야 했어. 그리고 셋째는 생필품들을 비행기로 가져다가 서베를린에 떨어뜨리는 것이었어.

서구 연합국은 무슨 일이 있어도 서베를린을 계속 유지하기로 의지를 다졌지. 생각해 봐. 지금 당장 소련과 싸우거나 전쟁하는 것이 두렵다고 순순히 서베를린을 내주게 되면, 그다음엔 소련이 독일의 서쪽 점령 지역까지 달라고 할 거 아냐? 앞서 히틀러에게 당했던 뮌헨 조약 같은 일이 생길지도 몰라. 똑같은 전철을 밟을 순 없지. 그래서 서구 연합국 세 나라 미국, 영국, 프랑스는 서베를린을 어떻게 해서든 고수하기로 결심했어. 각국이 비행기와 보급품 부담을 적절한 비율로 분배했지. 트루먼 미국 대통령은 서베를린 주민들에게 생필품을 공수해 주는 동시에 원자폭탄을 장착한 B-29기를 영국 공군 기지로 배치할 것을 명령했어. 미국과 소련 간의 세력 경쟁에 원자폭탄까지 동원될 정도로 상황은 아슬아슬하게 전개되었지. 하지만 만일의 사태를 대비해서 원자폭탄을 카드로 꺼내 들었을 뿐, 사실 양측 모두 전쟁은 피하고 싶었어. 전쟁은 수많은 인명과 물자의 상실을 의미하니까. 이미 제1, 2차 세계대전을 겪으면서 전쟁이라면 신물이 나도록 겪어 봤으니까. 그래서 그들은 가장 바람직하고 안전한 방법을 택했어. 서베를린으로 물자를 배달하는 거였지.

길을 막으면 비행기로 가겠어

육지로도 강으로도 갈 수 없게 막아 놨으니 어떡하냐고? 하늘길을 이용해야지. 서베를린과 서구 연합국이 점령한 독일 서쪽 지역 사이에 있던 육로며 수로는 다 막혔지만, 하늘길은 뚫려 있었거든. 1945년과 1946년에 체결된 항공 협정을 통해 보장된 항로가 있었지. 그 유일한 연결 통로를 통해 비행기로 서베를린 시민들에게 필요한 물자들을 실어 나르게 되었어. 그게 바로 '베를린 공수 작전'이었어. 공수(空輸)라는 말 자체가 '공중으로 운반한다'는 뜻이야.

처음부터 쉽진 않았단다. "그래, 결정했어. 서베를린 주민의 생필품을 비행기로 나르겠어!" 하고 보니, 공항이 부족하네? 수송기가 뜨고 내리려면 긴 활주로도 있어야 하고, 비행기가 이륙하고 착

륙하는 시간 간격 같은 것을 조정하고 신호를 줄 관제탑도 있어야
하잖아? 한마디로 공항이 있어야 한다는 얘긴데, 미국령과 영국령
에 있는 두 개의 공항만으로는 거대한 수송기가 안전하게 이륙하고
착륙하는 게 어려워 보였거든. 최소 200만 명이 넘는 서베를린 시
민들을 모두 먹이고 입히려면 많은 물자를 한가득 실은 수송기들이
계속해서 이륙하고 착륙해야 할 테니까 말이야. 그리하여 프랑스의
점령 지역인 테겔에 새로운 공항을 만들기로 했지. 1948년 8월 5일
착공해서 11월 5일에 테겔 공항을 완공했으니, 베를린 봉쇄라는 난
관을 타파하기 위해 3개월 만에 공항 하나를 뚝딱 만들어 낸 거야.[5]
대단하지 정말!

1948년 6월부터 시작되었던 베를린 봉쇄로 난리가 난 서베를린
을 구하기 위해 1948년 6월 하순에[6] '베를린 공수 작전'이 시작되
었어. 서베를린으로 날아간 첫 비행기에는 우유며 밀가루며 의약품
등 80톤의 물자를 실었단다. 이후 매일 수십 대의 수송기가 독일 서
부의 비행장들과 서베를린의 공항을 오가며 공수 작전이 계속되었
어. 석탄과 석유부터 버터와 설탕까지 서베를린 주민들이 일상생활
을 하는 데 필요한 모든 생필품과 물자를 싣고서 말이지. 기록에 의

---

5   앞의 책, 《베를린, 베를린》, pp.27-29

6   무슨 까닭인지 24일, 26일, 28일로 책마다 자료마다 날짜가 제각각이다.

하면 비행 횟수는 총 19만 6천 회, 비행이 가장 많은 날은 1,400기의 수송용 비행기가 쓰였다고 해. 90초마다 수송기가 날고 하루에 1만 3천 톤이나 되는 물자가 서베를린으로 운반되었다니, 그 규모가 대단하지 않아?[7] 이렇게 배달을 하다 보니 1949년 봄쯤 되자 보급품으로 굶주림을 막는 것이 충분히 가능할 정도로 물품이 제공되었지.

서구 연합국이 근 1년에 걸쳐 베를린 공수 작전을 행한 끝에, 1949년 5월 12일에 소련의 스탈린은 마침내 베를린 봉쇄를 해제했어. 공수 작전은 성공리에 끝났지.

이런 사정을 알고 나서 다시 앞에 나왔던 사진을 들여다보자꾸나. 사진 속의 비행기는 단순한 교통수단으로서의 비행기가 아니었지. 서베를린의 약 200만 명이 넘는 사람들의 목숨줄을 쥐고 있던 소중한 생명줄이었어. 저 수송기로 나르는 빵과 버터를 먹고 굶주림을 버텨 냈으며, 옷을 입고, 석탄으로 추운 겨울 몸을 녹였으니까. 그즈음 서베를린 주민들은 수송기가 보이면 저렇게 수송기를 올려다보고 손을 흔들고 환호했어. 베를린 공수 작전 중에 커다란 부피와 무게를 가진 물품들은 한곳에 얌전히 부려 놓았지만, 가끔은 환호하는 시민들을 위해 기분 전환 겸 가벼운 짐들을 공중에서 투하하기도 했대. 사진 속에 어린 소년 소녀들이 대부분인 것으

---

7 앞의 책, 《하룻밤에 읽는 근현대 세계사》, p.312

로 보아, 비행기에서 사탕이나 초콜릿 같은 것들이 와르르 쏟아져 내리기를 기다리는 듯 보이기도 해. 당시 베를린 봉쇄라는 긴장된 상황을 견디고 있는 베를린 시민들 특히 어린이들을 위로하고 기쁘게 하기 위해 사탕이나 초콜릿 같은 것을 공중에서 뿌리는 이벤트를 하기도 했다는 거야. 특히 미군 조종사로 일했던 게일 할버슨 중위와 그의 동료들은 베를린 교외에 25만 개 이상의 초콜릿 바를 투하했대. 그래서 할버슨에게는 '초콜릿 항공병'이라는 별명이 붙었다는구나.[8] 암울한 시대에 서베를린 아이들에게 그는 산타클로스나 영웅에 버금가는 인물이었을 것 같아.

앞에서 언급했듯 1949년 5월 12일, 소련의 스탈린이 봉쇄를 해제해서 베를린 공수 작전은 무사히 끝났어. 결국, 베를린 공수는 소련의 굴욕으로 끝났지. 소련에 대한 미국 견제책의 승리였어. 소련이 그들의 제국을 더 늘리는 일은 호락호락 허용되지 않을 거라는 걸 보여 준 셈이었어. 베를린 봉쇄는 사실 전쟁으로 이어질 수도 있었던 아슬아슬한 사건이었어. 까딱하면 전쟁으로 치달을 뻔한 그때, 전쟁이 일어나지 않았던 이유는 무엇이었을까? 그것은 아마도 소련이 미국의 군사력을 두려워했기 때문이었을 거야. 미국에는 원

---

8   알렉산더 스완스턴·맬컴 스완스턴 지음, 홍성표·오충원·나상형 옮김, 《아틀라스 세계 항공전사》, 플래닛 미디어, 2020, p.195

자폭탄도 있었잖아. 히로시마 원폭 사건을 기억하는 사람이라면 원자폭탄의 위력을 모를 리 없지. 미국은 B-29라는 무거운 폭격기로 원자폭탄을 영국 공군 기지로 이동시킨 후에 소련 안의 목표물들을 칠 힘이 있었거든. 또한, 미국의 공수 작전이 직접적인 군사적 대립을 피하는 데 도움을 주었어. 결국, 양측 모두 전면전은 서로에게 파국적인 재난을 가져올 가능성이 있다는 것을 깨닫고 전쟁으로까지는 치닫지 않도록 조심했던 거야.

나토(NATO) 결성과 바르샤바조약기구의 반격

1년간의 고생 끝에 마침내 평화가 왔지. 말이 1년이지 기한이 정해진 것도 아니고 언제 끝날지 모를 일이었잖아. 미국, 영국, 프랑스가 물자와 인력을 들여 수송기에 계속 물건을 싣고, 비행하고, 도착해서 짐을 부려 놓고, 돌아와서 또다시 물건을 싣는 그 일을 1년 내내 했을 걸 상상해 봐. 얼마나 고된 일이었겠니? 비행사와 관제탑 요원들도 힘들었겠다 싶어. 하여튼 베를린 공수 작전의 성공으로 서구 연합국은 크게 기뻐했지. 머리를 쓰다듬으며 특급 칭찬을 퍼부어 주고 싶구나. 인내심을 발휘하여 전쟁을 일으키지 않으면서도 승리를 끌어냈으니 말이야.

그런데, 서구 연합국은 베를린 공수를 행하는 동안 뼈저리게 느낀 게 있었어. 그것은 그들이 얼마나 위험한 상황에 처해 있는가 하는 것이었지. 그래도 한 나라가 아니라 미국, 영국, 프랑스라는 세 나라가 함께 힘을 합쳐서 난관을 헤쳐 갔고, 그래서 든든했다는 생각이 들었지. 소련에 대항하여 홀로 맞서는 것보다 서구 연합국끼리 함께 힘을 모아 맞서는 것이 중요하다는 것을 깨달았어. 그래서 1949년 5월에 그들은 조약기구를 하나 만들었어. 그것이 나토NATO: North Atlantic Treaty Organization라고 하는 '북대서양조약기구'였어. 영국과 프랑스와 다른 서유럽 국가들, 캐나다, 그리고 가장 중요하게 미국이 사인했지. 소련이 세상의 평화에 주요한 위협이 되고 있다는 것을 확신한 미국은 이제 서유럽의 안전을 보장하기 위해서 거대한 군사적·정치적 약속을 했어.[9]

1949년 5월, 소련군에 의해 베를린 봉쇄는 해제되었어. 같은 달 5월 23일에 독일연방공화국(구서독)이 성립했고, 4개월 후에 독일민주공화국(구동독)이 성립했어. 두 나라 모두 장래에 하나의 나라로 다시 통일할 가능성을 명확하게 남겨 두긴 했지만, 당분간은 확실하게 쪼개진 거였어. 1954년 파리 협정에 근거하여 서독이 나토에 가맹하고 나토군의 지휘에 들어가는 군대를 창설하자, 이에 질

---

9   우크라이나의 나토(NATO) 가입을 소련이 결사반대하는 이유를 알 만하다.

세라 소련을 위시한 동유럽 국가들은 나토에 대한 방어와 동유럽 안보 확보를 명분으로 1955년에 바르샤바조약기구WTO를 결성했어. 그리고, 동독이 그 일원이 되면서 독일의 분열은 완전히 결정난 상황이 되었지.

베를린 장벽은 왜 세워졌나?

1961년 8월 13일, 소련의 촉구로 동독은 베를린 장벽을 설치하기 시작했어. 원래 서베를린을 둘러싸고 자그마치 약 155km에 달하는 긴 경계는 있었어. 그것은 동독 주민들이 서베를린으로 건너가는 것을 막기 위한 것이었어. 하지만 그것은 느슨한 형태여서 오가기에 큰 어려움은 없었어. 그렇다 보니 동베를린 주민들 중 서베를린으로 건너가는 사람들이 많았단다. 특히 젊은이들과 지식인들이 대량으로 서베를린을 거쳐 서독으로 망명을 가니, 동독의 경제 건설에 큰 타격을 주었지. 이에 동독 정부가 베를린의 동서 경계선을 가로질러 약 45km의 거대한 콘크리트 장벽(베를린 장벽)을 쌓은 거야. 동독은 이 베를린 장벽에 300개 이상의 감시탑을 세우고 경비에 임했어.[10] 경비원을 세

---

10   앞의 책, 《하룻밤에 읽는 근현대 세계사》, p.313

베를린 장벽을 건설하고 있는 동독의 건설 노동자들.
미국 국립문서기록관리청, 1961.

우고 폭탄이며 고품질의 총 등으로 엄격하게 장벽을 관리했어.

베를린 장벽은 하루아침에 세워진 것이 아니었어. 이미 1952년에 동서독 접경에 철조망을 설치하고 통행금지 구역을 지정했어. 동독 당국으로서는 자국에서 훈련받은 고급 노동 인력이 서독으로 빠져나가는 것을 막기 위한 자구책이었지. 서베를린과 주변의 브란덴부르크 지역 간의 출입도 차단하고, 베를린 내부의 검문소를 통한 통과만 허용했어. 그런데도 동독을 떠나는 사람들의 수는 줄어들지 않았어.

　1958년, 소련 서기장 흐루쇼프는 서국 연합 3국의 베를린 퇴거와 함께 서베를린의 비무장과 자유 도시화를 요청했지만, 서구 연합국은 이것을 단호히 거부했어. 그 무렵부터 동독의 사회주의화를 꺼리는 민중이 서베를린을 거쳐 서독으로 망명하는 움직임이 강화되어 1961년 8월에는 하루에 1,500명을 헤아릴 정도였어. 도저히 안 되겠다 싶었던 흐루쇼프의 소련은 뭔가 행동으로 보여 주었어.

　1960년에 들어 소련은 서독 지역과 서베를린을 연결하는 도로, 철도, 항공 등 제반 교통 조건을 까다롭게 만들었어. 이 시기 서독은 미국의 경제 원조인 마셜 플랜 덕분에 경제가 급속하게 발전하면서 노동시장 및 생활수준이 향상되었어. 반면 동독에서는 독일 사회주의통일당의 일당 독재 체제가 강화되었어. 겉으로 드러나는 동서독 간의 경제적 격차와 억압적인 통치로 인해 지식인뿐만 아니라 의사, 기술자 같은 동독의 고급 전문 인력들이 서베를린을 통해 서독으로 넘어갔어. 1949년 이후 1960년까지 동독에서 서독으로 탈출한 주민의 수가 약 250만 명에 달했고, 이들 중에 25세 미만의 젊은이가 거의 절반을 차지했어.[11] 젊은이들이 빠져나간다는 것은 특히 좋지 않은 징조였지. 젊은이가 없으면 동독의 미래는 누가 지키지? 안 그래?

11　앞의 책, 《베를린, 베를린》, p.47

1960년 5월 1일 미국의 정찰기 U-2기가 소련 상공에서 추락한 'U-2기 사건'이 일어나서[12] 소련으로서는 미국을 비롯한 서방 세력이 고와 보이지 않는 마당에, 1961년 6월 한 달 동안에만 약 3만 명, 8월 초에는 하루 평균 1,500명의 주민이 동독을 떠날 정도였으니 속이 상할 만도 했어. 동독과 소련의 측면에서 보면 서베를린이 눈엣가시일 수밖에 없었지. '동베를린 시민의 이탈을 막기 위해서 어떻게 해야 할까? 온통 동독 땅에 둘러싸인 서베를린을 동독으로 통합시키면 제일 좋겠지! 그럼, 깔끔하고 간단하지!' 하지만 그건 소련과 동독 지도부의 생각이고, 서베를린 시민들과 서구 연합국들로서는 '어림 반 푼어치도 없는 생각'이었지. 1961년 흐루쇼프는 그래도 일단 존 F. 케네디 미국 대통령에게 그 제안을 해 봤어. 하지만, 당연하게도 그 제안은 거부당했지.[13] 그러자 얼마 후인 1961년 8월 13일 새벽, 소련은 동독 정부를 부추겨서 서베를린과의 경계에 철조망을 설치하기 시작했어. 이후 철조망은 콘크리트 장벽으로 대체되었어. 그렇게 베를린 장벽이 세워진 거야. 베를린 장벽은 냉전이 새로운 정점으로 치닫기 시작함을 알리는 상징이 됐어.

---

12   이영숙 지음, 《식탁 위의 세계사》, 창비, 2012 ('옥수수' 편 참조)

13   존 F. 케네디는 당시 자신이 대통령으로 선출된 지 얼마 안 되는 정치계 신인인 데다 나이가 어리다고 너무 우습게 여겨진 것에 대해 굉장히 불쾌하게 여겼다. 이때의 기억이 훗날 '쿠바 미사일 사건' 때 케네디가 소련에 대해 강하게 대응하는 데 한몫하게 했다.

냉전 중에 미국과 소련 두 나라는 종종 '벼랑 끝 전술Brinkmanship'을 시행했어. 벼랑 끝 전술 또는 위기 정책이라 번역되는 이것은 1956년에 처음 나온 용어로서, 원하는 것을 얻기 위해 상대에게 겁을 주려고 '벼랑 끝으로 내모는 것같이' 막다른 상황으로 몰고 가는 수법이었어. 갈등이 생길 때, 마치 핵전쟁도 불사하겠다는 듯이 재난 끝까지 밀어붙이는 초강수를 두는 식이었어. 상대를 뒤로 물러나게 하거나 동조하도록 만들려고 말이야. 그런데 한 나라만이면 몰라도 미국과 소련이라는 두 강대국이 모두 그 전술을 사용하려 들면 세계는 조마조마한 심정으로 노심초사하게 되겠지. 베를린 장벽은 미국과 소련, 민주주의와 사회주의로 양분된 세상을 상징하게 되었지. 냉전의 상징이자 '벼랑 끝 전술'의 본보기였던 베를린 장벽이 동구권의 해빙 분위기를 타고 1989년에 이르러 마침내 무너진 거야.

우주의 기운이 모여서

베를린 봉쇄부터 베를린 공수를 거쳐 베를린 장벽 설치까지 살펴보았는데, 여기까지만 보면 장벽이 무너지고 통일을 이룬다는 것이 꿈처럼 여겨지겠지? 하지만 그것이 현실에서 이루어졌어. 앞에서 고르바초프의 역할을 살짝 언급했지만, 베를린 장벽이 무너지고 동독과 서독이 하나의 독일로 재탄생된 것이 단지 고르바초프로 인한 '동구권의 해빙 분위기' 같은 정치적인 요소가 충족되었다고 바로 이뤄진 건 아니었어. 되돌아보면 정말이지 우주의 기운들이 통일을 위해 모여들었다 싶을 정도로 큰 노력과 우연과 실천이 합쳐져서 통일이라는 하나의 작품을 연주한 것이었지. 파울로 코엘료가 쓴《연금술사》라는 소설에 보면 무언가를 간절히 원할 때, 온 우주는 그 사람의 소망이 실현되도록 도와준다는 내용이 나오는데, 독일의 통일 과정을 보면 정말 독일인들의 간절한 소망을 실현하게 하기 위해 온 우주가 도왔나 싶을 정도로 아주 많은 일과 절묘한 순간들이 있었단다.

우선, 베를린 장벽이 세워진 위기 이후 국제 사회와 독일에서 긴장 완화를 모색하려는 움직임이 가시화되었어. 후일 독일연방공화국(서독)의 총리가 되는 빌리 브란트는 당시 서베를린 시장이었는데, 그는 이미 1962년 초부터 동독과 새로운 관계를 모색하기 위한 정책을 구상하고 있었어.[14]

1963년 서베를린에 도착한 케네디 대통령은 거리를 가득 메운 베를린 시민의 환호를 받으며 카퍼레이드를 했어. 정오경 베를린 시청 앞 광장에서는 45만 명의 군중이 운집한 가운데, 베를린 시민을

---

14   앞의 책,《베를린, 베를린》, p.53

응원하는 의미로 "저는 베를린 시민입니다"라고 말하여 박수갈채를 받았어. 또한, 베를린의 자유 대학교에서 명예박사 학위를 받는 자리에서 연설하는 중에 당시 서베를린 시장이던 빌리 브란트의 동방 정책을 칭찬하고 격려하며 힘을 실어 주었지.[15]

빌리 브란트 서베를린 시장은 훗날 서독 총리가 되었는데, 1970년 12월 서독 총리로는 처음으로 폴란드를 방문했어. 나치에 희생당한 유대인 피해자의 추모비 앞에 꿇어앉아 흐느낌으로써, 과거 나치 독일이 홀로코스트 때 폴란드의 유대인과 인류 앞에 저지른 만행을 사죄했어. 그의 진심 어린 사과는 전 세계를 감동하게 했어. 진정한 사죄의 모습은 독일과 주변국 간에 감정을 누그러뜨리고 화해의 물꼬를 튼 것으로 평가받고 있어.

빌리 브란트는 동방 정책을 추진하며 동유럽에 문호를 개방했어. 그는 분단 이후 계속 적대시해 온 동독에 경제적 지원을 약속하며 화해를 모색했어. 서독은 1970년 소련과 불가침 조약을 체결했고, 1973년에는 동독과 서독이 유엔에 동시에 가입했지. 이는 서로의 실체를 인정하고 공존하겠다는 것을 보여 준 사건이라고 볼 수 있단다.[16]

---

15   앞의 책, 《베를린, 베를린》, pp.150-153

16   앞의 책, 《한국이 보이는 세계사》, p.386

폴란드 바르샤바에 있는 빌리 브란트 기념비.

이후 소련의 서기장 브레즈네프는 '평화를 위한 프로그램'을 펼쳤는데, 그 속에는 유럽에서의 데탕트Détente 정책도 들어 있었어. 데탕트(1972~1979년)는 '긴장 완화, 관계 개선'쯤으로 해석할 수 있어. 이에 따라 소련은 서독을 하나의 국가로 인정한다는 조약에 서명했어. 그리고 서베를린 시민들이 동베를린에 있는 친척을 방문할 수 있게 허용했지. 그간 베를린 봉쇄와 베를린 장벽 쌓기 등으로 점점 긴장이 높아져 왔지만, 이젠 그 긴장이 완화된 거야. 1975년에 미국과 소련을 포함한 35개국이 헬싱키 조약에 서명했어. 그 안에서 서구는 소련이 동유럽을 지배하는 것을 인정했고, 각각은 군사 훈련을 알리는 데 동의하고 '옵서버observer'를 보내기로 했지.

그렇게 정치인들의 정치적 혹은 외교적인 행보들이 쌓여서 통일에 직접적인 영향을 주었어. 그 외의 인물이나 크고 작은 일들도 통일에 이바지했어.

그런 만큼, 베를린 장벽이 무너진 것은 이전부터 많은 사람들의 갈망과 염원, 노력, 그런 것이 쌓이고 쌓인 후에 일어난 결과로 봐야 할 거야. 거기에 우연한 기회[17]가 기적처럼 혹은 축복처럼 더해져서 통일이라는 믿기 힘든 결과가 나오지 않았을까 싶어.

---

17   동독 대변인이 생방송 중에 기자의 질문에 답하다가 "지금부터 서독 방문을 허용하겠다"라는 말실수를 했는데, 그것을 통일이 확정되었다고 해석한 동서독 국민들이 환호하며 달려 나간 것을 말한다. 동독 대변인의 말실수가 빚은 해프닝으로 통일이 된 것처럼 알려져 있다. 하지만 베를린 장벽이 무너진 것을 단순히 고위 관료의 실수가 빚은 우연으로만 보면 안 될 것 같다.

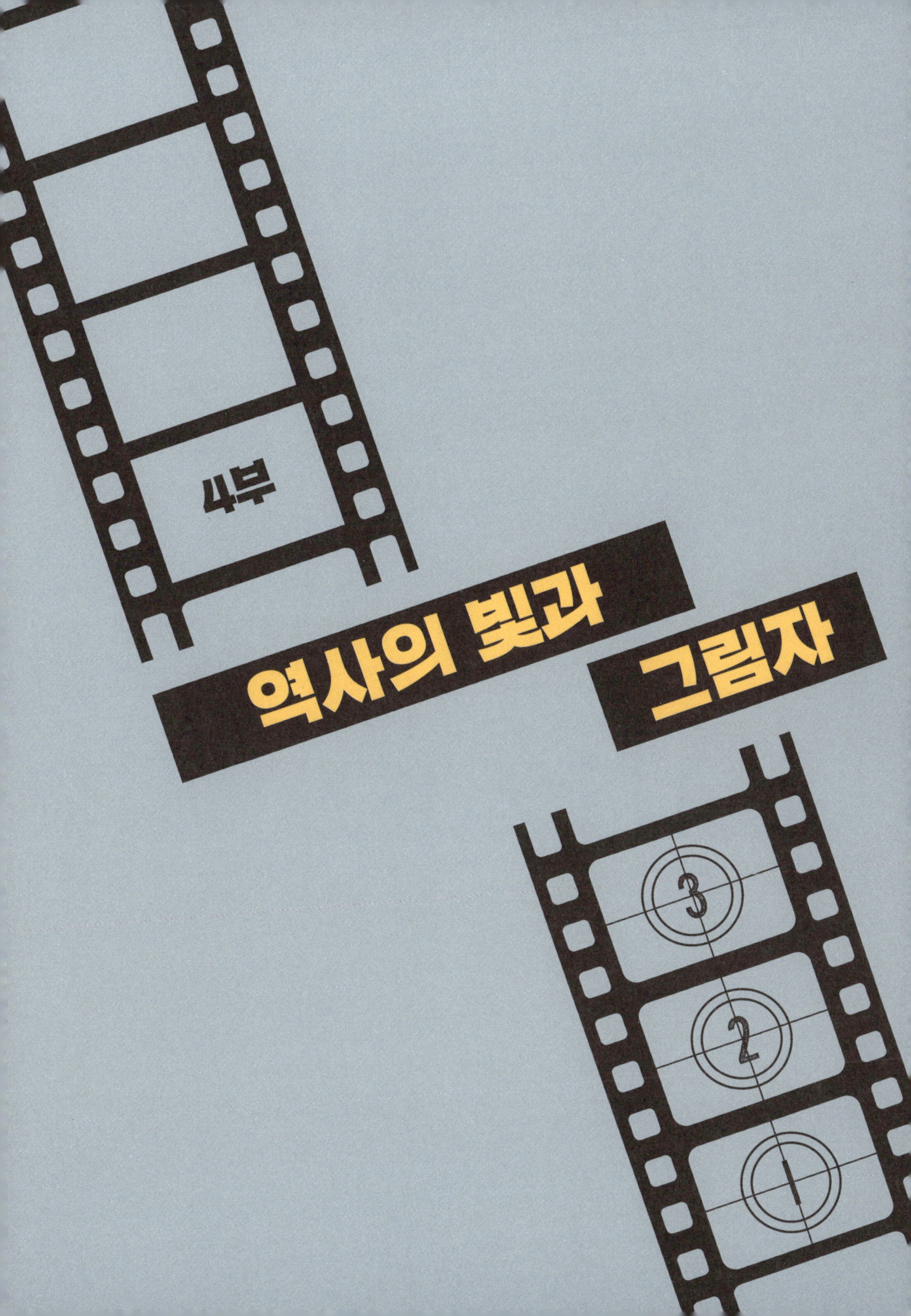
4부
역사의 빛과 그림자

1947년 인도 분할 당시 난민들을 수송하는 만원 열차.

Partition of India &
Bangladesh Liberation War

16

인도와 파키스탄 분리 독립과 방글라데시 건국

이 사진을 좀 봐. 수많은 사람이 기차에 몰려 있어. 객차 안은 물론 객차 밖에도. 자리를 구하지 못한 사람들은 기차 지붕 위까지 빼곡히 몰려 있구나. 어른만 한 커다란 짐보따리들도 보이고. 지금은 기차가 정차해 있으니 그나마 다행이지만 곧 기차가 움직이기 시작하고 달리기 시작하면 아찔한 일들이 벌어질 것 같아서 조마조마하구나. 지붕 위의 사람들과 창문이며 문에 매달려 있는 사람들은 어떻게 될까 하고 말이야. 저렇게 위태로운 상태로라도 기차를 타고 떠나고 싶다면 그만큼 다급한 일이 생긴 것 같지 않아? 아슬아슬한 장면을 담은 이 사진은 어떤 역사적 사건의 한 장면을 담고 있을까?

이 당시를 알려면 1947년 인도가 영국으로부터 독립하던 즈음으로 거슬러 가야 해. 인도는 오래도록 대영 제국의 식민지로 탄압을 받았어. 인도에는 여러 종교가 있지만 그중에서 대표적인 종교는 크게 힌두교와 이슬람교로 볼 수 있단다. 그런데 두 종교 간의 갈등은 해묵은 주제였어. 소를 신성시하는 힌두교와 소는 도축 대상이되 돼지고기를 먹지 않는 이슬람교도는 식문화에서부터 뚜렷한 차이가 났고, 그 외에도 이런저런 관습 차이에서 오는 오랜 갈등이 존재했지. 영국의 인도 지배에 대해서도 견해 차이가 컸어. 힌두교도가 많은 인도국민회의가 강력한 반영(反英) 운동을 주장하면서 영향력을 강화해 갈 때, 인도의 이슬람교도들은 이에 적극적으로 협력하지 않았어. 그런데 이슬람 세력을 독자화하는 과정에서는 영국 정부에 매우 타협적인 태도를 보여 힌두교와 이슬람교의 갈등이 심해졌어.

인도 아대륙 내 긴장의 원인

'인도'라는 같은 나라에 살아왔으면서 왜 인도인들은 인도와 파키스탄으로 나뉘어 살게 되었을까? 제일 큰 이유는 종교 때문이었지. 수세기에 걸친 무슬림의 인도 침공으로 많은 힌두교도들이 이슬람으로 개종했어. 일부는 무력이나 무력의 위협 때문에 그렇게 했고, 다른 이들은 이슬람 종교의 단순함에 매료되어 스스로 개종했지. 따라서 인도인들은 서로 다른 상반된 믿음을 가진 사람들이 섞여 살아왔던 거야. 두 종교의 신자들은 각자의 단체를 결성했는데, 그것이 전인도무슬림연맹AIML과 인도국민회의INC였어. 두 단체는 당연하게도 서로 상반된 이념적 견해를 드러내었고 그것은 문제를 더욱 악화시켰어. 무함마드 알리 진나가 이끄는 전인도무슬림연맹은 무슬림 분리주의를 지지하며 무슬림을 위한 분리와 조국 건설을 요구했어.

반면 자와할랄 네루가 이끄는 인도국민회의는 인도의 통합과 세속적 독립국가를 지지했지. 그는 인도인들이 종교에 의해 나누어지긴 해도 같은 인종적 뿌리를 가지고 있어 평화롭게 함께 살 수 있다고 주장했어. 사실 2026년 현재의 우리나라를 보더라도 기독교, 불교, 천주교, 때로는 이슬람교까지 차별 없이 종교의 자유를 누리고 있잖아? 그런데, 네루의 말에 이슬람 지도자였던 알리 진나가 강력하게 반대했어. 힌두교와 무슬림은 신념과 관습이 너무나 달라 단일 국가를 이루어 살기 어려우니, 반드시 분리 독립을 해야 한다고 주장했지. 그는 인도라는 하나의 나라로 통합되어 독립하게 되면, 다수결에 의해 의사결정이 이루어질 것이고, 그럴 경우 의결할 때, 힌두교도들은 주로 힌두교도의 의견이나 정치인에게 투표하고 무슬림에게는 투표하지 않을 것이라고 주장했어. 그렇게 되면 수적으로 우세한 힌두교의 뜻에 따라 국정이 운영될 것이 뻔하지 않겠어? '이슬람교도들은 그저 들러리가 되어서 소외감만 맛보게 되겠지'라고 짐작하고 예상했던 거야.

영국의 클레멘트 애틀리 총리가 1948년 6월까지 인도의 독립을 허용하고 정부(주권, 지배, 통치를 의미함)를 인도의 힌두교도들에게 넘기겠다고 발표하자, 알리 진나가 이끄는 무슬림연맹은 인도의 독립과 인도 지도자를 절대 받아들이지 않겠다고 선언하고 분할을 요구했어. 영국이 동의하지 않자 힌두교도와 무슬림은 서로 충돌하여 수천 명의 사람들이 목숨을 잃었어.

영국이 인도를 떠나면서 인도 아대륙은 완전히 무정부 상태가 되었어. 힌두교도와 무슬림의 갈등과 충돌이 너무나 심각한 상황이었지. 더 이상의 유혈 사태와 죽음을 막기 위해 영국은 절박하게 해결책을 강구했어. 그 결과, 즉시 두 나라 사이에 국경을 긋고 반도를 분할하기로 한 거야. 인도와 파키스탄으로 말이지. 급히 그어진 국경에 따라 1947년 8월 14일 파키스탄이라는 나라가 탄생했고, 8월 15일 인도가 독립을 선언했지.

파키스탄의 탄생

파키스탄이라는 이름은 우르두어로서 '순수한 나라' 또는 '정결한 땅'이라는 뜻이라고 해. 신드, 발루치스탄, 펀자브, 북서부 국경 그리고 동벵골 이 다섯 곳이 파키스탄 지역이 되었어. 1947년, 파키스탄이 인도로부터 독립할 즈음의 지도를 보면 이런 모양이었어.

지도에서 볼 수 있듯이, 파키스탄이라고 하는 새로운 이슬람공화국은 인도를 가운데 두고 동쪽에는 동파키스탄, 서쪽에는 서파키스탄으로 나뉘어 있었어. 인도의 이슬람인들은 결국 인도로부터 분리 독립에 성공했고, 진나는 초대 총독이 돼 이슬람공화국 파키스탄을 이끌게 되었지.

1947년 인도와 파키스탄 분리 독립 당시의 지도.

하지만 인도와 파키스탄 두 나라로 분리 후 무력 충돌이 줄어들기는커녕, 오히려 더 끔찍한 혼란이 초래됐단다. 갑자기 파키스탄으로 분리된 땅에 살던 힌두교도들은 무슬림 폭도들이 그들을 공격할까 봐 두려워 공포에 떨었지. 그들은 그들의 재산이나 소유물, 아이들을 데리고 인도로 안전하게 도착하기를 희망하며 남쪽으로 가는 기차를 탔어. 그와 똑같은 이유로 인도에 있던 무슬림들은 북쪽에 있는 파키스탄으로 가기 위해 짐을 싸고 기차를 탔지. 결국 1,500만 명의 인도인들이 그들의 고향을 떠났다고 해.[1] 그 많은 사람들이 고향을 떠나 자신과 종교가 맞는 나라로 가려니 기차들은 패닉에 빠진 인도인들로 가득 찼단다. 좌석에 여유가 있을 리가 없지. 그래서 앞에서 본 사진과 같은 일이 벌어진 거야.

문제는 기차를 탔다고 해서 그걸로 끝이 아니었어. 그들은 모두 자신과 같은 종교를 가진 이들이 소수가 아닌 여럿 있는 곳으로 피신하느라 바빴는데, 종종 두 그룹이 서로 반대 방향으로 지나칠 때가 있었지. 그럴 때면 수천 명의 남자와 여자와 아이들이 죽었어. 무슬림은 힌두교도를 죽였고, 힌두교도는 무슬림을 죽였어. 영국과 인도 통치자들의 우려대로 무슬림, 힌두교도, 시크교도[2]들이 대규모로

---

1   수잔 와이즈 바우어·지소철·심금숙 지음, 《세계 역사 이야기 영어 리딩 훈련 현대2》, 윌북, 2015, p.161

2   시크교는 인도 북부 펀자브 지역을 중심으로 발전한 종교로, 인도 인구의 약 1% 정도에 해당하는 신도들이 있다. 수적으로는 열세지만 인도 역사에 종종 등장한다.

국경 이동을 하면서 폭력적인 유혈 사태가 발생했지.

이 혼란의 시기에 1948년 1월 30일, 안타까운 사건이 벌어졌어. 인도의 위대한 영혼, 마하트마 간디가 암살당한 거야.

위대한 영혼 간디, 스러지다

인도인들이 형제애로 화합하기를 간절히 염원했던 간디.

인도가 독립하거나 분리를 한다고 해서 힌두교도와 이슬람교도 사이에 폭력이 끝나는 것은 아니었어. 여러 해 동안 파키스탄과 인도는 다투고 싸웠지. 특히 인도의 북서쪽에 있는 카슈미르라 불리는 땅에서 문제가 컸어. 그 지역을 힌두교도들과 이슬람교도들 모두가 원했고 결국, 그들은 그것을 나누기로 합의했어. 파키스탄 카슈미르와 인도 카슈미르로 말이지. 인도와 파키스탄 두 곳 모두에서 종교 때문에 폭동이 일어나 사람들이 죽어 갔어.

간디는 결국 인도 분리에 동의할 수밖에 없었어. 하지만 그것은 어쩔 수 없이 마지못해 한 것이었고, 그는 깊이 슬퍼했어. 간디는 그들의 종교가 무엇이든 모든 인도인이 인도 안에서 함께 살아가기를 희망했거든. 인도인들이 형제애로 화합하기를 간절히 염원했지만, 뜻대로 되지 않았지. 인도와 파키스탄에서 유혈이 낭자한 폭동이 일어나자 혼란스러워진 그는 수일간 계속되는 단식을 하곤 했어. 그러면 간디가 단식으로 죽을까 두려워한 힌두교도와 이슬람교도들이 싸움을 멈추고 조용해지기도 했지.

하지만 모든 사람이 간디를 존경하는 것은 아니었어. 일부의 힌두교 인도인들은 간디가 이슬람교와의 분리를 반대하고 자꾸 화합을 강조하니까 간디한테 격분했어. 간디가 기도회에 참석한 자리에서 군중 사이로 "간디를 죽여라!"라고 외치는 사람도 있었고, "당신(간디)이 모든 것을 망쳤으니 여기를 떠나 히말라야에나 가세요!"라며 힐난하는 사람도 있었어. 힌두교와 이슬람교의 화합과 형제애·평화를 강조하는 간디를 못마땅해하거나 비난하는 이들이 있었지. 1948년 1월 말에는 간디가 연설하는 동안, 폭탄이 터지는 사건까지 발생했어.[3] 이후 간디는 자신을 죽이려는 음모가 있음을 의식하게 되었고, 그래서인지 죽음을 각오하는 듯한 말을 하기도 했어. 며칠 지나지 않은 어느 날, 간디는 또 다른 단식을 막 끝낸 뒤라 기운이 없는 몸을 가누면서 기도회에 가려고 방을 나섰어. 조카 손녀와 함

---

3   M. V. 카마스 지음, 이옥순 옮김, 《위인들의 마지막 하루》, 사과나무, 2005, pp.117-118

게 정원을 지나갈 때, 군중 속에서 한 남자가 뛰쳐나와 간디에게 총을 쏘았고 총알은 간디의 복부와 가슴에 명중했어. 피를 흘리던 간디는 방으로 옮겨졌으나 이미 숨이 멎은 후였지. 1948년 1월 30일, 간디가 78세 때였고, 인도가 독립한 지 겨우 5개월이 지난 시점에 발생한 일이었어.[4]

파키스탄, 인도에서 분리 독립하다

무슬림연맹의 대표 무함마드 알리 진나. 그가 처음부터 이슬람만의 독립 국가를 원했던 것은 아니야. 처음에는 인도국민회의의 힌두교도와 함께 같은 나라로 독립하길 원했지. 그런데 1937년부터 그 생각이 달라졌단다. 1937년 인

무함마드 알리 진나.

도 통치법에 따라 지방선거를 실시했는데, 인도국민회의가 압승을 거두었어. 이에 네루를 비롯한 인도국민회의의 지도자들은 이슬람과의 연립 정부 수립을 거부하고 흡수 통합을 요구했지. 그래서 알

---

4   앞의 책, 《위인들의 마지막 하루》, pp.120-123

리 진나 같은 이슬람 지도자들은 격분했고 힌두교도와 거리를 두게 된 거야. 그러다 1940년 이후 알리 진나는 '두 민족 이론'을 발전시키며, 힌두교도와 이슬람교도가 각자 별도의 나라를 세워야 한다고 주장했어.[5]

1944년 인도국민회의의 지도자 간디와 이슬람 대표 알리 진나가 통합을 위한 회담을 벌이지만 끝내 실패했어. 알리 진나는 간디가 이슬람을 민족으로 인정하지 않는다고 여겼고 궁극적으로 간디의 단일한 인도 구상을 거부했어. 그는 힌두교도와는 별개의 "무슬림만의 나라를 세워야 한다"라고 주장했어.

1946년 독립의 열기가 절정에 오르는 가운데, 알리 진나는 8월 16일을 '직접 행동의 날'로 선언했어. 콜카타 일대에서 이슬람교도와 힌두교도 간의 잔혹한 무력 충돌이 일어나서, 사흘간 6천 명이 피살되고 3만 명이 다쳤으며 10만 명이 집을 잃는 참극이 벌어졌단다. 이슬람 지도부가 처음부터 그토록 과격한 폭력 사태까지 예견하고 행동을 부추긴 건 아니었다고 해. 하지만 사태는 자와할랄 네루나 마하트마 간디 같은 인도국민회의 지도자들도 손쓸 틈 없이 걷잡을 수 없게 커져 버렸어. 이후 몇 달 동안 전국에서 잔혹한 살해극이 연출되었어.[6]

---

5   전국역사교사모임 지음, 《처음 읽는 인도사》, 휴머니스트, 2018, p.185

6   앞의 책, 《1페이지 세계사 365》, p.97

참으로 안타까운 일이었지. 어떤 신념과 어떤 명분 아래에서라도 그토록 많은 사람이 죽고 다친다면, 그래도 의미가 있는 것일까? 이루어야 할 목표가 있어도, 그 목표를 쟁취하기 위한 수단과 방법도 조심스럽게 택해야 해. 특히 지도자가 하는 말과 행동은 그를 따르는 대중을 쉽게 선동할 수 있기 때문에 더욱 조심해야 하지.

그래도 결국은 알리 진나와 같은 무슬림들의 뜻대로 된 것일까? 1947년 7월 18일 인도 독립법은 1947년 8월 인도와 파키스탄의 독립과 분리를 이끌어 냈어. 이로써 인도라는 세계에서 가장 인구가 많은 민주국가를 탄생시켰지. 자와할랄 네루가 인도의 초대 총리가 되었어. 그 후 인도인들은 연방공화국을 규정하는 헌법을 채택했어. 한편 1947년 파키스탄의 독립을 실현한 알리 진나 역시 파키스탄의 초대 총독이 되었고 말이야. 하지만 평소 몸이 좋지 않았던 알리 진나는 독립한 무슬림의 나라를 오래 보지는 못했어. 독립한 이듬해인 1948년 9월에 병으로 눈을 감았거든. 간디가 암살당했던 바로 그해란다. 1948년 한 해에 인도와 파키스탄에서 두 나라의 큰 별들이 스러졌던 거지.

종교와 생각과 신념이 달랐던 두 사람. 그 두 사람은 각각의 나라에서 가장 존경받는 인물이 되었어. 두 나라에서 그 두 사람을 대하는 마음가짐은 지폐를 봐도 짐작할 수 있어.

현재 인도와 파키스탄의 화폐 단위는 둘 다 루피야. 인도는 인도 루피, 파키스탄은 파키스탄 루피라고 하지. 그런데 재미있는 점은 인도의 모든 지폐 앞면에는 간디가, 파키스탄의 모든 지폐 앞면에는 알리 진나의 초상화가 그려져 있다는 거야. 우리나라 지폐에는 지폐 단위에 따라 세종대왕, 이순신 장군, 퇴계 이황, 율곡 이이, 신사임당 등 다양한 인물이 등장하잖아? 그런데, 인도와 파키스탄에서는 모든 지폐를 한 사람의 얼굴로 통일시켰어. 얼마나 그 인물을 존경하면 그럴까 싶어지네. 매일같이 사용하는 지폐를 볼 때마다 인도인들은 간디를, 파키스탄인들은 알리 진나를 기억하고 그들의 행적과 의의를 기억하게 되겠지?

파키스탄의 공식 국호는 '파키스탄이슬람공화국'이야. 영토는 한반도 3.7배, 인구는 약 1억 9천만 명으로 세계 6위의 국가지. 수도는 이슬라마바드지만 최대 도시는 카라치로 2천만 명이 거주하고 있다는구나. 파키스탄은 국민의 약 96%가 이슬람을 믿는 무슬림이야. 힌두교를 믿는 인도와 여러 차례 전쟁을 하는 등 원만한 관계를 유지하지 못했는데, 카슈미르에서는 지금도 인도와 갈등하며 폭력 사태가 이어지고 있어.[7]

---

7   앞의 책, 《처음 읽는 인도사》, pp.316-317
2026년 기준 파키스탄의 인구는 2억 5천만 명으로 세계 5위이다.

동파키스탄, 방글라데시로 탄생하다

앞에서 이슬람교도들이 힌두교를 믿는 인도에서 떨어져 나와 파키스탄이란 나라를 만들어 독립했다고 얘기했잖아? 그런데 파키스탄이란 나라의 모양새가 좀 특이했어. 동파키스탄과 서파키스탄이 분리되어 인도 북부에 양쪽으로 갈려서 뚝 떨어져 있었는데, 서로 거리가 너무 멀었어. 지도를 보면 알겠지만 동·서 파키스탄 사이에 한반도 몇 개는 들어갈 만큼의 거리가 있어서 같은 나라라고 하기에는 무리가 있었지. 그저 이슬람교를 믿는다는 한 가지를 제외하고는 한 나라로 묶일 이유가 그다지 없었어. 게다가 서파키스탄으로부터 동파키스탄인들은 소외감을 느꼈어. 일단 정부 소재지인 수도부터 서파키스탄에 있었으니 그럴 만도 했지. 동파키스탄(벵골 지역의 무슬림들이 있는)은 농경지가 비옥해서 농사를 짓는 사람들이 많았는데, 군대와 국가 주요 산업 모두 서파키스탄에만 있으니까 동파키스탄의 벵골인들은 자신들이 서파키스탄에 비해 가난하고 대우를 못 받는다고 생각했어. 그래서 소외감을 느끼고 불만을 품고 있었지. 이로 인해 분란이 일어나고 갈등이 심화되었지.

이 지역은 영국에 대항하여 민족운동을 활발히 벌이던 곳이었어. 그래서 영국은 벵골 분할령을 발표해 민족운동을 약화시키려

했지만 인도인의 거센 저항으로 철회했던 일도 있었어.[8]

이렇게 저항 정신이 강하던 동파키스탄 지역 사람들은 서파키스탄 정부에 불만을 표했지. 독립 이후 파키스탄의 정치, 경제적인 어려움이 더해지자, 1971년 벵골인들은 자신만의 나라를 꿈꾸었어. 광범위한 파업과 폭동이 이어지다가 1971년 마침내 내전이 발생했지.

서파키스탄 지역의 지도부가 군대를 보내 무력 진압에 나섰으나, 싸움은 더욱 격렬해졌어. 신변의 위험을 느낀 동파키스탄인들 중 1천만 명에 이르는 벵골의 힌두교도인들은 가까이에 있는 인도의 아삼 지역이나 서벵골 등지로 피난을 가서는 인도에 도움을 요청하게 되었지. 이에 인도는 동파키스탄 편에 서서 전쟁에 참여했어. 인도의 동파스키탄 지원으로 결국 서파키스탄은 항복했고, 전쟁에서 승리한 동파키스탄은 자신들만의 나라를 설립하게 되었어. '방글라데시'로 말이야. 방글라데시는 벵골어로 '벵골인의 땅' 혹은 '벵골 민족의 나라'란 뜻이라고 해. 1972년 헌법으로 민주주의 국가 방글라데시가 되었으나, 이후에도 바로 안정을 찾지 못하고 30년 넘게 정치 혼란이 이어졌다고 해. 2006년에는 비상사태가 선포되었는데, 2008년에 이를 해제하고 7년 만에 치러진 선거를 통해 새

---

8   앞의 책, 《처음 읽는 인도사》, p.218

로운 정권이 출범했지.[9]

생각해 보면 좀 놀랍지 않아? 2026년 현재 인도, 파키스탄, 방글라데시는 완전히 별개의 나라지만, 80년 전만 해도 같은 인종으로 같은 나라에 살았다는 것이 말이야. 그 세 나라가 분리 독립하고 전쟁을 치러서 분리되고 했던 일들이 모두 20세기에 이루어졌다고 생각하니, 20세기엔 참 많은 변화가 있었구나 싶네.

---

9   앞의 책, 《처음 읽는 인도사》, p.219

흑인 학생 엘리자베스 엑퍼드가 리틀록 센트럴 고등학교에 입학하려 할 때,
백인 학생 헤이즐 브라이언에게 야유를 받고 있는 장면.
윌 카운츠, 1957.

Little Rock Crisis

17

리틀록 사건

흰 셔츠를 단정히 차려입은 흑인 여학생이 입을 꾹 다물고 책을 안은 채 가는데, 뒤에서 한 여자가 욕설을 퍼붓는 이 한 장의 사진. 저 백인 여자는 왜 흑인 여학생의 뒤통수에다 대고 욕을 하는 걸까? 인종 차별에 관한 역사와 관련하여 이 사진은 몇 손가락에 들 정도로 유명해. 아니, 학생이 학교 가는 게 당연하지 무슨 뉴스거리가 되냐 싶겠지만, 당시엔 큰 뉴스거리였어. 흑백 차별이 분명했던 미국 남부에서 그 학교가 백인 전용이었고, 저 학생이 첫 흑인 학생이었으니까 말이지.

당시 미국 남부에서 큰 파장을 몰고 왔던 그 사건을 알기 위해
선 그보다 3년 전에 있었던 또 다른 사건부터 알아야 이해하기가
쉬울 거야. 그것은 바로 '브라운 대 토피카 교육위원회 재판' 사건
이었어.

1954년의 일이었어. 당시 미국 남부의 흑백 차별은 유난했단다.
일상에서 흑인과 백인은 사용하는 식당, 물을 마시는 음수대는 물
론 해변까지도 분리해 놨을 정도였대. 여기까지는 백인이 노는 곳
이니, 흑인들은 놀려면 저 바깥에 나가 놀아라~ 뭐 이런 식이었지.
공정과 정의를 가르쳐야 할 학교도 예외는 아니어서 백인과 흑인이
다니는 학교가 따로 있었어. 물론 헌법에는 "모든 미국 시민은 동등
하게 대우받아야 한다"라고 버젓이 쓰여 있었지만 말이야. 인종 분
리 정책에 대해 '분리하되 평등하다Seperate but equal'라는 관념이 마치
암묵적인 관습처럼 벌어지고 있었거든. 그런데 생각해 봐. 분리하
는데 어떻게 평등할 수가 있겠어? 게다가 흑인들은 전기와 수도 시
설도 제대로 안 갖춰진 허름한 건물을 학교로 쓰게 하는 반면, 백인
들은 맨션처럼 근사하게 지어진 벽돌 건물을 학교로 쓰게 하니까
흑인들로서는 명백한 차별로 느낄 수밖에 없었지. 흑인들은 불만은
많았지만 으레 그래 왔으니 뭐 별수 있나 하면서 불만을 삭이고 있
었어. 그런데 "이의 있습니다"라고 갑자기 손을 들고 나선 사람이
있었어. 그는 브라운이라는 흑인이었어.

브라운은 왜 소송을 제기했나

올리버 브라운은 캔자스주의 토피카시에 살던 용접공이었어. 그가 토피카 교육위원회를 상대로 소송을 제기하면서 1954년 '브라운 대 토피카 교육위원회 재판'이라 불리는 사건이 시작되었지. 그가 소송을 제기한 데는 사연이 있었어.

브라운에게는 두 딸이 있었어. 그런데 그중 큰딸인 린다 브라운이 학교에 다니는 데 문제를 겪으면서 의문이 생겼던 거야. 당시 흑백 차별로 인해서 린다 브라운은 일곱 블록만 걸어가면 갈 수 있는 집 근처의 학교를 두고 매일 아침 여섯 블록을 걸어 버스 정류장까지 간 뒤, 버스를 기다렸다가 타고 멀리 먼로 초등학교까지 가야 하는 고충을 겪었지. 브라운은 딸이 집 가까운 곳에 있는 섬너 초등학교에 가면 편하겠다고 생각했지만, 토피카 교육위원회는 이를 거부했어. 섬너 초등학교는 백인 전용 초등학교이기 때문에 흑인인 린다가 다닐 수 없고 린다는 흑인 전용 초등학교인 먼로 초등학교에 가야 한다는 것이었어. 이에 브라운은 다른 흑인 부모 13명 및 그들의 흑인 자녀 20명과 함께 토피카 교육위원회를 상대로 소송을 제기했지. 교육 평등 차원에서 이게 맞는 일인지를 법원에 따져 묻기로 한 거였어.

학교를 흑백 인종으로 분리한 제도가 인종 차별과 관련 있지는 않은가, 그러므로 헌법에 위배되는 것이 아닌가 하는 것을 판단해 달라는 것이었지.

오늘날의 시각으로 보면 별것 아닌 문제처럼 보이지만, 당시 이 사건은 판결이 선고되기까지 2년의 세월이 필요했다고 해. 합의 과정에서 대법관들 사이에서도 의견이 첨예하게 갈렸다고 하고 말이야.[1]

우여곡절 끝에 결국에는 연방대법원에서 '분리된 교육 시설은 그 자체로 불평등하다'는 판결이 내려졌어. 이것을 '브라운 대 토피카 교육위원회 재판' 사건이라고 한단다. 1954년에 내려진 미국 연방대법원의 판결로, 피부색에 따라 학생들의 교육을 분리하거나 차별하는 것은 헌법에 어긋난다는 내용이었어. 이로써 당시 사회적으로 통용되던 '분리하되 평등하다'라는 관념이 공립학교에서 더는 존재할 여지가 없게 됐지. 인종 분리에 관한 한, '분리된 교육 시설 그 자체가 본질적으로 불평등'하니까 말이야. 이 판결은 인종 차별 문제 개선에 큰 공헌을 한 기념비적인 판결로 기록되었지.[2]

---

1   박종필 지음, 《흥미진진한 미국사》, BOOKK, 2024, pp.289-290
2   앞의 책, 《흥미진진한 미국사》, p.288

리틀록 사건(1957년)과 리틀록 나인(9)

그 판결이 있고 나서 약 3년 뒤인 1957년, 이제는 미국 남부 아칸소주의 리틀록 센트럴 고등학교에서 사건이 일어났어. 아까 처음에 본 그 사진과 관련이 있는 이야기지. 앞의 '브라운 대 토피카 교육위원회 재판' 사건처럼 이것 역시 미국 흑인 학생들의 백인 전용 학교 등교를 둘러싸고 일어난 일련의 사건이었어. 초등학교가 아니라 고등학교였고, 이전 사건 이래 3년이 흘렀으니 어떤 발전이나 진전이 있었을까? 어디 한번 보자고.

앞서 언급했듯 연방대법원의 브라운 대 토피카 교육위원회 재판 판결에 따라 피부색을 이유로 학생들의 교육을 분리하거나 차별할 수 없게 됐어. 흑백으로 분리된 학교는 인종 차별 요소가 있으므로 헌법에 위배된다는 판결로서, 흑인들에게 아주 고무적인 판결이었지. 그런데 헌법에 위배된다고만 했지 언제부터 시정하라는 강제 조항이 없었어. 그래서 시행이 유야무야되고 있던 차였어. 백인들로서는 내키지도 않는 것을 강제하지도 않는데 굳이 따를 필요가 없었겠지. 이에, 유색인종 차별 폐지 운동 단체에서는 인종 차별이 심하던 아칸소주의 리틀록에서 백인 학교에 흑인 학생을 등록시켜 보기로 했어.[3] 원래는 17명

---

3   앞의 책, 《흥미진진한 미국사》, p.292

의 흑인 학생이 시도하려 했으나, 이들 중 여덟 명은 포기하고 포기하지 않은 아홉 명의 학생이 나서기로 했지. 이후 이들은 '리틀록 나인(9)'으로 불리게 됐어.

1957년 리틀록 센트럴 고등학교 이사회는 해당 학군 교육감의 결정하에 흑인 학생들의 입학을 만장일치로 허가한 후 점진적으로 흑인 학생들을 받아들이기로 했어. 3년 사이에 그래도 발전이 있었네 싶었지만 뚜껑을 열어 보니 아니었어. 수많은 백인 학부모들이 반대하고 나선 거야.[4] 자녀들이 공부하는 학교에 흑인 학생들을 들일 수가 없다는 거였어.

주지사가 대통령 말을 안 듣는다고?

흑인 학생의 등교를 받아들일 수 없다는 인종 차별주의자 중에는 당시 아칸소주의 주지사였던 오벌 포버스도 포함되어 있었어. 그는 전형적인 백인 부모 같은 생각을 하고 있었어. 주지사인 그부터 여태껏 백인들이 다니던 학교에 흑백 차별 없이 학생을 받는 것이 싫었던 거야. 그래도 보통 사람도 아니고 공직에 있는 사람이

---

4   앞의 책, 《흥미진진한 미국사》, p.293

라면 대법원의 명령을 앞장서서 따라야 정상일 텐데, 웬걸…. 따를 생각이 전혀 없었어. 그는 어이없게도 제멋대로 권력을 행사했어. 아칸소주의 군인들을 학교로 보내 흑인 학생들을 강제로 내보내도록 했던 거야.

앞의 사진은 1957년 9월 4일 아침에 찍은 거야. 다시 그 사진을 보렴. 흰옷을 단정하게 입고 등교하는 학생은 엘리자베스 엑퍼드라는 열다섯 살 난 학생이었어. 그녀는 아칸소주 리틀록에 있는 센트럴 고등학교에 등록하고 등교하는 중이었어.

엑퍼드의 말에 의하면 학교에 가려 했더니 정문에서부터 군인들이 흑인 학생들을 째려보면서 곤봉을 들고 위협했다는 거야. 백인 학생들과 학부모들도 주변에 모여들어 흑인 학생들에게 욕하고 고함지르고 난리가 났었대. 미국 나이로 열다섯 살이면 우리나라 중3이나 고1쯤 되는 나이니까 감정 이입해서 한번 생각해 보자고. 학교에 가려니까 많은 시선이 내게 쏠려 있고, 같은 학교 학생들도 한 공간에 있는 게 기분 나쁘다고 대놓고 욕하고 나가라고 고함지른다면 어떤 기분이 들까? 게다가 그렇게 문전박대당하는 이유란 것이 내 의지와 무관하게 타고난 피부 색깔 때문이라면 더더욱 말이야. 억울하고 분하고 화나고 겁도 나고… 1분 1초가 조마조마하고 참담한 심정이었겠지. 사진을 보면 엑퍼드가 큼직하고 검은 선글라스를 끼고 있구나. 많은 이들의 시선을 받으면서 흔들리는 자신의 눈빛과 표정을 감추려고 그런 게 아니었을까? 리틀록 나인(9)이라 이름 붙여진 흑인 학생들은 강압적인 분위기에 얼마나 두려웠겠니. 자세를 꼿꼿이 하고 고개를 똑바로 든 채 걷는 엑퍼드가 겉보기엔 당당해 보여도 속으론 그녀도 분명 많이 힘들고 외로웠을 거야.

하지만 분명 의미 있는 저항이었어. 그날 리틀록 학교에서 일어난 일이 아이젠하워 대통령 귀에 들어가면서 새로운 국면을 맞았거든. 대통령은 그 아칸소주 주지사의 행동에 몹시 화가 났어. 흑인 학생들의 인권은 둘째로 치더라도, 이건 주지사가 대법원의 명령과 대통령의 명령을 무시한 처사니까 어처구니가 없었지. 일단 권력 서열상 결코 용납돼서는 안 되는 일이 벌어졌다고 판단한 거야. 주지사의 행태가 괘씸했던 아이젠하워 대통령은 사태를 파악한 뒤에 미국 국가(연방) 단위의 군사들을 리틀록의 센트럴 고등학교로 보냈어. 주 단위보다 국가(연방) 단위가 더 큰 개념이니까 더 상위로서 당연히 힘이 더 세지.

엑퍼드와 친구들, 일명 '리틀록 나인'은 아이젠하워 대통령이 보내 준 연방 군인들의 에스코트를 받으며 리틀록 센트럴 고등학교에 들어가 교실까지 입실할 수 있었어. 상상해 보렴. 얼마나 불편하고 껄끄러웠겠니. 처음 간 학교라 안 그래도 낯선 곳에 덩그러니 놓였는데, 누구도 환영해 주지 않는 곳에서 자리에 버티고 있기란 참 곤

혹스러운 일이었을 거야. 이제 겨우 중고등학생 나이밖에 안 된 그들에게 말이야.

하지만 학생들은 꿋꿋이 버텨 냈단다. 자신만을 위해서가 아니라 같은 흑인들, 그리고 자기보다 어린 흑인 아이들에게 백인 아이들과 동등한 학업 환경을 누릴 권리를 갖게 하려면 누군가는 처음에 고통과 불편을 감내해야만 한다는 것을 알았기 때문이었지.

아이젠하워 대통령은 특별 성명을 내어 리틀록 센트럴 고등학교에서 있었던 불미스러운 사건과 관련하여 몇 가지를 분명하게 했지. 연방법은 그 어떤 개인이나 극단주의자 폭도에 의해 어겨져선 안 된다는 것, 그리고 자신은 대통령으로서 법이 저해되는 것을 방지하고 연방법원의 명령을 수행하기 위해 국가 권력을 사용할 거라는 것, 그리고 바른 생각을 하는 시민이라면 모두 이 사건에서 정의와 페어플레이가 승리하기를 바랄 것이라고 말이야.

이런 우여곡절 끝에 흑인들은 인종과 관계없이 학교에 다닐 수 있게 됐어. 이 사건은 미국 흑인 민권운동사에 한 획을 그은 사건으로 평가되고 있어. 불의는 이렇게 의식 있는 사람들의 의문 제기로 시작하여 용기와 인내와 끈기로 조금씩 조금씩 개선되는 것 같아.

그 결실로 1964년 존슨 대통령은 의회를 설득하여 흑인의 시민권이 통과되었어. 미국인이라면 누구나 인종과 상관없이 법에 따라 정당하고 공평한 대우를 받게 된 거란다.

흑인과 백인이 평등하게 더불어 살아야 한다는 생각이 오늘날에는 보편적인 상식처럼 여겨지지만, 그것은 이루어지기 힘든 꿈이라고 여기는 사람이 많았지. 반발심도 컸단다. 흑인 인권운동을 벌이던 마틴 루서 킹 목사에 대한 반감으로 그의 집에 불을 지르던 만행과 폭력은 결국 1968년 킹 목사까지 삼켰지. 킹 목사가 환경미화원들을 돕기 위해 갔던 곳의 숙소에서 백인이 쏜 총에 맞아 사망했으니까 말이야.

마틴 루서 킹 목사가 대중에게 널리 알려진 것은 '몽고메리 버스 보이콧 사건'을 지도하면서였지. 이미 많이 알려진 것이라 이 책에서 다루지 않았지만, 혹시 이야기가 낯선 친구들이 있다면, 반드시 해당 이야기들을 찾아서 함께 알아 두면 좋겠어.

한 걸음씩 차근차근

다시 '리틀록 사건' 당시로 돌아가서 얘기를 이어 보자면, 흑인들의 인식은 나날이 깨어 가고 있었으나, 백인들은 여간해선 꿈쩍할 생각도 하지 않았다는 게 문제였지. 백인 자녀들이 다니던 학교에 흑인 학생들이 들어오는 것을 싫어한 백인 부모들은 자녀를 공립학교에서 빼내서 사립학교에 보내거나 아예 학교를 안 보내는 식으로 대응하기도 했대. 하지만 리틀록 사건에 고무된 흑인들은 차츰차츰 운신의 폭을 넓혀 나갔어. 예를 들자면 흑인의 출입을 금하는 식당에 들어가서 앉아 있는 연좌 농성인 '싯 인sit-in 투쟁' 같은 것도 벌였어. 흑인 출입 금지라고 안내문이 붙은 가게에 가서 주문하고 그냥 앉아 있는 거지. 불편을 끼쳐서라도 시정을 촉구하는 행위였지. 블랙 팬서[5]의 결성, 이후 제시 잭슨[6]의 투표 운동 등 인종 차별 철폐를 위한 다양한 운동과 역사적 사건들을 거쳐서 지금의 단계에 이른 것이지. 아직도 흑인 차별이 완전히 사라진 것은 아니라고 해. 그래도 많은 이들이 노력한 덕분에 한 걸음 한 걸음 조금씩 평등의 길로 나아가고 있다는 것, 그것만은 분명한 사실인 것 같아.

5　　　Black Panther. 흑표범단(원)을 의미한다. 1965년에 결성된 미국의 급진적인 흑인 결사 단체로서 마틴 루서 킹 목사의 비폭력 노선이 아닌, 말콤 엑스의 강경 투쟁 노선을 추종했다.

6　　　미국의 목사이자, 정치가, 흑인 민권운동 지도자.

싱가포르 건국의 아버지 리콴유 초대 총리, 2000.

Lee Kuan Yew

18

한 남자의 눈물 -
싱가포르와 리콴유

양복을 단정하게 갖춰 입고 연단에 서서 연설하고 있는 자그마한 체구의 이 사람은 누구일까? 힌트가 될 만한 것이 필요하다면 옆에 있는 커다란 국기를 보렴. 초승달과 별들이 있는 저 국기는 싱가포르 국기야. 동양계의 외모에 나이가 꽤 있어 보이긴 하지만 눈빛이 살아 있는 이 남자는 싱가포르의 지도자 리콴유(李光耀)란다. 우리나라에서는 이광요라고 부르기도 하는데, 이 책에서는 원발음에 가깝게 리콴유라고 쓰도록 하마. 그는 싱가포르 건국의 아버지, 싱가포르의 국부(國父)라 칭송받는 인물로서 싱가포르 초대 총리를 지낸 인물이야.

리콴유 총리는 그의 자서전에서 다음과 같이 말했어.

내 인생 대부분을 국가를 세우는 데 썼지만 나는 후회하지 않는다.
내가 할 수 있는 것은 그것뿐이다.
생의 마지막 날에 내가 얻을 것은 무엇일까?
성공한 싱가포르다!
내가 포기한 것은 무엇인가?
내 삶이다!

이것은 리콴유 총리가 남긴 어록 중 하나라고 하는데, 그러고 보니 글 속에 그의 인생이 잘 담겨 있구나. 그는 싱가포르라는 조국의 생존과 번영을 위해 평생을 바쳤던 인물이야. 국가를 위해서라면 욕을 먹는 한이 있더라도 과감하게 실행에 옮기는 추진력이 있던 인물이었지. 항상 뚝심 있게 밀어붙이고 자신만만해 보이던 그였지만, 그도 한때는 나약한 모습을 적나라하게 드러낸 적이 있었단다. 그것도 전 세계가 텔레비전으로 보고 있는 라이브 방송 중에 몸부림치듯 서럽게 울어서 보는 이들을 놀라게 했지.

그날은 마침 싱가포르가 말레이시아로부터 독립하는 날이었어. '나라가 독립해서라니, 그럼, 기쁨의 눈물인가?' 싶겠지만 그렇지도 않았어. 원하지 않는 독립이 강제로 이루어졌기 때문에 눈물

을 쏟았던 거였어. '원하지 않는 독립'이란 말이 좀 생소하게 여겨
질 텐데, 그럴 만한 사연이 있었단다. 그날의 독립 선언 뒤에는 대
체 어떤 긴박한 사정이 있었던 걸까?

말레이시아와 싱가포르의 역사

리콴유 총리가 흘린 눈물의 의미를 이해하기 위해서는 우선 당
시 싱가포르가 처한 상황과 역사를 알아보는 게 좋을 것 같아. 싱
가포르와 불가분의 관계였던 말레이시아의 역사까지 포함해서 말
이야.

제2차 세계대전이 발생했을 즈음 싱가포르는 제국주의 영국
의 직할 식민지였어. 싱가포르 주변의 말레이시아 지역도 영국
이 별도로 직접 통치하고 있었지. 1945년 당시 영국의 지배 아
래에 있던 말레이시아 지역은 전 세계 고무의 45%, 주석의 34%
를 생산하여 영국이 달러를 벌어들이는 알토란 같은 곳이었어.
그러나 영국의 처지에서 볼 때 말레이시아 통치가 결코 쉬운 일
은 아니었어. 우선 민족 문제가 큰 걸림돌이었지. 말레이시아는
전체 인구의 약 50%를 토착 말레이시아인이 차지하고 있었고,
외부에서 유입된 중국인이 40%, 인도인이 10%를 차지하고 있

었어.[1] 통치하기가 어려웠을 뿐 아니라 세계적으로도 식민지들이 독립하는 추세라 영국은 말레이시아 지역을 독립시키기로 결정했지.

1948년 영국은 말라야 연합을 해체시키고 말레이 각 주(州)의 상징적 군주(술탄)의 지위를 회복시켜 말레이인의 선주민 특권을 인정하는 '말라야 연방'을 수립했어. 그런데 말라야가 독립하기 위해서는 우선 구성원들인 말레이인·중국인·인도인의 협력이 필요했단다. 세 민족 집단의 대표적인 정당들이 1954년 동맹을 결성했고, 1957년 8월 31일에 영국으로부터 말라야 연방으로 독립했지.[2]

독립한 말라야 연방은 일단 순조롭게 출발하는 듯 보였어. 그러나 국민의 과반수를 차지하는 말레이시아인이 경제적으로 가난했고, 이들 말레이시아인의 지위를 향상시키는 문제를 둘러싸고 말레이시아는 큰 집안싸움을 겪게 되었어.[3]

한편, 영국령 식민지로 있었던 항만도시 싱가포르는 인구 100만 명 중 80만 가까이가 중국인일 정도로 중국인 비중이 높았어. 말라야 독립 후에도 싱가포르는 여전히 영국의 지배하에 남아 있었지.

---

1   이마가와 에이치 지음, 이홍배 옮김, 《동남아시아 현대사와 세계열강의 자본주의 팽창: 하권》, 이채, 2011, pp.35-36

2   이와마 가즈히로 지음, 최연희·정이찬 옮김, 《중국요리의 세계사》, 따비, 2023, p.258

3   앞의 책, 《동남아시아 현대사와 세계열강의 자본주의 팽창: 하권》, p.86

그러다가 영국과의 협상을 통해 1959년부터 싱가포르는 자치를 인정받았어. 당시 리콴유가 이끄는 인민행동당PAP이 자율 정부로서 정국(政局)을 주도하고 있었어. 그런데, 영국이 보기에 싱가포르는 너무 작고 약해서 홀로 독립해서 살아가기 어렵겠다 싶었지. 리콴유가 이끄는 인민행동당 지도자들도 같은 생각이어서 말라야 연방에 합류하는 것을 추진했어.[4] 그러나 문제가 있었어.

중국인이 많아서 문제라고?

싱가포르에 중국인이 너무 많다는 게 문제였어. 중국계 인구가 4분의 3 이상인 싱가포르가 연방에 합류하게 되면 말레이시아 전체에서 중국계 인구가 너무 많아지게 될 터였지. 그러면 어떤 일이 일어나겠어? 국회 의석수에서 말레이계가 중국계에 크게 밀리게 되는 문제부터 시작해서 여러 문제가 파생될 게 뻔했어. 선거며 투표며 다 인구 많은 중국계가 쓸어 가겠다 싶으니, 말레이계가 많은 말레이시아가 반발했던 거야. 그래서 싱가포르는 일단 말라야 연방에서 빠지게 되었어. 말라야 연방은 싱가포르를 자국에 합치려

4   황은실 지음, 《동남아시아의 역사》, 살림출판사, 2024, p.268

면 영국 지배하에 있는 보르네오섬의 영토까지 함께 동말레이시아로 합병할 것을 제안했어. 그쪽 지역에는 토속 말레이인들이 많으니까 중국인이 많아지는 문제를 희석해 보려는 생각이었나 봐. 그리하여 1963년 9월, 보르네오섬[5]의 영국령이었던 사바와 사라왁과 더불어 싱가포르가 말라야 연방에 합류하면서 더 넓은 범위의 연방 국가인 '말레이시아 연방'이 수립되었어. 세계지도를 펼치고 말레이시아를 찾으면 말레이반도가 아닌 보르네오섬에 띄엄띄엄 뜬금없이 말레이시아로 표기된 곳을 볼 수 있을 거야. 그곳이 사바와 사라왁 지역이란다. 이곳들은 방금 들려줬던 이유로 인해 말레이시아에 포함된 곳이지.[6]

그렇게 신경을 썼음에도 불구하고 인종 문제는 자꾸 발목을 잡았어. 사실 싱가포르 내에서만 보면 중국계[7], 말레이계, 인도계 민족들로 구성되어 있긴 해도, 그중 중국계가 인구의 4분의 3을 차지할 만큼 월등히 많으니까 오히려 민족 갈등이 그다지 심하진 않았어. 하지만 말레이시아에선 달랐지. 말레이시아에 싱가포르인들을 합쳐 보니 정치권력은 말레이인이 주로 쥐고 있었지만, 경제적으로

---

5   보르네오섬에는 말레이시아의 일부 영토, 인도네시아의 일부 영토, 그리고 브루나이가 있다. 국제적으로는 보르네오섬이라고 불리지만, 인도네시아에서는 그 섬을 칼리만탄섬이라고 부른다.

6   앞의 책, 《중국요리의 세계사》, p.258

7   해외에 자리 잡은 중국인으로서 '화교' 또는 '화인'이라고도 함.

《스트레이츠 타임스》 1965년 8월 10일 자.
리콴유 모습과 함께 'Singapore is out'이라는 헤드라인이 보인다.

는 중국인이 우세해서 국민 통합이 매우 어려웠어.[8] 게다가 중국인이 다수가 되어 투표권이나 선거권 등 숫자로 결과가 드러나게 되면 앞으로 정치마저 중국인이 차지하게 될 거라는 의심과 두려움이 말레이시아의 말레이인들을 사로잡았지. 선거나 인종, 세금 등 여러 문제를 두고 싱가포르와 말레이시아 정부는 자주 충돌하게 되었고 결국 1965년 8월 9일에 말레이시아에서 싱가포르가 분리 독립하게 된 거야.

위의 사진은 당시 발행되던 싱가포르 최대 일간지 《스트레이츠 타임스The Straits Times》의 1965년 8월 10일 자 1면이야. 크고 진하

---

8   이희순·이평래·이옥순 외 4인 지음, 《더 넓은 세계사》, 삼인, 2022, p.425

게 인쇄된 'Singapore is out'이라는 헤드라인이 보이지? '싱가포르가 독립했다'는 의미라면 'Singapore is independent'라고 썼을 텐데, 저렇게 썼다는 게 좀 특이하지 않아? 'Singapore is out'을 직역하자면 '싱가포르가 밖으로 나오다'가 되겠지만, 당시 상황으로 보면 '싱가포르가 쫓겨나다' 또는 '싱가포르가 축출되었다'는 해석이 된단다.

말레이시아 연방에서 독립하던 당시, 싱가포르의 상황은 아주 암담했어. 서울보다 조금 클 정도의 작은 나라인 데다 인구 증가율은 높은데 경기 침체로 실업률도 높았거든. 입은 많은데 먹을 건 적으니 빈궁할 수밖에 없었지. 오늘날 우리가 아는 잘사는 싱가포르와는 사뭇 다른 시절이었던 거야. 그래서 리콴유는 싱가포르가 어떻게든 말레이시아에 머물 수 있게 하려고 갖은 노력을 기울였어. 하지만 뜻대로 되지 않았지.

그러니까 1965년에 말레이시아 연방 탈퇴는 말이 좋아 탈퇴고 독립이지, 사실은 말레이시아 정부로부터 쫓겨난 꼴이었어. 사연을 듣고 보니 리콴유 총리가 눈물을 쏟은 심정이 좀 이해되지? 고국이 처한 현실이 안타깝고 서럽고 앞으로의 미래가 막막한 그 심정 말이야.

입술을 깨물며 분투(奮鬪)하다

타의에 의해 어쩔 수 없이 그들만의 국가를 꾸려 가게 된 상황이었던지라, 리콴유는 스트레스를 심하게 받고 있었어. 그저 앞날이 암담한, 그런 무거운 분위기의 독립이었지. 리콴유는 분리 독립하게 되었음을 싱가포르 국민에게 알리기 위해 텔레비전 기자회견을 열었어. 그때 그는 격한 감정을 주체하지 못하고 통곡하듯이 울었어. 손수건으로 눈물을 훔치는 총리의 모습이 싱가포르는 물론 세계 각국에도 방영되었지. 싱가포르라는 작고 가난한 나라의 운명이 앞으로 어떻게 펼쳐질 것인지 보는 이들이 다 심란할 지경이었어.

하지만 눈물을 흘린다고 달라질 건 없었지. 그래서 리콴유는 입술을 깨물며 다짐했어. 어떻게든 싱가포르인들을 잘 먹고 잘살게 만들겠다고 말이야. 그리고 피땀과 눈물을 쏟으며 살길을 찾으려 애썼지. 하지만 만만치 않았단다. 안 그래도 암담한 판에 독립 이후에 또 문제가 생겼거든. 싱가포르에 주둔해 있던 영국군이 1967년부터 철수하기 시작한 거야. 주둔군이 떠나 버리면 국가 안보에 구멍이 뚫릴 것은 물론이고, 경제적인 면에서도 상황이 나빠질 게 뻔했지. 당시 싱가포르에 주둔해 있던 영국군이 쓰던 돈이 싱가포르 전체 GDP의 4분의 1 정도나 되었으니, 그만큼의 수입원이 사라지게 된 거야. 이런 국가 존망(存亡)의 기로 속에서 리콴유는 싱가포르를 이끌어야 했어.

그렇게 암담했던 싱가포르였으나 20세기가 끝나 갈 무렵에는 활발한 상업 중심지로서 동남아시아에서 가장 발전한 나라가 되었어. 1965년부터 거의 30년이라는 짧은 기간에 어떻게 그토록 급성장할 수 있었을까? 거기에는 리콴유 총리의 지혜로운 전략과 뚝심이 있었어.

물론 혼자만의 고군분투는 아니었어. 당시 싱가포르에는 정말 다행스럽게도 우수한 자질을 갖춘 인물들이 있었어. 대표적인 인물로 고켕스위가 있었어. 20대 초반 래플스 칼리지에서 공부했던 리콴유와 고켕스위는 이후 반세기 동안 '싱가포르 만들기'라는 비전을 공유하며 싱가포르의 굴곡진 역사를 함께했지. 훗날 2010년 5월 14일 고켕스위의 국가 장례식이 거행될 때, 리콴유는 자신의 주위에 고켕스위 같은 강한 인재가 있었던 것이 행운이었노라고 회고했어. 고켕스위는 초대 국방부 장관을 맡아, 강한 군대로 싱가포르를 강소국으로 만들었고, 이후 교육부 장관으로 재직하면서 싱가포르의 생존 전략의 하나로서 교육 개혁을 이루었어. 그뿐 아니라 싱가포르 부총리로 일하고 싱가포르의 중앙은행인 싱가포르 통화청 청장을 겸임하면서 거시 경제 계획을 수립하고, 전략을 지휘하기도 했어.[9]

---

9   강승문 지음, 《싱가포르에 길을 묻다》, 매일경제신문사, 2014, p.73

리콴유는 고켕스위 같은 능력 있고 열정적인 인물을 알아보고 적재적소에 앉혀서 국무를 펼쳐 나갈 수 있게 도왔지. 그렇게 싱가포르를 위해 일생을 보낸 결과, 피식민지였던 작은 섬 싱가포르는 마침내 선진국의 반열에 오를 수 있었어.[10]

가난한 섬이 초일류 국가가 되기까지

말레이시아에서 쫓겨난 가난한 섬나라 싱가포르가 좁은 국토에 별다른 자원도 없이 어떻게 눈에 띄는 성장을 했는지를 하나씩 짚어 볼까? 우선 젊은 총리 리콴유가 싱가포르에서 뭘 먹고 살아갈까 곰곰이 생각하다 보니 하나의 장점이 눈에 띄었어. 예전 영국인 래플스가 싱가포르섬을 처음 보고 싱가포르의 가치를 알아보았던 바로 그것. 싱가포르의 지정학적 위치였어. 고대부터 동남아시아는 인도와 중국 문명의 교차점이었고, 이슬람 상인들이 동북아로 향하는 관문이었으며, 포르투갈부터 시작해 유럽 국가들이 동북아시아로 가기 전에 먼저 점령하고 식민화한 지역이기도 했어. 특히, 믈라카 해협은 21세기 현재까지도 서아시아의 석유를 비롯하여 세계에

---

10   강희정·김종호 외 4인 지음, 《인물로 읽는 동남아》, 한겨레출판, 2024, pp.140-142

서 가장 큰 물동량(物動量)을 자랑하는 무역 회랑(貿易回廊) 가운데 하나란다.[11]

리콴유는 싱가포르가 뱃길을 따라서 오고 가는 길목에 자리하고 있는 것에 착안하여 사업을 벌이기로 한 거야. 그것이 바로 오늘날에도 싱가포르의 주요 산업인 '물류 중심지', '동-서양 간 항공교통의 최고 요충지'로서 명성을 얻게 된 시작이었지. 싱가포르는 산유국은 아니지만, 산유국에 비교적 가까이 있어서 중동의 석유를 극동 지역으로 옮길 때 반드시 거쳐야 할 위치에 있었어. 그래서 물류 중심이란 점을 이용하여 돈을 벌었는데, 가만 보니까 석유 원유를 다루는 것보다 석유를 쓰임새별로 분류하는 정유를 하면 더 많은 돈을 벌 수 있다는 생각을 하게 되었지. 그래서 고부가 가치가 있는 정유업에도 손을 대게 됐어. 이렇게 리콴유의 찬찬한 관찰과 반짝이는 아이디어가 잘 맞아떨어져서 싱가포르는 별다른 자금이나 자원 없이도 화려하게 변신하게 되었어.

또 다른 분야 중 하나는 금융이었어. 중앙은행 격인 '싱가포르 통화청'을 조직하고, 앞에서 소개했던 고켕스위를 수장으로 앉혔지. 통화청의 기능을 확대 개편한 뒤, 세계 유명 금융기관을 적극적으로 유치했어. 그저 "많이 와 주세요" 한 정도가 아니란다. 세금을

---

11   강희정·김종호 외 4인 지음, 《키워드 동남아》, 한겨레출판, 2022, p.76

낮춰서 외국 기업이 스스로 싱가포르로 찾아오게 만든 거지. 세계
적으로 유명한 금융기관들이 많이 들어오자, 싱가포르는 동남아시
아의 금융 중심지로 변모하게 되었어. 그와 함께 싱가포르인들에게
도 더 많은 일자리가 생겨났어. 아무런 자원이나 자본은 없고 인구
만 넘쳐 나던 싱가포르의 현실을 고려할 때, 먹고살기 위해서는 외
국인 기업과 투자가들을 유치하는 것이 최선의 방책이라고 판단했
던 것이 적확했던 거야.

또한, 술, 담배, 자동차, 유류를 제외한 모든 상품에 세금을 없애
니까 전 세계 유명 브랜드가 싱가포르로 모여들었어. 세금이 없어
다른 나라에 비해 제품이 싸니까 쇼핑을 하러 사람들이 몰려들었
고, 그로 인해 싱가포르는 쇼핑 관광지로도 자리매김하게 되었지.

한편 '싱가포르 항만공사'를 설립하여 세계 일류 수준의 컨테
이너 항구를 건설하였고, 1973년 제1차 석유 파동으로 인해 경제
형편이 좋지 않은 상황이었지만, 새로운 국제공항인 '창이 국제공
항'을 건설하기도 했어. 막대한 비용이 들었지만 미래를 위해 과감
하게 투자했던 것이지. 이런 다각적인 시도와 노력으로 리콴유 총
리는 가난하게 내던져졌던 작은 섬을 30여 년 만에 동남아시아 국
가들 중에서도 경제 수준이 현격히 뛰어난 세계 초일류 국가로 만
들어 냈어.

청렴하고 공정하게

싱가포르라는 나라를 만들어 가면서 리콴유 총리는 청렴과 법질서를 중시했어. 잘못을 저지르면 고위층도 가차 없이 처벌했지. 출장비를 남겨서 개인적인 용도로 쓰거나 소액이라도 뇌물을 받은 혐의가 있으면 리콴유의 오랜 측근도 예외 없이 처벌받았어. 그 정도로 공사(公私, 공공의 일과 사사로운 일)가 분명했지. 그 대신에 공무원의 월급을 파격적으로 인상해서 유능한 인재가 공직으로 진출하도록 유도하고, 공무원들이 곤궁해서 부정부패에 쉽게 유혹되는 일이 없도록 했어. 그 결과 싱가포르는 공무원의 청렴도가 아주 높단다. 어떻게 아냐고? 하나의 예로, 2018년 2월에 발표한 부패인식지수를 볼 수 있겠지. 그 결과를 보면 '매우 청렴'으로 분류된 뉴질랜드가 89점으로 1위를 차지했고, 그 뒤를 덴마크(88점), 핀란드·노르웨이·스위스(85점), 싱가포르·스웨덴(84점), 캐나다·룩셈부르크·네덜란드·영국(82점), 독일(81점)이 따르고 있어. 자세히 보면 동양에서는 싱가포르가 제일 상위권에 올라 있음을 알 수 있지.[12]

물론 리콴유가 행한 모든 시도가 옳거나 바람직했다는 건 아냐. 법질서를 잡겠다고 지나치게 높은 벌금을 매기거나, 태형 제도를

---

12   남영우·박선미 외 3인 지음, 《아주 쓸모 있는 세계 이야기》, 푸른길, 2019, p.123

시행하는 등의 문제로 찬반양론이 벌어지는 일도 있어. 싱가포르에서는 씹던 껌을 바닥에 뱉거나 공중화장실에서 볼일을 보고 나서 물을 내리지 않거나 하면 세금을 과하게 매기니까 싱가포르에 갈 일이 있을 때는 조심해야 해. 예전에 한 미국 청년이 주차장에 주차되어 있던 자가용 여러 대에 낙서해서 공개적으로 태형[13]을 당한 적도 있었어. 범법자가 싱가포르 자국민도 아니고 당시 빌 클린턴 대통령이 선처를 부탁하기도 했지만 어림없었지. 태형 수를 살짝(2대) 줄여 준 거 빼고는 싱가포르인들과 똑같이 처벌했어. 오늘 같은 문명화된 현대에 태형이라는 처벌이 있다는 것은 마음에 걸리긴 하지만, 강대국 미국을 대할 때도 '국내외를 막론하고 공정한 법 시행'을 밀고 나가는 뚝심은 눈길을 끌었어.

싱가포르를 일으킨 독재자?

예전에 싱가포르를 여행했던 적이 있어. 여름방학 때라 안 그래도 더운 나라가 더 더웠지. 야외라면 어디든 찌는 듯 후끈했던 열기와 숙소의 눅눅했던 습기가 기억나. 하지만 일단 에어컨이 잘 작동

---

13   매나 몽둥이, 채찍 등으로 볼기를 치는 형벌로, 곤장형과 비슷하다.

되는 관광버스에 오르면 창밖으로 다채로운 디자인의 빌딩들이 열 대우림의 커다란 가로수와 어울려 눈을 즐겁고 시원하게 했지. 마치 거대한 식물원 안에 들어간 것 같은 기분이 들 만큼, 푸른 나뭇잎들로 하늘이 가려지고 있었어. 그 아래로 깔끔한 흰 셔츠를 입은 회사원들이 깨끗한 거리를 오가고 있어서 경제뿐 아니라 환경에 관련해서도 배울 게 많은 나라라고 느꼈단다.

리콴유 총리는 환경 보호 사업에도 큰 노력을 기울였어. 흔히 경제 개발에 총력을 기울이다 보면 그 과정에서 환경 보호는 자칫 뒷전으로 밀려나기 쉬워. 하지만 싱가포르는 다른 나라들과 다르게 공업화를 추진하면서도 오염이 줄고 환경이 더 깨끗해졌다고 해. 싱가포르의 대표적인 중공업 지대인 주롱 공업단지 한복판에 세계적인 희귀 조류들을 모아 '주롱 새 공원'을 만들어 놓았을 정도지. 발전과 개발을 지향하면서도 자연과 환경까지 살핀 세심함은 정말 높이 살 만하지.

리콴유는 영국령 자치 정부 시절부터 시작하여 무려 31년 동안 싱가포르를 이끌었어. 그동안 엄격한 통치 방식 때문에 '독재자'라는 비난을 받기도 했지. 하지만, 그처럼 존경받는 독재자는 인류 역사상 찾기 어려워. 역사를 톺아보면 잔인하고 교활하게 정권을 탈취한 뒤, 제 안위와 부귀영화만 챙기고 통치나 국가 경영은 안중에도 없던 독재자들이 많았고, 드물게 뛰어난 성과를 거둔 개발 독재자들이 있긴 했지만, 그들은 대개 말로(末路)가 그다지 좋지 않았어. 하지만 리콴유는 평생 권력을 유지하면서도 많은 존경을 받았지. 그것은 탁월한 능력과 처절한 노력으로 지속적인 성과를 내었으며 무엇보다 흠잡을 수 없이 청렴하고 완벽한 도덕성을 갖추었기 때문에 가능했을 거야.[14]

말레이시아에서 쫓겨나고 버림당하면서 느꼈을 모멸감과 암담함을 딛고 싱가포르를 번듯한 나라, 먹고살 만한 나라, 안전한 나라로 만들기 위해 얼마나 큰 노력과 고심이 필요했을까…. 물론 여기서 싱가포르의 리콴유 총리가 시도하고 이룬 일들을 다 잘했다고 칭송하려는 것은 아니야. 성급함이랄까 조급함이 묻어나는 평범치 않은 시도도 분명 있었으니까.[15] 단지, 나는 어려움에 처한 나라의 현실에 안타까움으로 눈물을 흘릴 만큼 국가에 대한 뜨거운 사랑과 열정을 가진 지도자로서 그를 높이 평가하고 싶어. 나라가 처한 여건을 객관적으로 정확히 파악하고 현실을 직시한 후에, 어떻게 하면 국민이 걱정 없이 먹고살 수 있을까를 궁리하고 실행에 옮기는 영민한 두뇌와 실행력을 대단하게 보고 싶어. 또한 능력 있는 인물을 적재적소에 배치하고 청렴하게 일할 수 있는 분위기를 만들어 준 것도 좋더라고.

우리나라에도 그런 지도자가 있기를, 그리고 그런 지도자를 보필할 고켕스위 같은 인재가 많아지기를 바라는 마음이 간절해지는구나.

---

14   앞의 책, 《싱가포르에 길을 묻다》, pp.73-74

15   앞에서 언급했던 태형(쑴꿰) 제도 외에, 우수한 유전자를 가진 아이를 출산하도록 장려하기 위해, 대졸 여성이 출산할 때 보조금을 주는 등의 평범하지 않은 시도들도 했었다.

《에텔라이아트》 1979년 1월 31일 자.
이란 종교 지도자의 귀환 소식을 알리고 있다.

Ruhollah Khomeini

19

이란 혁명

이번에는 이 한 장의 사진으로 시작해 볼까? 구불구불한 아랍 문자들이 잔뜩 쓰인 이것은 이란의 《에텔라아트(Ettela'at)》라는 신문이야. 1979년 1월 31일 자 1면 맨 위의 헤드라인에는 '내일 아침 9시, 테헤란에서 호메이니를 맞이한다'는 뜻의 문구가 큼직하게 적혀 있어.

‘호메이니(아야톨라 루홀라 호메이니)’는 이란의 종교 지도자이자 정치 지도자이기도 했어. 이란 왕실에 반대하다 추방되어 해외에서 망명 중이던 그가 귀국할 것이란 소식이 신문 1면 처음을 장식할 정도로 그는 이란에서 비중이 큰 인물이었지. 헤드라인 바로 아래 왼쪽에 있는 사진 속에 턱수염을 허옇게 기르고 터번처럼 생긴 모자를 쓰고 있는 남자의 모습이 보이지? 그가 바로 호메이니야. 이 사진에선 옆모습이라 잘 드러나지 않지만, 그는 굉장히 날카로운 눈매에 완고하고 엄격해 보이는 인상을 가졌어. 성향도 외모와 크게 다르지 않았지.

당시 이란에서는 혁명 정국이 일고 있었어. 그와 대척점에 있던 왕실이 위험에 처한 상태에서 그가 귀국하게 되면 혁명의 기운이 더 고조될 것은 불을 보듯 뻔했지. 아니나 다를까 호메이니는 신문 기사대로 바로 다음 날인 1979년 2월 1일 귀국했는데, 그 후 곧바로 이란 왕정이 무너졌단다.

친미[親美] 왕실의 백색 혁명

최근 반정부 시위와 가혹한 시위 탄압으로 핫이슈가 되고 있는 이란은 이라크, 사우디아라비아, 쿠웨이트 등과 더불어 산유국으로 유명한 중동 국가야. 중동 국가 중에서도 가장 먼저 원유가 발견된 곳이 이란이었어. 하지만 원유가 있어도 당시의 이란이 가진 기술력이나 자금 규모로는 이용하기 어려웠지. 그래서 영국이 이란의 석유를 시추하고 판매하는 역할을 하고, 이윤의 16%를 이란 정부에 주는 것으로 일이 진행되었다고 해. 물론 초기 설비 투자나 기술자 인건비 등 들어가는 비용이 있으니 어쩔 수 없는 노릇이긴 했지만, 그래도 이란으로선 원료인 원유를 다 대고도 이윤을 영국과 이란이 각각 84대 16으로 배분해야 했으니 꽤나 속이 쓰렸겠지. 그나마 투명하게 처리하는 모습이라도 보여 주면 좋으련만, 영국의 일처리는 이란이 보기에 도무지 믿을 수가 없었어. 석유를 얼마나 채취하는지, 그것을 얼마나 판매하는지, 이익은 정확히 얼마인지 모르게 되어 있어서 그저 영국이 집어 주는 대로 이윤을 받아야 했어. 그러다 보니 이란으로서는 영국이 미심쩍고 못마땅할 수밖에 없었어. 국민은 국민대로 영국뿐 아니라 이란의 왕실도 못 미더웠어. 석유를 팔고 있다는 건 아는데, 국민의 생활이 썩 나아지는 건 모르겠고, 반면에 이란의 왕실만큼은 점점 부유해지고 잘 먹고 잘사는 게 보이니까 불만이 많았지. 그래도 어쩌겠어. 그러려니 하고 참고 있는데, "이란의 석유를 국유화하자"라고 목소리를 내는 사람이 나타났단다. 그는 국민이 선출한 이란의 총리 모사데크였어. 그리고 그는 석유의 국유화를 건의하는 데에만 그치지 않고 실제로 밀어붙이기에 이르렀어. 그러자 영국이 반발했지. '석유 시추 기술은 그저 생기는 줄 아나? 그간 시설 투자하는 데 든 비용은 얼마나 많은데! 석유로 벌어들인 돈으로 이제야 투자 비용 다 뽑고, 슬슬 짭짤하니 이윤 좀 먹을까 하는데, 뭐? 하루아침에 손 털고 나가라고?' 영국은 받아들일 수 없었지. 그래서 다급해진 김에 이란 왕실을 찔러 보았어. 어떻게 좀 해 보라고 말이야. 하지만 왕실도 목소리가 그리 크지 않았고, 모사데크 총리는 뜻이 확고하고 강경했지 뭐야.

이에 영국은 더 센 힘을 가진 미국을 끌어들여 함께 모사데크를 축출할 계획을 세웠어. 에이잭스 작전Operation Ajax이었어. '에이잭스'는 그리스어로는 '아약스'로서, 트로이 공격군 용사에서 따온 것이라고 해. 미국과 합작한 영국은 결국 모사데크를 체포하여 투옥했어. 당시 팔레비 왕은 상황이 혼란할 때 모사데크 지지자들의 시위에 겁먹고 이탈리아로 가 있던 참이었는데, 이제 좀 조용해졌나 싶어 귀국했어. 그리고 미국의 입김에 따라 이란의 현대화를 위해 꽤 노력했단다. 여성들에게 투표권을 주고, 학교를 발전시키고, 교육의 기회를 늘리고, 종교나 종교법이 지나치지 않도록 하는 등의 조치들을 취했지. 당시의 사진들을 보면 오늘날의 이란과는 사뭇 다르단다. 미니스커트를 입은 여자들이 거리를 활보하고 있거든. 그 변화가 자못 커서 '백색 혁명'이란 명칭이 붙었어. 그러니까 백색 혁명이란 팔레비 국왕이 친미(親美) 노선을 견지하며 추진한 근대화 작업을 의미하는 것으로 보면 돼. 여성에게 참정권을 부여하고 비이슬람교도들의 공직 임명을 허용하는 등의 작업을 추진했지. 오늘날의 시각으로 보면 자유를 허용하고 여성의 인권도 챙기고 해서 현재의 이란보다도 훨씬 낫지 않았나 싶어. 하지만, 그런데도 팔레비 왕과 왕실에 대한 인기가 썩 좋아지지 않았어. 그것은 사바크 SAVAK라고 하는 비밀경찰이 너무 포악했기 때문이었어. 왕실의 비밀경찰인 사바크는 이란의 왕인 샤Shah에 반대하는 사람이라면 그 누구든 바로 체포하고 고문하고 죽일 수 있는 강력한 힘이 있었기에 사람들이 두려움과 반감을 동시에 느꼈기 때문이었단다.

호메이니의 귀환과 미니스커트의 종말

그런데 당시에 샤 팔레비와 대립각을 세우는 사람이 있었어. 루홀라 호메이니였어. 그는 이란의 성직자로서 오랫동안 무하마드 레자 팔레비 국왕(샤 팔레비)에 반대하는 이슬람 세력의 최전선에 서 왔던 인물이었어. 그는 1962년 샤 팔레비의 백색 혁명이 세속화되어 이슬람 근본주의에 위배된다며 반기를 들었고, 1963년에는 샤의 백색 혁명을 부정하다가 1964년 11월에 결국 이란에서 추방되었어.

이후 샤 팔레비 아래 불만에 찬 이란인들은 해외로 추방된 호메이니를 그리워하게 되었지. 루홀라 호메이니는 흔히 아야톨라 호메이니라고 불렸는데, '아야톨라'는 그의 이름이 아니라 신앙과 학식이 높은 이슬람의 고위 성직자를 일컫는 말이고, '루홀라 호메이니'가 이름이야. 호메이니는 이라크로 망명하였다가 사담 후세인이 정권을 잡은 뒤에는 쫓겨나다시피 프랑스 파리로 망명을 가 있는 상황이었어. 비록 몸은 해외에 있었지만, 호메이니는 계속 이란인들에게 자신의 목소리를 내었어. 그의 저술과 설교가 이란에서 금지당했음에도 불구하고 널리 유포되고 있었으며 날이 갈수록 영향력이 커지고 있었어. 어떻게 그럴 수 있었느냐고? 자신의 믿음과 생각을 녹음테이프에 담아서 그것을 비밀리에 이란에 들여보내 유통한 것이었어.

1978년 호메이니는 이란인들에게 샤에 항거하여 폭동을 일으키도록 설득했어. 그를 믿고 따르던 이란인들이 그의 가르침과 지시에 따라 행동했지. 샤에 대한 정치적 반대가 광범위하게 일어나자 샤는 점점 더 탄압의 수위를 높여 갔어. 하지만 1979년 1월이 되자 더는 대규모 시위와 혼돈을 가라앉힐 방안이 없었지. 폭동을 진압하기 위해 샤가 자신의 군대를 보냈을 때는 이미 늦은 후였어. 이에 샤는 가족과 함께 해외로 여행을 떠난다고 발표했어. 하지만 사실상 자진 퇴위나 마찬가지였지. 1979년 1월에 샤는 이란을 떠나

이집트로 망명한 뒤에 모로코, 멕시코, 미국, 파나마 등을 전전하며 망명 생활을 이어 가게 되었어. 이란 혁명으로 샤가 축출된 거지. 어쨌든 1979년 1월 샤 팔레비가 해외로 도피하자 아야톨라 호메이니는 추방된 지 약 15년 만에 귀국하게 되었어.

지지자들로부터 열렬한 환영을 받으며 테헤란에 돌아온 호메이니는 지지자들에 의해 종신 지도자로 선언되었어. 1979년 이란이슬람공화국이 출범할 즈음, 거리는 온통 호메이니 초상화가 그려진 피켓을 든 군인들과 군중으로 북새통을 이루곤 했단다. 그런데 문제는 호메이니가 정치인이라기보다는 종교 지도자였기에 종교적으로 엄격한 정치를 하게 됐다는 거야. 신권 정치 또는 제정일치의 정치 아래 호메이니는 이란인들의 살아 있는 신으로 군림하게 되었지. 그는 종교법을 내세워 많은 것을 제약했어. 흔히 혁명이라고 하면 기존의 체제와 질서를 무너뜨리고 새로운 세상을 만드는 것이잖아? 프랑스 혁명이 그랬고 러시아 혁명이 그랬듯이 말이야. 구체제를 부수고 신체제를 만들어 내는 것이 혁명의 일반적인 모습인데, 이슬람 혁명으로 이란은 오히려 더 암울한 신정 정치 체제로 회귀했어. 이슬람 근본주의라 하여 종교의 원칙을 철저히 따르자는 것이니 혁명으로 술과 도박이 엄격하게 금지되는 것은 당연했지. 그런데, 이거 참…. 무엇보다 이란 여자들이 딱하게 되었지. 이슬람 율법을 따른답시고, 여자들은 머리카락과 팔꿈치와 발목을 드러내지 않는 옷을 입어야 했고, 더는 직업을 가질 수 없게 되었어. 종교 지도자이자 정치 지도자까지 겸한 호메이니로 인해 이란의 현대화는 늦춰지고 여성의 권리는 과거로 회귀하여 축소되고 추락했어.

1970년대만 해도 팔레비 정권 아래에서 젊은 여성들이 미니스커트를 입고 다녀서 이란의 수도 테헤란은 '중동의 파리'라고 불렸던 곳이었어. 그런데 이슬람 혁명으로 완전히 풍경이 달라졌지. 호메이니의 신권 정치로 국가보다 종교가 위인 시대가 된 이후, 여성의 자유를 억압하는 사례가 늘었어. 여성의 자유는 서구의 세속적인 문화가 유입된 것으로 보고 철저히 억압했거든. 얼마 전까지만 해도 각선미를 뽐내며 자유롭게 거리를 활보하고, 학교에서 교육받고 직장에 다니던 이란 여성들은 이제 온몸을 꽁꽁 싸매고 가린 채 집 안에만 머물러야 하는 신세가 되었어. 그녀들은 그 변화를 어떻게 견뎌 냈을까? 너무 답답해서 차라리 샤가 통치하던 시절, 백색 혁명 시절이 나았다고 생각한 사람들도 꽤 있지 않았을까?

한 사람의 지도자가 어떤 사람인지, 어떤 성향과 신념을 가졌는지에 따라 국운이 휘청댈 때가 있지. 호메이니는 너무 종교에 치우친 지도자였어. 청교도 혁명 때도 아니고, 바로톨로메오 학살 때도 아닌데, 현대에 종교 때문에 사람들의 자유가 박탈당하고 인격이 무시되고 생명까지 위협받는 일이 버젓이 일어나고 있었다니 놀라운 일이지. 이러한 일은 2023년 이란의 히잡 혁명으로까지 이어졌어. 도덕 경찰이라는 이름으로 경찰은 여성들이 히잡을 썼나 안 썼나까지 단속했고, 더 나아가서는 히잡을 쓰더라도 머리카락이 보이게 썼냐 아니냐에 따라 또 단속 대상이 되는 등 자유 없이 갑갑한 생활을 해야 했거든. 그러다 '마흐사 아미니'라는 한 젊은 여인이 히잡을 제대로 쓰지 않았다고 도덕 경찰에 연행된 이후 의문의 죽음을 당했고, 그 사실이 알려지면서 이란 국민이 격렬히 항거한 것이 바로 2023년의 히잡 혁명이었어. 20세기 이란 혁명(이슬람 혁명)이 21세기에도 영향을 미치고 있는 거야.

이란-이라크 전쟁의 원인

호메이니가 권력을 잡자 이란 국내에도 많은 변화가 일어났지만, 국외로도 큰일이 생겼어. 이웃 나라인 이라크가 쳐들어와서 전쟁을 벌여야 했거든. 1980년 9월 22일 이라크의 선제공격으로 '이란-이라크 전쟁'이 일어났어.

이란-이라크 전쟁은 왜 일어나게 된 걸까? 크게 세 가지 정도의 원인을 꼽을 수 있어. 우선 이라크는 셈족 계통의 아랍인이지만 이란은 인도-유럽어족 계통의 페르시아인이라는 민족 문제를 들 수 있어. 또 하나는 순니파와 시아파로 나누어진 이슬람의 종파 문제를 들 수 있어. 하지만 이런 차이점들 외에 무엇보다 이란-이라크 전쟁의 직접적 원인으로는 샤트 알 아랍Shatt al-Arab 수로를 둘러싼 문제가 크게 작용했어. 이것을 '샤트 알 아랍 분쟁'이라고 해. 샤트 알 아랍 수로는 페르시아만과 연결되어 있어 경제적·전략적으로 이란과 이라크 모두에게 매우 중요했기 때문에, 이 수로의 영유권 확보와 경계선 설정 문제는 양국 모두에게 예민한 사안이었어.

샤트 알 아랍 수로의 영유권 문제는 1937년에 체결된 양국 간 국경 협정에서부터 시작되었어. 이 협정에서는 양국 간의 경계선을 수로의 동안(東岸)으로 임시 결정함으로써 이라크가 이 수로의 영유권을 행사할 수 있게 되었어. 당시 중동 지역의 지배권을 행사하고 있던 영국이 이라크를 지지했기 때문이었어.

그런데 1968년에 영국군이 철수하게 되면서 샤트 알 아랍 수로의 영유권 문제가 다시 제기되었지. 이 문제가 공식적으로 어느 정도 해결된 것은 1975년에 이르러서였어. 당시 이라크는 다급한 상황에 부닥쳐 있었어. 쿠르드족이 반란을 일으켜서 정치 사회적으로 안정을 위협받고 있었거든. 그래서 이란이 쿠르드족의 반란을 지원하지 않는다는 조건으로 이 수로의 계곡선을 양국 간 경계선으로 정한다는 원칙에 합의했단다. 이란에 유리하게 합의한 거지. 그런데 '화장실 갈 때 마음과 나올 때 마음 다르다'라는 말이 있는 것처럼, 급한 사정이 진정되니 이라크로서는 이 협정이 불만스러웠지.

사정이 다급할 때 어쩔 수 없이 양보했던 거지만 말이야.

원래 팔레비 왕조 때 당시 이라크의 부통령이던 사담 후세인이 샤트 알 아랍을 이란 소유로 합의했어. 그런데 생각할수록 손해 본 일이라 생각했는지 사담 후세인이 이라크의 국왕이 된 후, 그 강의 소유를 이라크로 바꿀 생각을 한 거야. 자신과 협의를 했던 이란의 샤는 해외로 축출되고, 호메이니가 귀국하면서 이란의 정세가 어수선하고 혼란에 처해 있는 듯이 보이자, 1980년 9월 22일, '이때다' 하고 전쟁에 나선 것이었어.

이라크전이 남긴 것들

이라크가 쳐들어왔을 때, 이란인들은 국내의 빠른 변화들로 경황이 없었어. 그렇지만 갑작스러운 공격에 대항하여 격렬하게 싸웠지. 미국이 이때까지만 해도 샤가 다시 이란으로 돌아가기를 바라며 사담 후세인이 있는 이라크 편을 들고 있던 때라 미국과 영국, 프랑스 등에서 이라크에 성능 좋은 총을 보내 주었어. 반면 이란은 소련제 무기와 탱크로 싸웠고 말이야.

이라크는 전쟁 초기에는 이란에 압도적인 우위를 보였어. 전쟁의 도화선이었던 샤트 알 아랍 수로를 장악하고 주요 도시를 점령

했거든. 서구의 군사 전문가들도 대부분 단기간 내에 이라크의 승리로 전쟁이 끝날 것으로 예견했지. 하지만 이란의 호메이니는 이란 국민을 대규모 민병대로 조직해 곧바로 반격에 나섰고, 전쟁은 장기전에 돌입하게 됐어. 사담 후세인이 이란의 유정에 폭탄을 투하하면 호메이니는 비행기로 이라크의 유정(油井)에 폭탄을 투하하는 식으로 반격했어. 그 결과 1988년, 8년간의 이란-이라크 전쟁이 그쳤을 땐 천문학적인 손실이 발생한 뒤였어.

그런데 이 전쟁은 다른 전쟁과는 또 다른 면이 있었어. 이란은 이 전쟁을 '강요된 전쟁Imposed War'이라고 불렀어. 즉, 미국의 음모에 의해 일어난 전쟁이라는 것이었지. 이라크가 이란을 침공하자, 미국은 이라크의 침공을 비난하려는 유엔 안전보장이사회의 모든 조치에 반대하고 나섰어. 또 미국은 이라크를 테러 지원국 명단에서 지우고 미군의 무기가 이라크로 보내질 수 있게 만들었어. 이란의 처지에서 보면, 미국이 마음에 들지 않는 이란에 본때를 보이기 위해 이라크를 지원한 것으로 보였지. 그 까닭에 미국과 이란의 관계는 더욱 나빠졌어.

1986년과 1987년 사이 이라크가 몇 번의 휴전을 제안했지만, 이란은 전부 거부했어. 1988년에 변화가 일기 시작했는데, 전세가 이라크 쪽으로 급속히 기울어져 갔어. 4월까지 이라크군은 그동안 이란에 내주었던 이라크 내의 이란 점령 지역을 대부분 되찾았지. 사정이 이렇다 보니 호메이니 정부도 더는 이라크의 휴전 제안을 거부할 수 없게 되었지. 경제는 망가졌고, 무엇보다도 급속히 늘어나는 인명 피해로 인해 군인들의 사기와 결집력이 예전 같지 않았기 때문이었어. 국민도 지쳐 있었고 말이야. 결국, 유엔의 중재로 1988년 8월 휴전 협정이 체결되었어. 전쟁의 결과는 어땠을까? 어이없는 결과였어. 영토는 전혀 변화가 없었고, 국경도 전쟁 이전으로 되돌아갔어. 이란-이라크 전쟁은 승자도 패자도 없이 양측 모두 치유할 수 없는 상처만을 남긴 채 끝났어. 달라진 것이라곤 수백 개의 도시가 파괴되었고, 양국 모두 수십만에서 많게는 수백만에 이르는 사상자를 낳았다는 거야. 참담한 결과였지. (사상자 수는 자료마다 50만 명 이상부터 150만 명, 혹은 수백만 명까지 수치가 제각각이야. 그만큼 전쟁 통에 집계도 제대로 되지 않았다는 뜻이겠지.) 그리하여 이란-이라크 전쟁은 제2차 세계대전 이후 일어난 가장 치열하면서 비극적인 전쟁 중의 하나로 기록되었단다.

로완다 내전 중 피난민들을 지원하는 로완다 적십자 자원봉사자들.
ⓒ영국 적십자사, 1994.

Genocide in Rwanda

20

르완다 대학살 -
인종 말살 정책

커다란 짐보따리를 이고 진 사람들의 행렬이 이어지고 있어. 매트리스나 담요, 그 외에 뭔지 모를 무거워 보이는 짐들을 잔뜩 머리 위에 올린 채 걸음을 옮기는 사람들이 참 힘들어 보여. 이 한 장의 사진에는 어떤 역사가 담겨 있을까? 많은 사람이 무거운 짐을 이고 지고 흙먼지를 날리며 걷는 것으로 봐서 피난을 가는 길 같지? 길가 쪽으로 초록색 수풀이 있고 사람들의 피부가 까만 것을 보면 아프리카 어느 나라에서 벌어진 일 같고 말이야.

이 한 장의 사진은 1994년 80만 명 이상이 희생된 르완다 대학살을 배경으로 하고 있어. 1994년, 르완다 적십자 자원봉사자들이 르완다 내전으로 피난길에 오른 사람들의 상황을 살피고 지원하고 있는 모습이야. 더운 나라에서 저렇게 무거운 짐을 이고 지고 피난 가는 행렬이 끝없이 이어지는구나. 1994년에 일어난 일이니, 거의 30년 전에 있었던 일이지만, 과거의 일이라고 덮고 잊을 순 없는 일이지. 당시 사건이 일어나게 된 배경과 이유와 추이를 알아야 이후 비슷한 일이 재발하는 것을 막을 수 있을 테니까 말이야. 그게 역사를 배우는 이유이기도 하고 말이지. 불순한 악의 무리를 적절히 처벌하는 것 또한 재발 방지를 위해 필요한 일이야.

르완다 대학살이 있은 지 약 25년 만인 2020년에 대학살의 배후이자 자금원이었던 펠리시앙 카부가(당시 84세)가 경찰에 체포되었다는 신문 기사가 떴어. 카부가는 르완다의 후투족 출신으로 부유한 사업가였는데, 비행기 사고로 사망한 하비아리마나 전 대통령의 최측근이었대. 대통령의 사망이 투치족에 의한 것이라 생각하고 격분한 그는 자신이 운영하던 텔레비전과 라디오 방송국을 이용하여 르완다 국민의 인종 간 증오심을 부추겨서 투치족을 살해하도록 했대. 그러고는 대학살 과정에 필요한 훈련 자금을 대고 장비도 지원한 것으로 알려졌어.

사건 이후 25년간 지명수배를 받자, 그는 신분을 위조한 뒤 미국, 프랑스, 벨기에 등 9개국을 돌아다니며 살아왔다는구나. 하지만 결국 프랑스 파리 인근에 있는 한 아파트에서 덜미를 잡혔어. 반인류 범죄를 저지른 이들은 언젠가는 정의의 심판을 받게 되어 있는 모양이야. 사건이 25년 지난 시점에서도 관련자가 체포된 것이 세계적인 관심사가 될 만큼 르완다 대학살은 당시 세상을 경악하게 한 충격적인 사건이자 잊기 힘든 비극이었단다.

그것은 1994년 4월 6일 쥐베날 하비아리마나 르완다 당시 대통령이 탑승한 항공기가 미사일에 격추되면서 촉발되었어. 이후, 불과 100여 일 만에 소수족인 투치족 80여 만 명이 희생되었지. 식민지 독립 이후 아프리카에서 가장 잔혹한 범죄로 기록됐던 인명살상(人命殺傷) 사건이야.

키와 코, 피부색으로 나뉜 배경

하비아리마나 당시 대통령이 비행기 사고로 죽으면서 르완다 대학살이 촉발되긴 했지만, 사실 르완다에는 이전부터 불길한 기운이 가득했어. 석유가 잔뜩 뿌려져 있어서 작은 성냥불 하나만 떨어져도 큰 화재가 일어날 것 같은 그런 위태위태한 분위기였다고. 그러한 갈등과 긴장 상태의 원인은 무엇이었을까? 상황을 이해하기 위해 르완다라는 나라부터 살펴보기로 할까?

　르완다는 아프리카 내륙에 있는 아주 작은 나라야. 한반도 중에서도 남한의 약 4분의 1 정도 크기라서 아프리카 지도에서 그다지 눈에 띄지 않는 나라란다. 석유나 광물 같은 천연자원이 거의 없이 국가 경제의 대부분을 농업에 의존하고 있는 가난한 나라일 뿐이지. 그런데 이 나라 사람들이 두 부류로 나뉘어 싸우고 있었어. 석유든 다이아몬드든 뭔가 값어치 있는 것도 없는 가난한 나라라 이권(利權)을 차지하겠다고 싸우는 것도 아니었고, 예전의 베트남이나 우리나라처럼 공산주의 대 민주주의 같은 이념이나 사상으로 갈라진 것도 아니었어. 문제는 인종 차이였어. 인종이 문제가 된 데는 이유가 있었지.

　이 지역에는 예로부터 투치족과 후투족이라는 두 개의 부족이 있었어. 둘 다 흑인종이긴 하지만, 후투족은 피부가 새까맣고 키가 작았지만, 투치족은 피부가 좀 더 밝고 키가 컸대. 외양이야 좀 다를 수도 있는 거지, 같은 나라 사람끼리 생김새가 다르다고 그게 싸울 명분이 될 건 또 뭐란 말인가? 싶은데. 이유는 역사에 있었어. 르완다의 대학살은 역사를 바탕으로 생겨난 비극이라고도 할 수 있어. 과거 르완다를 식민 지배했던 벨기에가 인종을 차별한 것이 사태를 키웠지. 식민지 점령국들은 두 부족 중 투치족을 더 좋아했고, 그들에게 르완다의 주요 직책을 맡겼어. 그로 인한 후투족의 원한이 쌓이고 쌓였다가 터져 나온 것이 이유라면 이유였어. 인종 간의 반목과 질시는 이미 널리 번져 있었어.

세상 사람들은 널리 알려진 1994년의 르완다 대학살을 기억할 테지만, 그전에도 거의 10년마다 수많은 살인과 잔학한 행위가 이루어졌다고 해. 투치족과 후투족 사이의 갈등은 수세대를 거슬러 올라가. 갈등의 뿌리는 벨기에 식민지 점령 시절에 심어졌어. 과거 르완다는 독일령 동아프리카였다가 제1차 세계대전 이후 독일의 패망으로 베르사유 조약에 의해 벨기에령이 되었거든. 식민지 개척자들이 두 부족을 등지게 하고 공포의 역사를 조장했지.

식민지 시절 이야기에 의하면 사람의 키를 재고 코와 피부색을 따져서 그들이 투치족인지 후투족인지를 구분했다고 해. 제국주의 시대에는 '골상학'이라고 해서 사람의 생김새로 종족의 우열을 나누는 일이 드물지 않았어. 그런데 벨기에인들은 투치족을 더 선호했어. 백인종인 벨기에인들이 보기에 아무래도 좀 더 피부색이 밝은 투치족이 자신들과 가깝게 느껴져서인지 투치족에게 더 많은 기회와 호의를 베풀었지. 투치족이 체격도 좋고 피부색도 더 밝으니 피부색이 더 검은 후투족보다 더 똑똑할 것이라 여겼고, 그래서 그들 편을 들어주었다는 거야.[1] 벨기에인들이 자기 마음대로 정

---

1   레네 레제피, 크리스 잉 외 지음, 박여진 옮김, 《음식의 말》, 윌북, 2019, pp.253-263

해 놓은 인종 신분제가 있었으며 종족을 기입한 신분증도 발급했다고 해. 벨기에인들은 또한 투치족에게만 교육의 기회를 주었어. 그러자 후투족을 중심으로 민주주의와 독립의 요구가 이어졌지. 그런데 비율을 보니 투치족이 15%, 후투족이 85% 정도였어. 후투족이 월등히 많았으니 후투족을 무시하기는 어려웠어. 그래서 벨기에인들은 후투족을 달래려고 이제는 투치족에게 등을 돌리고 후투족에게 '후투족이 르완다의 주요 부족이니 후투족이 르완다를 지배해야 한다'고 말을 바꿨어. 물론 벨기에인들에게 고분고분해야 한다는 조건을 달고서 말이지.

수십 년 동안 후투족 사이에는 투치족을 반대하는 선전문들이 나돌았고, 그 반대의 경우도 있었어. 식민지 시절 식민지 개척자들이 투치족을 선호하면서 상대적으로 하대당하고 소외되었던 후투족은 투치족에게 다그쳤지. 어떻게 후투족의 직업과 재산을 되돌려 줄 거냐고 말이야. 후투족은 투치족을 미워하는 내용을 담은 말과 시를 만들었어. 십계명(十誡命)도 있었어. '투치족과는 거래하지 말라. 투치족과는 같은 식탁에서 밥을 먹지도 말고 빵을 나누지도 말라'는 식의 지켜야 할 명령이 10가지가 있었다는 거지. 어린이들까지도 '숲이 내 공간을 침범하면 마체테[2]를 차고 그 가지들을 베어

---

2   마체테란 용설란이나 사탕수수, 코코아 열매를 자르거나 딸 때 사용하는 날이 넓고 크며 무거운 칼이다.

버려라' 같은 섬뜩한 표현에 멜로디까지 붙여서 노래 불렀대.[3] 그렇게 혐오와 증오의 수위가 높아지고 확산되고 있었어.

독립과 함께 곪았던 상처가 터지다

벨기에 통치 아래 있었던 인종 차별로 인해 투치족이 상대적으로 잘살고 후투족은 가난한 등 두 종족 간에 차이가 발생하자, 그에 따라 갈등이 깊어지고 긴장 상태가 가속됐지. 그래서 식민지 정권이 철수하자마자 바로 유혈 사태가 났어. 일종의 제노사이드[4]가 일어난 거지.[5]

1962년 르완다가 독립할 즈음 그간 곪았던 상처가 터졌어. 후투족의 투치족에 대한 적개심이 표출되었던 거야. 독립 후 지도자를 뽑을 때, 선거를 통해 뽑다 보니 수가 많은 후투족이 정권을 잡게 되었지. 후투족은 투치족에 반기를 들었고, 수천 명이 죽고 피 흘리는 일이 생겼어. 1962년, 르완다가 후투족에 의해 다스려지는

---

3   앞의 책, 《음식의 말》, pp.259-260

4   genocide. 그리스어로 종족·인종을 뜻하는 geno와 라틴어의 살인을 뜻하는 cide를 합친 단어로 집단학살이라는 뜻이다. 제노사이드는 민족, 종족, 인종, 종교 집단의 전체나 일부를 고의적으로 혹은 제도적으로 제거하는 것을 일컫는다.

5   앞의 책, 《아주 쓸모 있는 세계 이야기》, p.151

공화국이 되자, 많은 투치족이 후투족과의 마찰을 피해 남부 쪽으로 몰려가서 살거나 해외로 이주했어. 하지만 축출된 투치족이라도 여전히 르완다를 자신들의 적법한 고국으로 여겼기에, 그들은 해외에서 '르완다 애국전선RPF: Rwandan Patriotic Front'이라는 망명 정당을 만들어 살면서 자신들의 고국인 르완다로 돌아가기를 고대하고 있었어.

1990년 르완다에서 평화 회담이 시작되었고 사람들은 회담을 주시하고 있었어. 잠재적으로 있을 선거와 인근 국가로 피신한 투치족이 고향으로 돌아갈 가능성에 대해서도 회담에서 논의되었지. 그 결과로 1993년 탄자니아의 아루샤에서 르완다 대통령이 '르완다 애국전선'과 평화 협정에 서명했어.

대통령이 탄 비행기가 격추됐다고?

1994년 4월 6일, 르완다 대통령과 부룬디 대통령이 탄 비행기가 미사일 공격을 받았고, 결국 대통령들은 사망했어. 르완다 대통령 하비아리마나는 후투족이었기에 후투족은 투치족을 그 비행기 사고의 배후로 여겼어. 거의 즉시 갈등이 가속화되었지. 사고의 원인은 종족에 따라 다르게 추정되었어. 투치족은 대통령이 속한 당원(후투족) 중 일부 세력이 적(투치족)과 협정을 맺은 것에 대해 대통령에게 배신감을 느끼고 비행기를 격추하는 데 가담했다고 주장해. 한편 후투족은 후투족이었던 하비아리마나가 소수인 투치족을 대표하는 혁명 그룹인 르완다 애국전선이 있던 곳에서 위태로운 평화 협상을 진행하고 돌아오던 중에 사고를 당한 것이기에, 즉시 르완다 애국전선 탓을 하며 투치족을 비난했어. 투치족이 후투족 대통령이 탈 비행기를 고의로 파괴했다고 주장하면서 말이야. 두 개로 나눠진 집단 사이에 적개심이 들끓었고, 곧 대학살이 시작되었어. 도로에 방어벽이 세워지고 마체테가 등장했어. 대통령이 탄 비행기는 여전히 화염에 휩싸여 있었는데, 그들은 몇 주 전부터 마체테와 휴대용 라디오를 배분해 준비하고 있었대. 이전의 다른 전투나 전쟁 때보다 총과 수류탄은 적지만, 마체테며 곤봉이 등장하는 치밀하고도 용의주도한 전쟁이었다고 해.[6]

후투족은 무기를 들고 투치족을 죽이기 시작했어. 오랜 세월 이웃으로 살던 두 부족 간에 유혈 낭자한 인종 말살 전쟁이 계속되었어. 하비아리마나 암살이 투치족의 소행이라고 여긴 대통령 경호 부대가 투치족을 닥치는 대로 죽이기 시작했는데, 그 끔찍한 인종 학살은 수도에서부터 전국으로 퍼졌지. 100일 동안의 무차별적

---

6   앞의 책, 《음식의 말》, pp.256-257

인종 학살을 벌여서 약 80만 명의 투치족이 목숨을 잃었어. 그것은 르완다 전체 인구의 약 20%에 해당한다는구나. 사망자 수도 엄청 나지만, 후투족 암살단의 잔인함도 극에 달했지. 정치인들과 군인 들의 선동으로 후투족들은 투치족은 물론 후투족 온건파들까지 눈 에 띄는 대로 살해했어.

르완다와 프랑스는 1963년 수교를 맺었는데, 1994년 르완다 대 학살 시기에 이르러 두 나라 사이는 긴장 관계에 놓이게 됐어. 프랑 스 정부가 학살을 자행한 당시 르완다 임시정부를 도왔다는 의혹이 있었고, 카부가 등 범죄자들에게 은신처를 제공하는 것 아니냐는 의혹도 있었거든.[7] 훗날 21세기 초에 르완다는 당시 프랑스가 후투 족의 무장을 지원하고 보호했다며 학살에 책임이 있다고 지적했어. 이후 르완다는 2006~2009년 사이에 프랑스와 관계를 단절했지. 이에 프랑스는 르완다 사태에 대해 진상 조사를 했어. 그리고 2021년 마크롱 프랑스 대통령은 르완다에 있는 집단 학살 기념관을 방문한 자리에서, 대학살에 있어 프랑스의 책임도 있다고 말했어. 프랑스 가 공모하지는 않았지만, 당시 정부 편에 섰던 만큼 엄청난 책임은 있다고 인정했어.[8]

---

7   이기철, "80만명 희생 르완다 대학살 '배후' 카부가 25년 만에 체포", 《서울신문》, 2020.05.17
8   한혜란, "르완다 찾은 마크롱, 1994년 대학살 책임 인정…관계정상화 시동", 《연합뉴스》, 2021.05.28

외모로 삶과 죽음이 나뉘다

투치족과 후투족 사이에는 뚜렷한 신체적 차이가 있었기 때문에 외모가 곧 사망 보장서나 다름없었어. 키가 작고 피부색이 검으며 다부진 체격이면 후투족이고, 키가 크고 호리호리한 체형에 피부색이 더 밝은 편이면 투치족이니까 숨길 수가 없었지. 그래서 누가 무슨 말을 하든 그저 외모가 자신과 다르면 무조건 죽였대. 생김새가 어떠냐에 따라 삶과 죽음이 갈렸으니 상대의 눈에 띄지 않으려고 얼마나 노심초사했겠어. 하지만 소용없었지. 광란의 피바람이 불었고, 그 결과 수많은 사람이 죽었지.[9]

대규모 학살이 자행되는데도 국제 사회는 수수방관했어. 서방 국가들은 유엔 평화유지군을 르완다 학살의 진압을 위해 파병하려고 하지 않았어. 일이 커진 뒤 평화유지군을 잠시 파병해 보기도 했지만, 약간의 인명 피해가 나자 곧바로 철수해 버렸지. 먼 남의 나라 내전에 다른 나라 사람들이 가서 목숨까지 걸 만큼 큰 위험을 감수하기란 쉽지 않은 일이었으니까 말이야. 이후 유엔은 휴전 협정을 시도하는 것 정도로 스스로 제한된 역할만 했지. 르완다 애국전선인 RPF가 수도 키갈리를 점령하고 후투족인 파스퇴르 비

---

9   앞의 책, 《음식의 말》, p.258

지뭉구를 새로운 대통령으로 세운 뒤에야 학살은 종료되었어. 투치족 RPF 지도자인 폴 카가메가 자진해서 부통령을 맡았지만, 영향력은 대통령 이상이었어. 200만 명이 넘는 후투족이 투치족의 보복을 두려워하며 르완다를 탈출했어. 후투족 난민은 주로 이웃 국가인 자이르로 피난을 떠났는데, 도주 중 가장 최악이었을 때는 600명의 사람이 1분마다 자이르로 국경을 건넜다고 해. 그렇게 많은 사람이 자이르에 있는 난민 캠프에 한꺼번에 몰리다 보니 음식과 물이 부족했고, 수만 명의 사람이 배고픔과 갈증과 질병으로 고통받다가 죽었지. 극빈층의 난민들이 몰리다 보니, 이로 인해 이웃 국가 자이르에도 심각한 불안이 야기됐고 말이야. 르완다에서의 인종 말살과 이주는 근래의 역사에서 가장 황폐한 것으로 꼽히고 있어.[10] 이후에도 종족 갈등은 여전히 미해결 상태로 남아 있다고 하지. '르완다 인종 말살' 사건은 20세기 현대사에서 가장 비극적인 사건 중 하나로 기억되고 있어.

오늘날의 르완다는 의외로 굉장히 빠르게 안정을 찾고 나날이 발전하고 있다고 해. 대학살이 있은 지 불과 30여 년 만에 이렇게 긍정적인 변화를 이룬 것은 폴 카가메 대통령의 뛰어난 리더십 때

---

10 John McCannon, 《BARRON'S AP WORLD HISTORY》(7th edition), Barron's Educational Series, 2016, p.297

문이라고 하는구나. 그는 싱가포르를 염두에 두고 국가 경영을 한다는데 그래서인지 청렴한 사회, 깨끗한 거리에다 높은 경제 성장률을 이루고 있어. 국민들도 옛 상처를 딛고 다시 웃음을 찾고 있다고 하지. 그는 인종으로 나뉜 국민이 화합하도록 많은 애를 썼어. 학살의 피해자와 가해자가 너무 많아서 법정에서 정식 재판을 할 수가 없었기에 약식 마을 재판인 가차차를 이용했다고 해. 마을 공터에 사람들이 둘러앉아서 가해자와 피해자의 말을 다 듣고 '기억하되 용서한다'는 방향으로 나아갔다지.

그런데 학살의 가해자와 피해자의 인터뷰를 엮어 놓은 기록들을 보면 정말 마음에서 우러나온 용서라기보다는 피해자가 살아남기 위해서 어쩔 수 없이 화해와 용서를 택하는 경우가 많은 것 같아. 사실 사랑하는 가족을 한순간에 잃은 피해자가 어떻게 가해자를 완벽하게 용서할 수 있겠니? 그저 화해와 용서라고 아름답게 포장하지만, 그 속에는 홀로 남은 자신의 생존이나 노후를 위해 어쩔 수 없이 과거를 묻고 가해자와 화해할 수밖에 없는 처절한 사정들이 있더구나. 이런 점들을 생각하면 르완다 학살의 상처가 완전히 아문 것도 아니지. 가슴속에는 그날의 상처가 여전히 피를 흘리고 있을 테니 말이야.

인종 갈등에서 인종 청소까지

앞에서 우리는 20세기 현대사에서 가장 비극적인 사건 중 하나로 기억되고 있는 '르완다 대학살'에 대해 알아보았어. 하지만 20세기의 인종 갈등과 그로 인한 대량 학살이 르완다 내전에서만 발생했던 것은 아니었어. 대표적인 것으로는 나치 정권하에서의 유대인 말살 정책이 제일 규모가 크지. 하지만, 워낙 널리 알려진 일이라 그보다는 덜 알려진 것 같은 르완다 내전을 중심으로 알아보았던 거야.

유대인과 관련한 인종 갈등과 혐오는 역사가 깊어. 비단 20세기만의 문제가 아니라 고대 로마 제국 시대에도 유대인에 대한 차별이 있었으니까 말이지. 그것이 스페인에서도 러시아에서도 문제가 되다가 20세기 제2차 세계대전 때 독일 나치하에서 조직적이고 대량으로 행해진 거야. 약 600만 명에 달하는 유대인이 '파이널 솔루션'으로 강제 수용소의 가스실 등에서 죽어 갔지. 그 피의 희생을 딛고 이스라엘이란 나라가 세워졌고 말이야.

서아프리카의 식민지국이었던 나이지리아에서도 인종 갈등으로 인한 대량 학살이 있었어. 나이지리아는 1960년에 영국으로부터 독립을 선언했고, 인종 무리 중 하나인 이보는 매우 성공적인 독립을 이뤄서 다른 인종 그룹 몇몇도 그들 스스로의 성공을 원했지.

1967년 내전 때 이보는 비아프라Biafra라고 하는 그들 스스로의 나라를 만들었는데, 1970년 비아프라 내전이 끝나고 비아프라는 파괴되었어. 그사이 거의 100만 명이 사망했지. 그 외에도 인종의 경우 오스트레일리아 백인에 의한 태즈메이니아인 학살, 국가의 경우 러시아인의 폴란드 장교 살해, 종교의 경우 레바논에서 지속되어 온 이슬람교도와 기독교도 간의 살육, 정치의 경우 캄보디아 혁명 세력의 동족 살해 등 여러 경우가 있어.[11]

1990년에는 발칸반도에서 세상을 경악하게 한 사건이 일어났어. 한 해 전인 1989년 세르비아 대통령으로 선출된 슬로보단 밀로셰비치가 1990년부터 인종 청소를 해 댔어. 유고슬라비아 연방에는 세르비아인들뿐만 아니라 크로아티아인, 보스니아인 등 여러 민족이 섞여 있었는데, 밀로셰비치 대통령은 세르비아에서 세르비아 인종이 아닌 자들을 몰아냈어.

군대의 대부분을 장악한 밀로셰비치는 크로아티아 안에 있는 세르비아인을 보호한다는 명목으로 군대를 출동시켜 내전을 일으켜서 많은 이들을 죽였어. 이어 보스니아-헤르체고비나도 독립을 선언하자 내전은 더욱 복잡해졌지. 1995년 북대서양조약기구인 나토NATO가 개입하면서 불안한 평화가 정착되었지만, 보스니아에 남

---

11   앞의 책, 《아주 쓸모 있는 세계 이야기》, p.151

은 것은 세 민족의 분열과 4년간의 전쟁으로 인한 폐허뿐이었어. 유고슬라비아 내전은 1998년 코소보 사태가 발생하면서 최악으로 치달았어. 코소보 알바니아인들을 '청소'하러 나선 것이지. 야만적인 '인종 청소'는 복수심을 자극하여 피는 또 다른 피를 불렀어. 이 과정에서 10만 명 이상이 죽었고, 지역 인구 절반이 고향에서 쫓겨났지.[12]

아프리카나 중동 지역도 아니고 제2차 세계대전 때 나치 독일의 유대인 학살에 대한 기억이 생생한 유럽에서 이런 일이 일어난 것에 세계는 큰 충격을 받았어. 이에 서방 국가들은 북대서양조약기구인 나토의 권한으로 1999년 세르비아에 대해 작전을 시행했고, 이듬해인 2000년에 일어난 시민 혁명으로 밀로셰비치는 권좌에서 쫓겨났어. 2001년에 체포된 그는 전쟁 범죄와 학살죄로 기소되었고 국제사법재판소에서 재판을 받던 중, 2006년 감옥에서 죽었어. 다른 인종을 무참하게 학살한 그에게는 '발칸의 도살자'라는 오명이 붙었단다.

인종 간의 갈등에서 불거진 대량 학살은 유럽인들이 식민지를 만들거나 분리 독립을 시킬 때 성의 없이 대충 했기 때문일 때가 많아. 인종이 다른 그룹의 사람들을 포함해서 식민지를 만들거나 독

---

12   앞의 책, 《한국이 보이는 세계사》, p.496

립국을 만드는 일이 종종 있었지. 그렇게 만든 식민지나 나라라면 다른 인종 그룹이 화목하게 융화되고 통합되도록 신경을 써야 할 텐데, 유럽인들은 그런 시도를 하지 않았어. 식민지인끼리 사이가 좋으면 단결이 잘돼서 독립 투쟁을 하게 될 수도 있고, 그렇게 되면 통치하기가 어려워지니까 오히려 서로 반목(反目)하게 내버려두기도 했어. 그러다 보니 식민지가 독립할 즈음이 되자 그 달랐던 인종 그룹이 서로 싸우기 시작했어.

그러니까 시작은 제국주의 유럽인들이 잘못한 게 분명하지. 하지만 어떤 연유로 반목과 갈등이 시작되었다 해도 그것이 원한으로 사무치거나 불거져서 충돌하는 일이 없도록 노력하고 조심해야 해. 안 그러면 피해는 걷잡을 수 없이 커질 테니까 말이야.

혐오 사회를 넘어

하나의 사회를 이루고 살아가기 위해서는 사람들 간의 다름을 인정하되 차별하지 않는, 성숙한 시민 의식이 필요하지 싶어. 투치족과 후투족이 외양도, 인종도 다르지만 서로 반목하거나 차별하지 않았으면 좋았겠지. 제국주의 유럽인들이 차별을 행했다면 투치족 같은 기득권층에서 먼저 기득권을 얼마쯤 내려놓는 현명함이 필요했을 거야. 약간 양보하고 손해를 보는 것이 훗날 수십만 명이 목숨을 잃는 것보다 나을 테니까 말이지. 작은 걸 얻겠다고 애쓰다가 큰 걸 잃는 어리석음을 행하지 않으면 좋겠어. 삐끗 잘못 시작되면 미움이 증오를 낳고 갈등이 커져서 눈덩이 커지듯이 점점 커질 수 있어. 인종 갈등, 인종 청소, 인종 말살에 관한 사례들을 보다 보면, 인간은 이성의 동물이기보다는 감정의 동물인 것 같다는 생각이 들곤 해. 그리고 또 한 번, 제국주의 시대에 식민 정책을 행하면서 부주의하고 비이성적이었던 강대국 유럽인들의 무심함이 시간이 흐르면서 갈등과 증오를 키웠다는 생각도 하게 되네. 잘못은 강대국이 하고, 그 결과로서의 잔혹한 비극은 약소국이 떠안는 경우가 정말 많거든.

그래도 어쨌든 같은 나라 사람인데 서로 인종이 다르고 외양이 다르다고 해서 대학살극이 일어났으니 르완다 사태는 참으로 안타까우면서 섬찟했어. 인종 문제를 떠나서도, 타인과 더불어 살아가는 데는 다양한 차이들과 맞닥뜨리게 되기 마련이잖아? 살아온 세월과 겪어 온 역사에 따라 서로 다른 점이 있고, 서운하거나 못마땅한 점들이 있을 수 있어. 그게 출신 지역이나 연령 차이일 수도 있고, 성별일 수도, 종교일 수도, 빈부 격차일 수도 있으며, 사고와 신념의 차이일 수도 있을 거야. 그 외에도 언급하지 않은 수많은 차이가 있겠지. 차이가 존재하는 건 당연한 일이지만, 그것이 다름을 넘어서 불편, 불만을 거쳐 증오에까지 이른다면 자칫 파국으로 치달을 수 있어. 요즘 우리 사회만 보더라도 나와 다른, 우리와 다른 사람이나 집단에 대한 혐오나 증오의 감정이 극에 치닫는 때가 종종 있어서 가끔 좀 오싹해질 때가 있어. 뉴스와 유튜브 등을 볼 때도 한쪽으로 치우쳐서 보게 되는 것 같아. 과거에 본 사이트들을 기억했다가 좋아할 만한 유사 영상들을 보여 주는 과하게 친절한(?) 알고리즘의 역할로 인해서 점점 더 생각이 고착되는 부작용도 있는 것 같고 말이야. 불신과 상호 비방을 꽤 자주 목격하게 돼. 예전에는 영남과 호남 같은 지역색으로 편이 갈리는 일이 많았는데, 요즘엔 남녀 간의 젠더 갈등이나, 노인과 젊은이 사이의 소통 부재, 가진 자와 못 가진 자의 괴리 같은 것이 더 큰 갈등을 일으키는 것 같아. 무엇보다 걱정인 건, 2024년 12월 3일 선포되었던 비상계엄(내란 사태) 이후로 불거진 태극기 부대와 응원봉 부대 간의 심각한 갈등이야. 자칫 불씨 하나가 잘못 떨어지면 화르르 불길이 일어나 모든 걸 삼켜 버릴 것만 같은 그런 격렬한 증오와 극심한 혐오가 도처에 감지되고 있어. 역사를 거울삼아, 같은 나라 국민끼리 혐오와 멸시로 공멸하지 말고 함께 살아가는 지혜를 발휘하고 실천해 나가면 좋겠어.

어떤 사회든 정도의 차이가 있을 뿐, 갈등은 존재해. 중요한 것은 그것을 어떻게 풀어 나가느냐 하는 것이지. 작은 실수와 미숙함이 커다란 비극을 몰고 올 수도 있으니까 말이야. 현명함과 차분함이 비극으로 가는 길을 차단하는 방편이지 않을까 싶어.

《한 번은 꼭 읽어야 할 20세기 세계사》 속에 든 세계사 이야기들 흥미롭게 잘 보셨나요?

이 책을 기획하고 써서 출간하기까지 꼬박 1년이 넘게 걸렸습니다. 관련 자료를 읽고 정리하고 원고를 썼다가 뺐다가 다듬고 이후 출판사의 후속 업무까지 이어지다 보니 시일이 꽤 걸렸지요. 책을 쓰고 만드는 그동안에 우리나라에 많은 일이 있었습니다. 계엄령이 내려졌다가 철회되었으며 대통령 탄핵 시위와 재판이 이어지면서 새 정권이 들어서기까지 혼란스러웠고 종종 팽팽한 긴장감이 돌았지요.

국외의 상황도 만만치 않았습니다. 러시아와 우크라이나의 전쟁으로 숱한 인명이 희생되고 건물이 초토화되었으며, 세계 경제는 어려워졌지요. 한동안은 무리하게 관세를 부과하려는 미국 트럼프 정권의 변덕스러운 정책으로 우리의 경제와 외교는 혼란과 시련을 겪었습니다. 세계사를 공부하다 보니 세계사가 단순한 과거의 기록이 아니라 여전히 반복 재생되고 있음을 느낄 때가 종종 있습니다.

권력의 측근이 나랏일을 좌지우지했던 사례들은 러시아 로마노프 왕조 때의 라스푸틴을 떠올리게 했지요. 국민이 양분되어 각자의 목소리를 높일 때에는 유혈 사태로 이어진 인도와 파키스탄 분리 독립 시기와 르완다 대학살 때가 떠올라서 조마조마한 심정이었습니다.

혼란한 정국 속에 능력 있고 올바른 지도자를 갈구하는 마음이 들 때에는, 마침 영국의 처칠 총리와 싱가포르의 리콴유 총리에 관한 글을 썼습니다.

러시아와 미국으로 인해 세계의 평화와 안정이 위협받을 때, 예전 레이건과 고르바초프가 기분 좋은 미소를 띠며 전략 무기 감축 협상에 사인하던 때를 떠올리기도 했지요. 그때의 미국과 소련은, 그리고 전 세계는 해빙의 무드로 가득했는데, 오늘의 세상은 왜 평화의 방향으로 나아가지 못하고, 오히려 퇴보하고 있을까? 하는 생각에 속이 상하기도 했습니다.

헝가리 시민들이 공산당 일당 독재 철폐와 소련군 철수를 외쳤던 헝가리 혁명이나 중국의 티베트 침공에 관한 글을 쓰면서는 우리가 믿고 의지할 나라는 우리나라밖에 없다는 것을 새삼 깨달았습니다. 미우나 고우나 그저 우리 국민이 함께 힘을 합해서 어떻게든 이 나라를 일으키고 지켜 나가야 하는 도리밖에 없다는 것을 말이지요.

세계사 책을 읽고 쓰면서 점차 늙어 가는 저로서는 가끔 의문이 들곤 합니다. 세계사를 아는 것이, 그리고 세계사를 독자들께 알려 드리는 것이 어떤 쓰임새가 있을까 하고요. 그 의문에 답이 궁해질 때가 종종 있습니다. 청소년들을 포함한 독자분들이 제 책을 통해 조금이라도 세계의 흐름을 읽고 미래를 보는 데 인사이트를 얻을 수 있을까요? 학업과 진로, 업무를 위해 바쁜 시간을 쪼개 저의 책을 읽었을 독자분들께 지식이든 재미든 감동이든 깨달음이든 뭔가 한 조각이라도 나눠 드릴 수 있었을까요? 이념과 성별, 나이 등으로 쪼개져서 서로 반목할 때 부드럽게 하나로 아우르는 지혜나, 자국의 이익만을 좇는 강대국과의 협상에서 우리의 자존심을 지키면서 실익을 챙길 방안이 있을까요? AI가 인류의 삶을 뒤흔들고 있는 대변혁기에 과거의 역사는 어떤 역할을 할 수 있을까요? 막막하고 무력감을 느낄 때도 있습니다.

제가 할 수 있는 역할은 여기까지, 제가 아는 역사의 일부를 들려드리는 것뿐입니다. 이 책에서 독자분들이 크든 작든 지식을 쌓고 인사이트를 얻을 수 있다면 좋겠습니다. 저는 그저 독자분들이 부디 멋지게 성장하여 혼란스러운 세상을 보다 나은 세상으로 만들어 주시길 바라겠습니다. 건승을 빌어요. 파이팅!

이영숙 드림

DK LONDON 기획 편집, 《The History Book》, DK LONDON, 2016

J.M.로버츠 지음, 진우기·김성재 옮김, 《HISTORICA 히스토리카 세계사 10》, 이끌리오, 2007

Jackson J. Spielvogel, Ph.D., 《World History》, McGraw Hill, 2023

John McCannon, 《BARRON'S AP WORLD HISTORY》(7th edition), Barron's Educational Series, 2016

M. V. 카마스 지음, 이옥순 옮김, 《위인들의 마지막 하루》, 사과나무, 2005

Maria Carmelita B. Samson 외 4인 지음, 《Turning Points: Asian History》, REX Book Store, 2017

Mark Alvin M.Cruz 외 8인 지음, 《World History》, Vibal Group, Inc., 2014

Marvin Perry, 《A HISTORY OF THE WORLD》(revised edition), Houghton Mifflin Company, 1989

강승문 지음, 《싱가포르에 길을 묻다》, 매일경제신문사, 2014

강준만 지음, 《전쟁이 만든 나라, 미국》, 인물과사상사, 2016

강희정·김종호 외 4인 지음, 《인물로 읽는 동남아》, 한겨레출판, 2024

강희정·김종호 외 4인 지음, 《키워드 동남아》, 한겨레출판, 2022

고나가야 마사아키 지음, 서수지 옮김, 《세계사를 바꾼 21인의 위험한 뇌》, 사람과나무사이, 2021

기세찬·나종남 외 8인 지음, 《전쟁의 역사》, 사회평론아카데미, 2023

김경상 지음, 《카롤 보이티야》, 새로운사람들, 2012

김명진 지음, 《20세기 기술의 문화사》, 궁리출판, 2018

김봉중 지음, 《요즘 어른을 위한 최소한의 전쟁사》, 빅피시, 2024

김형곤 지음, 《미국의 역사를 훔친 영화의 인문학》, 홍문각, 2015

김희보 지음, 《세계사 다이제스트 100》, 가람기획, 2020

남영우·박선미 외 3인 지음, 《아주 쓸모 있는 세계 이야기》, 푸른길, 2019

대한민국 역사교과서 편찬위원회 지음, 《대한민국 역사교과서 2》, 한가람역사문화연구소, 2024

대한불교조계종 교육원 불학연구소 편찬, 《한 권으로 보는 세계불교사》, 불광출판사, 2012

댄 칼린 지음, 김재경 옮김, 《하드코어 히스토리》, 북라이프, 2020

데이비드 에저턴 지음, 정동욱·박민아 옮김, 《낡고 오래된 것들의 세계사》, 휴머니스트, 2015

레네 레제피, 크리스 잉 외 지음, 박여진 옮김, 《음식의 말》, 윌북, 2019

로날트 D. 게르슈테 지음, 강희진 옮김, 《질병이 바꾼 세계의 역사》, 미래의창, 2020

맥스 부트 지음, 문상준·조상근 옮김, 《보이지 않는 군대》, 플래닛미디어, 2023

미야자키 마사카츠 지음, 오근영 옮김, 《하룻밤에 읽는 근현대 세계사》, 알에이치코리아(RHK), 2018

박건호 지음, 《컬렉터, 역사를 수집하다》, 휴머니스트, 2020

박근형 지음, 《티베트 비밀역사》, 지식산업사, 2013

박정훈·김선아 지음, 《라틴아메리카는 처음인가요?》, 사계절, 2018

박종필 지음, 《흥미진진한 미국사》, BOOKK, 2024

볼프 슈나이더 지음, 박종대 옮김, 《위대한 패배자》, 을유문화사, 2005

브워지미에시 레지오흐 엮음, 고준석 옮김, 《나의 삶을 바꾼 사람, 요한 바오로 2세》, 가톨릭출판사, 2017

빅터 세베스티엔 지음, 박수철 옮김, 《부다페스트》, 까치, 2024

빌 포셋 지음, 권춘오 옮김, 《세계사를 바꾼 49가지 실수》, 생각정거장, 2019

빌 포셋 외 지음, 김정혜 옮김, 《101가지 흑역사로 읽는 세계사 : 현대 편》, 다산초당, 2021

사카이 다츠오 지음, 김정환 옮김, 《세상을 바꾼 질병 이야기》, 시그마북스, 2024

서경석 지음, 《끄덕끄덕 세계사 3》, 아카넷주니어, 2015

수잔 와이즈 바우어·지소철·심금숙 지음, 《세계 역사 이야기 영어 리딩 훈련 현대2》, 윌북, 2015

스티브 맥커리 지음, 박윤혜 옮김, 《스티브 맥커리: 진실과 마주하는 순간》, 시공아트, 2015

심용환 지음, 《1페이지 세계사 365》, 빅피시, 2021

심현정 지음, 《터닝포인트 10》, 느낌이있는책, 2009

알렉산더 스완스턴·맬컴 스완스턴 지음, 홍성표·오충원·나상형 옮김, 《아틀라스 세계 항공전사》, 플래닛미디어, 2020

오인석 지음, 《세계현대사》, 서울대학교출판문화원, 2014

유종선 지음, 《미국사 다이제스트 100》, 가람기획, 2012

이낙준 지음, 《닥터프렌즈의 오마이갓 세계사》, 김영사, 2024

이내주 지음, 《근현대 세계사》, 채륜서, 2016

이마가와 에이치 지음, 이홍배 옮김, 《동남아시아 현대사와 세계열강의 자본주의 팽창: 하권》, 이채, 2011

이무열 지음, 《러시아 역사 다이제스트 100》, 가람기획, 2022

이여신·박종한 지음, 《사진으로 들어간 사람들》, 예문당, 2017

이영숙 지음, 《식탁 위의 세계사》, 창비, 2012

이영숙 지음, 《옷장 속의 세계사》, 창비, 2013

이옥순 지음, 《최소한의 인도 수업》, 삼인, 2025

이와마 가즈히로 지음, 최연희·정이찬 옮김, 《중국요리의 세계사》, 따비, 2023

이완배 지음, 《경제 전쟁의 흑역사》, 북트리거, 2023

이은정 지음, 《베를린, 베를린》, 창비, 2019

이종성 지음, 《세계사를 바꾼 월드컵》, 브레인스토어, 2022

이희순·이평래·이옥순 외 4인 지음, 《더 넓은 세계사》, 삼인, 2022

임라원 지음, 《바칼로레아 세계사》, 날리지, 2024

전국역사교사모임 지음, 《처음 읽는 인도사》, 휴머니스트, 2018

존 리치 사진·글, 《1950》, 서울셀렉션, 2020

차용구 지음, 《역병, 전쟁, 위기의 세계사》, 믹스커피, 2024

채경석 지음, 《천만시간 라틴, 백만시간 남미》, 북클라우드, 2016

최경식 지음, 《암살의 역사》, 갈라북스, 2024

최재호·이성호·윤세병 지음, 《한국이 보이는 세계사》, 창비, 2011

콜린 에번스 지음, 이종인 옮김, 《라이벌》, 이마고, 2008

팀 마샬 지음, 김미선 옮김, 《지리의 힘》, 사이, 2016

폴 A. 투치·매슈 토드 로젠버그 지음, 이동민 옮김, 《지리의 모든 것》, 푸른길, 2015

피터 퍼타도·마이클 우드 엮음, 김희진·박누리 옮김, 《죽기 전에 꼭 알아야 할 세계 역사 1001 Days》, 마로니에북스, 2009

한정엽 지음, 《최소한의 부의 세계사》, 다산북스, 2024

헬게 헤세 지음, 마성일·육혜원 옮김, 《두 사람의 역사》, 북캠퍼스, 2018

호리에 히로키 지음, 서수지 옮김, 이강훈 그림, 《알고 보면 무시무시한 엽기인물 세계사》, 사람과나무사이, 2021

황은실 지음, 《동남아시아의 역사》, 살림출판사, 2024

후루타 모토오 지음, 장원철 옮김, 《동남아시아史》, AK커뮤니케이션즈, 2022

한 번은 꼭 읽어야 할 20세기 세계사

2026년 02월 13일 초판 01쇄 인쇄
2026년 02월 25일 초판 01쇄 발행

지은이 이영숙

발행인 이규상
편집장 김은영   책임편집 정윤정 강정민   책임마케팅 오은서
콘텐츠사업팀 강정민 정윤정 오희라 윤선애 오은서
디자인팀 최희민 두형주
채널 및 제작 관리 이순복   회계 김하나

펴낸곳 (주)백도씨
출판등록 제2012-000170호(2007년 6월 22일)
주소 03044 서울시 종로구 효자로7길 23, 3층(통의동 7-33)
전화 02 3443 0311(편집) 02 3012 0117(마케팅) 팩스 02 3012 3010
이메일 editor@100doci.com(투고·편집 문의) valva@100doci.com(유통·사업 제휴)
블로그 blog.naver.com/100doci_ 인스타그램 @blackfish_book X @BlackfishBook

ISBN 978-89-6833-535-8   03900
ⓒ 이영숙, 2026, Printed in Korea